Circus

Geschichte und Ästhetik einer niederen Kunst

von
Günter Bose und Erich Brinkmann

Verlag Klaus Wagenbach   Berlin

Holbein d. J.: Narr, der seine Kasperlpuppen zu bewundern scheint, 1515

»After all the jacks are in their boxes,
and the clowns have all gone to bed,
you can hear happiness, staggering on down the
street.
Footprints dressed in red, and the
wind whispers Mary«

Jimi Hendrix

©1978 Verlag Klaus Wagenbach, Bamberger Straße 6, 1000 Berlin 30
Satz und Druck: DRUCKHAUS Neue PRESSE Coburg
Umschlagentwurf: Jürgen Holtfreter, mit einem Photo von August Sander
Repros: Reprowerkstatt Rink und Silbermann, Berlin
Bindung: Hans Klotz, Augsburg
Alle Rechte vorbehalten. Printed in Germany
ISBN 3 8031 2046 2

INHALT

VORWORT

Zirkus ist mit fremder Lebensart verbunden: Als wir dem Verleger vorschlugen, ein Buch über Zirkus zu machen, fragte er, ob wir vom Metier seien. Wir haben nein gesagt und das Buch trotzdem geschrieben, Satz für Satz zusammen. Ein Fachbuch sollte es nicht werden und keine Schwärmerei, um für den Gegenstand zu werben. Den Geschichten haben wir ihren Raum gelassen und theoretisch dort gesprochen, wo es nötig schien.

Zirkus gilt als niedere Kunst, wohl auch deshalb, weil hier nur mit dem Körper gearbeitet wird. Ästhetischer Theorie waren beide Momente gleich ungeheuer, der Körper wie das Niedere dieser Kunst. Nur als ›Kunstwerk‹ wurden sie salonfähig. Der Literatur, wenn sie sich ihrer schon annahm, blieben sie Metaphern, Ausdruck von Wünschen. Von Baudelaire bis Genet war das Leben des Artisten Grenzerfahrung.

Der Zirkus war ein bürgerliches Institut, wie geschaffen für den Schein — ein Wunschland aus Phantasie und Faszination. Im Maße wie der eigene Leib verdrängt wird, werden die Artisten zu Stellvertretern. Im Zirkus hat der Körper ein Exil gefunden.

Wir erzählen die Geschichte des Zirkus und der Fahrenden bis in den Beginn des zwanzigsten Jahrhunderts. Nur so läßt sich das Bild seiner ungeheuren Wirkung rekonstruieren. Eine Geschichte, die heute kaum noch vorstellbar ist. Eine schöne und traurige Geschichte.

»Im Zirkus muß ja selbst dem Borniertesten aufgehen, um wie viel näher am Wesentlichen, wenn man will am Wunder, gewisse physische Leistungen stehen als die Phänomene der Innerlichkeit.« (Walter Benjamin)

Freiburg   G. B. / E. B.

Gilles

Der Maler hat nur einen Blick, jenen, den er festhält: Gilles. Er steht da, füllt das Bild aus, fremd und betäubt steht er einfach da. Er hat nichts zu erzählen, gibt es doch von dort, woher er kommt, nichts zu erzählen. Schweigend lenkt er den Blick auf das, was unmöglich scheint, das bloße intentionslose Sein. Reiner Körper ohne Spuren von Geschichte. Unbeschrieben. — Gilles! Der Ruf gilt nicht ihm. Er hat keinen Namen, keine Geschichte, keine Anamnese. Nur die Lektüre seiner Einmaligkeit und der Unschuld seines Körpers. Wunschlosigkeit ohne Prädikation. So ist es ein Bild, das kein Bild mehr sein will. Doch im Äußersten führt es in die Bahnen zurück, die den Blick lenken. Auf die Erde, mit der Gilles die Schwere teilt, die ihn an sie bindet. Wie aus einem Traum erwachend, ist er noch der stumme Zeuge eines Vergessens, dessen dämmernde Ränder schon Versprechen sind.

»Unbeweglich, mit herabhängenden Armen, in seinem Kleid aus einem Satin, der ebenso unschuldig ist wie sein Geist leer, stellt Gilles eine Stumpfheit diesseits des Erwachens dar, ein in seiner Verwirrung gefangenes Bewußtsein.«[1] — Die Zeit ist stillgelegt, das Bild eine Hieroglyphe, worin mit einem Blick die Enden der Geschichte zu lesen sind, Unglück und Hoffnung zugleich. Fixiert wird der Augenblick, der den Übergang zwischen Traum und Wachen festhält. Im Erwachen vereint sich das Unabgegoltene und der Anbruch des Neuen. »Schlafend ist der Leib verdunkelt, nur wach spürt man ihn«, bemerkt Bloch[2]. Gilles' Erwachen bleibt verhaftet dem unglücklichen Bewußtsein[3], schwer lastet das Versagte auf ihm. Nicht diese Differenz klagt er ein, sondern das Leben selbst in dem, was daran nicht darstellbar ist. In seiner ganzen Materialität schaut sich der Körper selbst in die Augen. »Er lehnt es ab, fiktiv satt zu werden oder auch nur Wünsche zu vergeistigen . . . will an den Erfüllungsort.«[4] Das gilt für den Tagtraum wie für alle Manifeste, die der Körper schreibt. Im ›Gilles‹ strahlt der Körper, einsam ist er die Selbstverständigung mit einer Differenz, die diese tilgen soll. Der weiße Satin leuchtet im Maße wie der Körper ihn durchscheint. Die Kraft entspringt der Traurigkeit, Ahnung des Vergeblichen allen Tuns.

Gilles ist umgeben von einer Wunschlandschaft. In ihr ist aufgehoben, was draußen an Vergänglichkeit gebunden war. Wer auf der Naturbühne steht, schreibt Benjamin, ist erlöst. Die Fatalität der Geschichte streift sich ab.

Der Komödiant ist im Zentrum. Aus der Comedia dell' Arte mit ihrem realen Spiel ist er hinübergetreten. Außerhalb der Szene gelingt ihm die Verwandlung. Von der Figur des Spotts in die der Unschuld. ›Einen Esel kann man nicht weiß waschen‹ war der Titel des Stücks, in dem er gespielt hat. Die anderen Akteure sind ihm gefolgt, sie tangieren ihn nicht. Ihre Blicke wenden sich dem Esel zu. Nur der Doctore schaut maliciös. Seine Ungläubigkeit trifft nur das Habit, das Gilles' Abkunft verrät. Es paßt ihm nicht mehr.

Cave carnem

»Pierrot, in seinem weißen Kostüm, beherrscht von vagem Begehren, ist er nicht die Symbolisierung der menschlichen Seele, die noch unschuldig und rein, gemartert von unendlichen Sehnsüchten nach den höheren Regionen.«[1].

Jetzt tauchen Gilles und Pierrot wieder auf, in einem Kreis, dem sie im 19. Jahrhundert nicht mehr entrinnen. Sie sind

Figuren des Auswegs, des Auswegs aus der Conditio des Körpers: »Le corps, c'est le mal, c'est la contingence«. Ihm zu entkommen, ihn zu übersehen, dienen die unablässigen Anstrengungen. Nichts mehr vom Versprechen, das bei Watteaus Gilles im Körper liegt, nur noch Geschichten von Aufstieg und Fall, Genialität und heroischem Tod. Es sind Manöver, den eigenen Körper zu überlisten, ihm die Natur auszutreiben.

Eine folgenschwere Trennung. Der Frau wird die Natur attributiert. Sie ist nur das. »Die Frau ist natürlich, d. h. abscheulich . . . Sie kann die Seele nicht vom Körper trennen. Sie ist so einfach, wie die Tiere. – Ein Spötter würde sagen, deswegen, weil sie nur den Körper hat.«[2]

Schönheit, Sünde und Verderben. So figuriert die Frau. Flaubert gesteht, daß die ersten Frauen, die er liebte, die des Jahrmarkts waren. Die Seiltänzerinnen, die Akrobatinnen und die Gauklerinnen sind die enigmatischen Fremden, denen die Versuchung erliegt. Vierzig Jahre später läßt Huysmans Des Esseintes die Galerie seiner Mätressen vorüberziehen: Die erste, der er sich erinnert, war Miss Urania, eine Zirkusakrobatin, »mit schlankem und kräftigem Körper, nervigen Beinen, Muskeln aus Stahl und Armen aus Eisen«.[3] In der Darbietung wandelt sich ihm ihre Geschmeidigkeit und Zierlichkeit in die ›kräftigen Reize‹ eines Mannes. »Zu dieser plötzlichen Bewunderung der brutalen Kraft, die er bis dahin verabscheut hatte, kam die gewaltige Anziehungskraft der Gosse hinzu, der niedrigen Prostitution, die sich darin gefällt, die groben Liebkosungen eines Zuhälters zu bezahlen«.[4] Als er sie besitzt, zerstört sich das Phantasma. Sie ist eine ›gewöhnliche Geliebte‹. Es ist nur noch ein Schritt zur femme fatale, zum Vamp. Und zur Dialektik des imaginierten Frauenkörpers: die gefährliche Virilität der Zirkusprinzessin. Es ist die Kette von Versuchung, der weiblichen Metamorphose, über die Banalität und Attraktion des Leibs zur Gefährlichkeit. Der Dandy steht dazwischen. Er reguliert sich selbst. Die Frau ist sein Gegenteil.

Der Clown parodiert den Dandy, so kommt er der Frau nahe. Aber so wie er ist, tölpelhaft und schwerfällig, entfernt er sich wieder von ihr. Er hat nur Unglück. Und leicht findet man darin ein Ideal. Der tragische Clown.[5]

1932 drehte Max Ophüls ›Die verkaufte Braut‹, 1955 ›Lola Montez‹. »Ladies und Gentleman! Meine Damen und Herren! Zum ersten Mal in Amerika, zum ersten Mal in New Orleans: die Attraktion des Jahrhunderts! Mitreißend, bunt und lehrreich! Sie sehen Handlung, Leidenschaft, Sinnlichkeit, Geschichte — was sie wollen! Ich habe die Ehre, Ihnen das interessanteste Monstrum aus unserem Stall vorzustellen. Ein Raubtier — hundertmal gefährlicher als alle Löwen und Tiger! Eine Bestie — mild, aber gefährlich! Grausam ihre Opfer verschlingend — wild, aber doch gebändigt! Ein Teufel in Engelsgewand! Zerfetzte Herzen, vergeudete Vermögen — die Sarabande der Liebe! Zepter und Kronen — Umsturz und Revolution! Glanz und Leidenschaft, Triumph und Absturz! Lola Montez, die wirkliche Gräfin von Landsfeld!«[1]

Das Leben der Lola Montez wird im Zirkus vorgeführt. — »Das Leben geht weiter«, sagt sie nach dem Todessprung. Gelingt er, bleibt sie im Kreis der Wiederholbarkeit. Erneut wird die chronique scandaleuse, so heißt hier die Geschichte ihres Lebens, darstellbar. Die Echtheit verbürgt das Finale. Sie sitzt in einem Käfig mit der Aufschrift ›Lola Montez‹, und für nur einen Dollar kann das Publikum ihre Hand berühren.

Der Film verdoppelt die Handlung in Episoden ihres Lebens und Zirkusszenen, in diesen wird dargestellt, was in jenen geschieht. Die Zirkusszene selbst wird zur letzten Episode ihres Lebens — und die Gegenwart Gegensatz und Folge der Vergangenheit. »*Lola:* Ich kann es Ihnen nicht erklären. Irgendwas ist zerbrochen in mir. Es ist aus. Vorbei. *Stimme Maurice:* Die Grenze! (Die verschneite Berglandschaft. Überblendung. Zirkus). *Stallmeister:* Sie blieb allein auf der Welt, und so, . . . wirft die Gräfin Glanz und Macht hinter sich — landet sie zwischen Ihnen, meine Damen und Herren!«[2] Das war nach der letzten Episode, der Flucht aus Bayern, dem Ende der Affäre mit Ludwig I. Sie überschritt die Grenze, die keine war.

Der Stallmeister, mit einer Stimme so laut und so schneidend wie seine Peitsche, ist die einzige Figur[3], die aus Lolas

Vergangenheit für die Gegenwart übrigblieb. Sein Liebesbeweis war der Kontrakt, den sie jetzt eingeht. »Kommen Sie mit nach Amerika. Ich verkaufe Sie. Sie spielen ihre Skandale«. Jetzt wird die Gleichung des Tausches eingelöst, ohne den Schein von Subjektivität, wie eine Kette von Begebenheiten, Unglück und Demütigung, das Schicksal der Leidenschaft[4]. Es war nicht Liebe, was die Episoden uns erzählten, es war, was ihr täuschend ähnlich ist. Im Zirkus spricht sich die Wahrheit aus, aber das wird nicht geglaubt: Apotheose des betrogenen Lebens.

»*Direktor:* Natürlich, eine Frau wie sie kann nirgendwo bleiben. Sie hat alles gewollt, alles erreicht. *Arzt:* Ja, sie hat

alles erreicht. Nur nicht Ruhe, Frieden und Glück. Und das hat sie vielleicht wirklich gewollt.«[5] So verständigt man sich im Zirkuswagen. Draußen in der Manege hat das Leben keine Schatten, nur Spiegelungen der Empfindungen von Liebe, Ruhm, Aufstieg und Glück. Sie sind so trügerisch wie die trüben dunklen Farben des Zirkus im Film. Und doch ist es ein Film über den Schmerz angesichts der Enteignung. »*Maurice:* Wie gehts? *Lola:* Nicht besonders. *16jährige Lola:* Das kommt, weil Sie so müde sind. *Lola:* Das wird's wohl sein.«[6]

Kaum ein Film ist wahrer, kaum ein Film zerstört lebendiger den Schein der brutalen Signifikation und hält doch der Schönheit der Liebe die Treue.

»Heute früh wollte ich noch einmal in den abgedrehten Zirkus gehen«, erzählt Max Ophüls. »Es standen schon fremde Leute drin. Ich sah nur ihren Rücken. Sie kamen mir breit vor. Sie verhandelten mit dem Atelierverwalter, wie sie meine Dekoration noch einmal verwenden könnten und umbauen. Ich denke wohl zu Unrecht, Leute, die meine Träume noch einmal frisch aufkochen und umträumen wollen, hätten breite Rücken. Ich bin nicht mehr in den Zirkus zurückgegangen.«[7]

Ästhetische Theorie, wird die Verwertung des Körpers zum Problem, folgt einer fatalen Logik. Adorno will den Körper im Text retten. Was er als Rettung vorschlägt, wäre dessen Sublimation ins Kunstwerk. »Während die vorkünstlerische Schicht durch ihre Verwertung vergiftet wird, bis die Kunstwerke sie ausmerzen, überlebt sie sublimiert in ihnen. . . . Faßlich wird jene Qualität an Phänomenen, von denen die ästhetische Erfahrung sich emanzipierte, in den Relikten einer gleichsam kunstfernen, mit Recht und Unrecht niedrig genannten Kunst, wie dem Zirkus«.[8] Dem Körper und seiner Kunst sind die Chancen abgesprochen, denn »bedeutende Kunstwerke trachten danach, jene kunstfeindliche Schicht . . . sich einzuverleiben.«[9] Eine Ontologie der Differenz.

14

FAHREND VOLK UND
HÖFISCHE GESELLSCHAFT

Von alters her hat es Artisten gegeben, Fahrend Volk, Publikaner-Menschen, die sich öffentlich für Geld produzierten. Sie kamen aus den verschiedensten Schichten der Gesellschaft, meist aber entstammten sie den unteren Schichten, waren recht- und ehrlos, eins mit Huren, Landstreichern und Bettlern.[1]

Von den Texten, die von Fahrenden berichten, sind die meisten Verordnungen, Entscheidungen der Magistrate, dieser oder jener Seiltänzergruppe das Auftreten zu gestatten oder zu verbieten, Verfügungen, diesem Joculatoren einige Gulden auszuhändigen, weil sein Spiel gefallen habe. Oder die Fahrenden erscheinen in den Beschreibungen großer Feste, wie etwa die der Hochzeit Roberts, des Bruders Ludwig IX. mit Mechthilt von Brabant 1237, an der zur Unterhaltung der adeligen Damen und Herren eine große Zahl von Gauklern teilnahm. Selten allerdings enthalten die Texte eine genaue Beschreibung der Darbietungen oder gar Reflexionen, die über den Kanon historiographischer oder juristisch-administrativer Rede hinausgingen. Eines der wenigen theoretischen Zeugnisse über eine traditionelle Kunst der Fahrenden, die des Springens, steht im Kontext des Hofes. Es stammt von Archangelo Tuccaro, Salterin des Königs von Frankreich. Tuccaro belegt vor allem einen Prozeß, zu dem die Geschichte des Fahrenden Volkes gleichsam das Gegenmodell liefert: die Geometrisierung des Körpers. Der Text von 1549 dokumentiert, wie das Bürgerliche, Höfische Eingang finden kann in einen Bereich, der für das Unbezwungene figuriert. Das Können der Artisten war Verausgabung, Verschwendung, ihre Kunst nicht das Resultat von Abstraktion und Selbstzwang, die vielmehr charakteristisch für die bürgerlich-adelige Lebensweise sind.[2] Unter der Hand wird die Arbeit des Artisten eine andere: Der

Luftsprung kann, so fatal es ist, ins System der Leibesübungen eingeschrieben werden. Die Lust am Sprung ist kassiert. Der befreiende Akt wird zum vernünftigen. Die Technik schiebt sich in die Identifikation, um in der Sensationsdarstellung zu enden.[3]

Doch bleibt Tuccaro Ausnahme. Diese gesellschaftliche Stellung zu erlangen war nur wenigen möglich. Fast alle anderen waren und blieben Deklassierte.

Die Lehre vom perfekten Sprung

»Dies ist der Schauplatz der Handlung. Eines Tages nun geschieht es im Garten des Schlosses, daß einer der Herren, vom Spaziergange zurückkehrend fragt, wo sich sein lieber Meister befinde, der ›Fürst der ausgezeichnetsten Übungen des Jahrhunderts‹, man wird leicht errathen, daß es sich hier um Tuccaro handelt. Einer der Anwesenden antwortet: ›Er habe ihn auf seinem Zimmer gelassen, wo er beschäftigt sei, die Architektur einiger bewundernswürdiger, von ihm erfundener Sprünge nach allen ihren Verhältnissen niederzuschreiben.‹ Welcher Schwung der Rede, welche prunkvolle Sprache! die Architektur eines Burzelbaums nach allen Verhältnissen beschreiben«[1]

Im Jahre 1549 erscheint ein Traktat mit dem Titel ›Trois Dialogues de l'Exercise de Sauter et Voltiger en l'Air‹[2] von Archangelo Tuccaro, worin dieser sich rühmt, den Sprung »auf bestimmte Regeln und Maßverhältnisse zurückzuführen, was bis dahin noch nicht geschehen war«.[3] Die Geometrisierung des Körpers. »Man muß beachten, daß die Glieder, um den richtigen Sprung zu machen und sich zu erheben, zu drehen und den Sprung zu beenden, sich mit Hilfe dieses Sprunges aufeinander einstimmen und einander antworten, indem sie sich so vereinigen, wie es mehrere Linien tun, die kreisförmig dem Zentrum entsprechend gezogen werden.«[4] Tuccaros Traktat, von den Historikern des Artistentums gemeinhin nur als Belegstück für den ersten nachweisbaren Salto mortale ins Feld geführt[5], deutet auf mehr hin. Er steht gemeinsam mit anderen Texten für ein veränderliches Verhältnis zum Körper, das sich in den oberen Schichten Frankreichs im 16. Jahrhundert auszuprägen beginnt. Der mittelalterliche Mensch hatte noch ein gleichsam naives

16

Verhältnis zum eigenen Körper. Der Körper war ganz bei sich. Die Affekte hatten ihren konkreten Gegenstand. So ordneten sich auch die Beziehungen bis zum 16. Jahrhundert, die alle auf den Kontakt zueinander angewiesen sind, nach dem Prinzip ihrer Sichtbarkeit:

»Es erscheint alles auf den empfindenden Menschen bezogen. Daß die Sonne scheint, daß es jetzt gerade blitzt, daß ein Anderer lacht oder die Stirn runzelt, alles das appelliert bei diesem Affektaufbau unmittelbar an das Gefühl dessen, der es sieht; und wie es ihn jetzt und hier freundlich oder feindlich erregt, so nimmt er es auch, als ob es freundlich oder feindlich für ihn gemeint sei.«[6]

Dieses Verhältnis verändert sich notwendig durch die Erfordernisse neu sich durchsetzender politischer und ökonomischer Ordnungen und den daran gebundenen Momenten der Kalkulierbarkeit und Rationalität, einer Notwendigkeit zur ›Langsicht‹ wie Elias es nennt. Empfindung ist zugleich nicht Handlung, Impuls nicht Ausführung. Die Beziehungen werden, je mehr sie funktional bestimmt sind, abstrakt. Dieser Abstraktionsvorgang, der sich im Zuge der Scheidung von Hand- und Kopfarbeit formiert, erfordert »Maßnahmen zur physischen Autonomie der einzelnen Menschen gegenüber dem naturhaften Zusammenhang ihres Körpers mit den Objekten und Bedingungen seiner Umgebung.«[7] Die im mechanischen Weltbild applizierten Verfahren gehen von toten Körpern über zum lebendigen des Menschen. Seine Wahrnehmung soll über die experimentelle Erfahrung sich vollziehen, seine Bewegung more geometrico konstruiert werden, als ritualisierte Übung und in der Präsentation als geübtes Ritual. »Wer derart sich zur modernen Individualität verholfen hatte, eilte sich, sie auch zur Schau zu tragen«, durch das »Prinzip, die Körperhaltung von einem willkürlich gesetzten, nach oben gehobenen Gravitationspunkt her zu konstruieren«[8], der aufrechte Gang des Hochwohlgeborenen.

Im Hofritual, in den Regelwerken zur Tanzkunst und den Fechtlehren finden sich Belege für den neuen Takt im Umgang der gehobenen Stände. Hier ist jeder Schritt, jede Bewegung, alles Stehen und Gehen, jedes Komplimentieren, Grüßen in ein Regelsystem von Kreisen und Linien verordnet. Tuccaros Traktat versucht am Sprung die Not-

wendigkeit von ›mesure et cadence‹ zu erweisen. Die Schau-
tafeln, die dem Band beigegeben sind, zeigen Anlauf, Ab-
sprung, Überschlag und Aufkommen im exakten Gerüst
geometrischer Figuren. Die Kunst des Springens wird auf
Mathematik aufgebaut. Aber nicht ganz. Ein Rest bleibt: Die
Erfordernisse des Körpers, seine richtige Temperatur, das
harmonische Zusammenspiel der Glieder und Muskeln. Den
vom Verstande konzipierten Regeln ist der Vorrang einge-
räumt, ohne daß aber die Natur zur bloßen bestimmungslo-
sen Substanz erniedrigt wird. Doch erscheint dieser Prozeß
wie auch andere Probleme in der dialogisch verfaßten Schrift
Tuccaros, widersprüchlich. Eines scheint allerdings mit
Deutlichkeit gesagt: Der Körper steht unter geistigem Regi-
ment, und wäre das nicht so, hätte der Körper eher gearbeitet
als sich geübt, oder wie Tuccaro schreibt, »nur gehandelt wie
der Sklave, dem man befiehlt«. »Die unüberbrückbare Un-
terscheidung von körperlicher Übung und materieller Arbeit
wird mit aller Härte festgestellt.«[9]

Tuccaros Buch war dem König gewidmet. Es dient der
Unterweisung im Sprung am Hofe. Kaiser Maximilian II.
und Karl IX. von Frankreich sind Schüler Tuccaros gewesen.
Hier nun geschah das Lernen nicht in der Nachahmung,
sondern durch theoretische Unterweisung, die abstrakt zwischen den Subjekten steht. Pointiert ließe sich sagen, daß der
Modus der Erfahrung sich geändert hat. Der gute Sprung

gelingt, wenn man um die Regeln seiner Ausführung weiß. Jene, die nach Tuccaro den Salto mortale zeigten, mußten die Technik des Sprungs anders erlernen. Sie ahmten das große Vorbild nach. So sah man wenige Jahre später auf der Messe von St. Germain Gaukler derartige Sprünge ausführen.

Gaukler, Scharlatane, Possenreißer, Seiltänzer und Hofnarren

›swen gernde luite ungerne
sehent, dem wonet schande bû‹

»Die Vaganten der vorigen Jahrhunderte führten keine Familienchronik, kein Historiograph hat sich bisher mit der Familiengeschichte der bekannten Kunstreitergeschlechter befassen können; es wäre dies auch ein vergebliches Bemühen gewesen — die Herkunft der meisten dieser Geschlechter wird ewig in Dunkel gehüllt bleiben und nur soviel kann festgestellt werden, daß die Vorfahren unserer heutigen Kunstreiteraristokratie in jenen Gauklern zu suchen sind, die nach den Kreuzzügen auf den Messen und Märkten der Städte ihre Künste gegen Entlohnung zeigten und als ›Fahrendes Volk‹, vermischt mit Zigeunern, Quacksalbern, Studenten, Landsknechten und sonstigen Abenteurern, von Land zu Land zogen, um nach einem sturmgepeitschten Leben irgendwo hinter einer Hecke verscharrt zu werden. Und kein Kreuz, kein Zeichen kündet, daß da unten ein müdes Herz ausruht vom unsteten Wandern.«[1]

»Gumpelluite, giger unde tamburer, swie die geheizen sin, alle die guot für ere nement«, Fahrende also, ziehen seit dem Niedergang des Römischen Imperiums durch Westeuropa. Von Anfang an dabei sind die ›Fechtbrüder‹, ehemalige Gladiatoren, die auf dem Weg in ihre Heimatländer sich den Unterhalt durch die Schaustellung ihrer Künste zu erwerben dachten. Das Wort ›Fechter‹ hatte freilich bald einen schlechten Klang und »soll auf die aufdringliche Art zurückzuführen sein, mit der die narbenübersäten Schaukämpfer im Anschluß an ihre Auftritte ihren Obulus einzusammeln pflegten. »Übrigens stellten die Fechter ihre Kunst nicht nur zur

Schau. Sie vertraten gegen Honorar auch Adelige in Duellen.«[2]

In der karolingischen Epoche dann sind schon alle Arten der Gaukelei vorhanden, wie wir sie später auf den mittelalterlichen Konzilen, Messen, Wallfahrten und Erntedankfesten finden: Waffenkämpfer, starke Männer und Ringer, Possenreißer und Mimiker, dann Seiltänzer, Puppenspieler, Leute mit abgerichteten Tieren, Bären, Affen, Hunden, Schlangen, allerlei Spielleute, Zauberer, Wahrsager und Quacksalber, Tänzerinnen und Huren. Da ihnen Heimatlosigkeit und unstetes Wandern gemeinsam war, gewöhnte man sich mehr und mehr daran, sie als unterschiedslose Masse zu betrachten. Die Verachtung der Fahrenden entsprang jedoch nicht allein der Heimatlosigkeit, sondern vor allem dem Gewerbe selbst, dessen Ausübung um Geld und Gut dem alten deutschen Ehrbegriff widersprach: »Wer weder berechtigt, noch verpflichtet war, im Heer- oder Bürgerbann zu fechten, der gehörte auch zu keinem der anerkannten Stände, der war standeslos; weil es außer der Waffenehre keine andere bürgerliche Ehre gab, so war er auch keiner Ehre teilhaftig, mithin, nach älterem Sprachgebrauch, unehrlich.«[3] Die Rechtaufzeichnungen des Mittelalters, vor allem die großen Rechtsbücher, der Sachsen- und der Schwabenspiegel, kodifizieren die Rechtlosigkeit. Ähnliche Bestimmungen enthielt das schwäbische Landrecht: »Spielleuten und allen denen, die Gut für Ehre nehmen . . . denen gibt man eines Mannes Schatten von der Sonne, das heißt: wer ihnen Leides gethan hat und dies büssen soll, der soll vor eine von der Sonne beschienene Wand treten und der Spielmann soll herzugehen und den Schatten an der Wand an den Hals schlagen. Mit dieser Rache soll ihm die Buße geleistet sein.«[4] Die Landfriedenserlässe von 1244, 1256 und 1281 schlossen alle Fahrenden aus und erklärten sie für ›friedlos‹, was de facto Vogelfreiheit bedeutete. So war es gestattet, einen ›Klopffechter um Geld‹ zu erschlagen wie einen herrenlosen Hund, ohne daß diese Tat irgendwelche Folgen nach sich gezogen hätte. Rechtlich standen die Fahrenden auf einer Stufe mit den Henkern und Schinderknechten.

Erst im Lauf des 17. und 18. Jahrhunderts wird der Begriff der ›Unehrlichkeit‹ den Fahrenden genommen und nun nur noch auf das Henkertum angewendet. Dennoch änderte sich an der öffentlichen Mißachtung wenig. Anteil daran hatte gewiß auch das Urteil der Kirche über die Gaukelkünste. Die schrankenlose Lebensweise der Fahrenden, die sich »einen Pfifferling um Gesetz und Verbote scherten«[5], stand in schärfstem Gegensatz zur Sinnenfeindlichkeit der Kirche. Gauklersein kam einer Todsünde gleich:

>»Fort mit dir, wenn du irgendwo hier unter uns bist; denn du bist uns abtrünnig geworden mit Schalkheit und Liederlichkeit und darum sollst du zu deinen Genossen gehen, den abtrünnigen Teufeln und bist nach ihnen genannt: du heißest Lasterbalg, ein Schandolf, so heißt ein anderer Hagedorn, dieser Höllenfeuer, jener Hagelstein. So hast du einen schimpflichen Namen wie deine Gesellen, die Teufel, welche abtrünnig sind.«[6]

Trotz religiöser Verwünschung und öffentlicher Ächtung behaupteten sich die Gaukler. Zwar mochte man die Menschen nicht, doch ihren Produktionen sah man gerne zu. So ging das Volk mit seinen Wünschen um.

Die Gaukler traten bei Messen, religiösen und weltlichen Festen auf, immer dann, wenn sich in den Städten viele Menschen sammelten, oder sie zogen über Land, von Dorf zu Dorf. – Doch kennt die feudale Gesellschaft einen zweiten Ort des Auftretens: die Höfe. Auch sie brauchen die Belustigung. Institutionell wird das Freudegebot im Hofnarren, der bis ins 17. Jahrhundert an kaum einem Fürstenhof fehlte. Privilegiert lebten dort auch Artisten, die den Fürsten unterhalten sollen, wie etwa der eingangs erwähnte Tuccaro. Doch fand sich nicht nur die ›Elite‹ ein. Zu großen Festen kamen oftmals Hunderte von Gauklern. Sie dienten dem Amüsement, waren das andere im Ritual der Feste, manchmal gut, manchmal schlecht entlohnt. Der Adel sah in ihnen dem zu, was ihm selbst zu tun verwehrt war. Mußte der Bauerntanz das beibringen, was dem höfischen fehlte, so verhielt es sich ähnlich mit den Gauklern und ihren Künsten.

Als bei der Hochzeit des Grafen Arnold von Ghines viel fahrendes Volk zusammengeströmt war, befand sich darunter auch ein Possenreißer und starker Trinker, der ein größeres Faß Bier in einem Zuge auszutrinken gedachte und als Gegenleistung ein Pferd wollte. Der Graf ging auf seinen Vorschlag ein und der Gaukler leerte in kürzester Frist das ganze Faß. »Der Bräutigam aber, mit sprühenden Augen ihn anschauend, befahl, ihm sofort ein Roß zu satteln und zu geben. Die Diener jedoch, von ihres Herren Absichten weislich vorher unterrichtet, sprangen schnell vor, hieben Bäume ab, errichteten aus ihnen einen Galgen und ließen ihn auf dem Folterrosse (eine Foltermaschine, die mit einem Pferd Ähnlichkeit hatte) reiten.«[7] Die Rache des Fürsten ist das Resultat der eigenen Beherrschung, die Mitleid nicht kennt. Schlecht erging es auch den Gauklern in Marcel Carnés Film ›Die Nacht des Teufels‹, nicht besser denen, die an der Vermählung Heinrich III. in Ingelheim teilnahmen. An ihnen fand der Kaiser keinen Gefallen und schickte sie, wie Flögel berichtet, »ohne Speise und Geld sehr traurig fort«[8]

Jahrhunderte später kamen Gaukler nicht selten zu Erfolg und Anerkennung am Hof. Sie spielten ihren Part im verfeinerten Fest im Rokoko. Die Derbheit des Mittelalters war schon zu Tuccaros Zeit der Etikettisierung gewichen, die im 18. Jahrhundert im ›Divertissement‹ ihre eigene Auflösung feiert. Die Gaukler erscheinen jetzt als Schauspieler; eingefügt in die Maskerade des Hofs, spielen sie eine Rolle, die nicht mehr die Geometrie des Körpers veranschaulicht, sondern den Körper verhüllt, drapiert. Hier die Beschreibung eines Festes für Ludwig XV., 1722: »Der junge Fürst besah zuerst den Park in allen Einzelheiten und bewunderte die Menagerie; als er hinausgehen wollte, erschien plötzlich ›durch ein Wunder‹ . . . Orpheus in einer von Rosenlorbeeren und Orangen eingefaßten Grotte. Die Rolle des Orpheus spielte ein Violinist von der Oper, der durch seine Zauberklänge die meisten Thiere, die der König soeben in der Menagerie gesehen hatte, herbeilockte: Löwen, Bären, Tiger, — alles aber verkleidete Springer. Bei den Klängen der Geige blieben sie unbeweglich stehen; plötzlich ließ sich der Ton von Hundegebell und Waldhörnern vernehmen und es entstand eine allgemeine verworrene Flucht unter dem Thierhaufen; die Bären kletterten in die Wipfel der Bäume oder schwangen sich auf das Seil und vollführten allerlei kunstvolle Possen und Burzelbäume; die anderen führten wunderbare Sprünge aus, wobei sie jedoch, ihrer Rolle gemäß, dem Charakter der Thiere, welche sie vorstellten, getreu blieben.«[9]

Die Springer, die sich hier im Tierkostüm produzierten,

hatten ihre Künste auf den Jahrmärkten von St. Laurent und St. Germain gelernt. Dort hatten sie gezeigt, daß es möglich ist, die Schwerkraft – für Sekunden wenigstens – zu überspielen. Diese Pariser Vorortsmessen waren im 17. und 18. Jahrhundert zum Ort volkstümlicher Illusionen geworden.[10] Hier strömte während der letzten drei Monate des Jahres das Pariser Volk zusammen. Fast das ganze Stadtgebiet verwandelte sich dann in eine Stätte des Vergnügens. »Man sah da«, dichtete Loret 1664, »auf allen Seiten / hunderterlei Seltenheiten / sieben Wunderwerk der Welt, die gar preiswürdig zu schauen / aller Augen sich erbauen.« 1742 tritt hier zuerst der Springer Grimaldi auf, den man später Eisenbein nennt, weil, so meinten wenigstens alle, seine Beine von Eisen und seine Gelenke von Stahl sein müßten, so gewaltig ist seine Sprungkraft. Durch eine Verordnung, die den Seiltänzern in Paris verbot, sich auf öffentlicher Straße zu produzieren, sind auch sie auf die Märkte verwiesen. Aber sie erscheinen jetzt nicht mehr wie früher allein und auf eigene Rechnung arbeitend, sondern sind in einer Truppe engagiert und stehen im Solde eines Direktors. Man verfällt bald darauf, die Menschenkraft auch auf dem Seil auszubeuten.

Jahrmärkte sind und waren immer Orte des Vergnügens. Die ersten deutschen Jahrmärkte sind fast 1000 Jahre alt. Der erste, den die Chroniken verzeichnen, ist der von Würzburg anno 1031, der, so ist zu lesen, auch ›allerley ergetzlichkeiten‹ für die Bevölkerung bringen sollte. Neben den Jahrmärkten gibt es bald Volksfeste, so die Feste der Schützengilden. Die wirtschaftliche Bedeutung der alten Messen war immens. München beherbergte bei 12 000 Einwohnern zur Zeit der Messe gewöhnlich 60 000 Gäste.[11] Dabei kamen die Vergnügungen nicht zu kurz; besonders die mittelalterlichen Volksfeste werden oft als Sauf- und Freßgelage bezeichnet:

»So wurde oftmals das Münster zu Straßburg um Kirchweihfeste in ein ordentliches Saufhaus verwandelt, welches Jacob Wimpfeling bezeugt, wenn er schreibt: Alle Jahr auf Adolphi Tag . . . kam aus dem ganzen Bißthum von Mann und Weib ein großes Volk allhier im Münster als in ein Wirthshaus zusammen, also daß es oft gesteckt voll war, die blieben nach alter Gewohnheit des Nachts im Münster und sollten beten; aber da war keine Andacht, indem man etliche Fässer mit Wein in St. Cathrinen Kapelle legte, die man dem Fremden und wer dessen begehrte ums Geld auszapfte«[12]

Ob an diesen Festen Gaukler teilgenommen haben, läßt sich nicht mit Bestimmtheit sagen; im 14. und 15. Jahrhundert gibt es darüber kaum Berichte. Später findet man wieder viele Zeugnisse und Abbildungen von Gauklern und Artisten. So finden sich in den Nürnberger Raterlässen Hinweise auf Vorstellungen von Springern und Seiltänzern. 1505 ist ein Seiltänzer aus Köln in Nürnberg, der Erstaunliches vollbrachte. Er tanzte auf dem Seil in vollem Harnisch und schnallte sich hölzerne Kugeln unter die Füße. Daneben führte er alle möglichen Sprünge und Verrenkungen auf dem Seil aus, ein Blondin des 16. Jahrhunderts. Ebenso wurde 1516 einem »frembden Spielmann, der auf dem Seil gehen und fliegen kann«, gestattet aufzutreten. In der Tanzkunst von Bonnet, die 1724 in Paris erschien, findet sich u. a. die Beschreibung eines türkischen Seiltänzers, der auf der Messe St. Germain aufgetreten war, »qui dansoit sur la tête, et les pieds en haut, puis descendoit à reculons, les pieds nus.«[13]

Neben diesen einzeln auftretenden Seiltänzern fanden sich andere im Troß von Wunderärzten, Scharlatanen und Quacksalbern, ›Leutebescheissern‹, wie Dryander sie im Vorwort seines Arzeneibuchs von 1542 nennt. Sie nennen sich Meister Vivian, Doctor Kalabrian, Doctor Wurmbrand, Doctor Paffnuzius oder Schnauzius Rapunzius von Neapolis bis hin zum berühmten Dr. Eisenbart, dessen Schaustellertruppe aus 120 Mitgliedern bestand, die Faxen machte, während er öffentlich Klistiere verpaßte. Einige der fahrenden Ärzte wußten der Konkurrenz nicht anders zu entgehen, als sich selbst geradezu als Gaukler auszubilden, wie jener Wunderdoktor und Bruchschneider Karl Bernardin, der 1673 in Regensburg sich in brennendem Werg eingewickelt vor der ›Sprechstunde‹ an einem Schrägseil herabfahren ließ, dabei jedoch zu Tode stürzte. Von dem Aufwand, den diese Ärzte trieben, ihre Heilmittel an den Mann zu bringen, zeugt eine Memminger Chronik von 1733. »Der berühmte Arzt Hüber kam mit vielen Leuten; darunter waren 30 Musikanten, 1 Mohr, 1 Heiduck, 1 Zwergin, 1 Seiltänzer, 6 Laquaien und verschiedenes Frauenzimmer und Personen.«[14]

Neben den Seiltänzern beherrscht der starke Mann, wohl auch der Springer, die Vorstellungen. Auf einem Anschlagzettel kündigt sich der Springer Franz Urban aus Straubing an:

> »Am 8. Dezember 1732 wird in Wien«, so eine Ankündigung, »der allhier anwesende berühmte Meister und sogenannte starke Mann mit seiner neu vermehrten vollkommenen englischen Bande künstlicher Seiltänzer und perfecten Springer abermals mit Verwunderung seine Exercitien dene Herrn Spectatoribus praesentieren, dabey aber seine Force wie gewöhnlich admirieren lassen.«[15]

Franciscus Urban
Straubingensis Bojus

Neben den Fahrenden, die als Artisten sich durch ihre körperliche Kunstfertigkeit auswiesen, waren andere tätig, die ihren Unterhalt aus der Schaustellung von Tier oder Mensch zogen. So zeigten sich schon im Mittelalter Gaukler, die mit wilden und dressierten Tieren im Lande umherzogen, »sich wohl selbst mit ihnen herumrauften«, Bären und Hunde tanzen, Böcke und Pferde zusammen kämpfen, Meerkatzen und Affen reiten ließen, dressierte Pferde und sprechende Vögel vorführten. Exotische Tiere waren zu dieser Zeit jedoch äußerst selten zu sehen. Sie waren weder einfach zu beschaffen, noch hätten Fahrende sie bezahlen können. Zwar soll schon Karl der Große 802 vom König von Persien einen Elefanten zum Geschenk erhalten haben,

Bärenführerin. Augsburger Flugblatt aus dem 16. Jhdt.

Friedrich II. Barbarossa in Colmar 1228 mit einer Menge von Kamelen eingeritten sein und der Landgraf Hermann von Thüringen sich in der Wartburg einen Löwen gehalten haben; öffentlich zur Schau gestellt wird ein Elefant aber erst 1443 auf der Messe in Frankfurt am Main. 1450 ist auf der gleichen Messe ein Strauß zu sehen, 1487 ein Dromedar, 1515 in Nürnberg ein Rinoceros, 1566 brachte Oswald Porto ein Krokodil dorthin, durfte es aber nicht öffentlich zeigen, 1584 ist ebenfalls in Nürnberg für ›2 Pfennige‹ ein Löwe zu bewundern, 1606 erregt ein ›in der See bei Hamburg‹ gefangener Schwertfisch Aufsehen. Bei diesen Vorführungen handelte es sich jedoch zunächst nur um die Schaustellung einzelner Tiere, bis in den Niederlanden um die Mitte des 17. Jahrhunderts wandernde Sammeltierschauen auftauchten,

›Kundt und zu wissen sey jeder männiglich/das allhier kommen ist ein frembder Master/Welcher mit sich gebracht hat/ein wunderbarliches lebendiges Thier/Auß Egyptenlande/welches Hende und Füsse hat/gleich wie ein Mensch/welches auch den grossen/ungeheweren und gifftigen Crocodil um sein Leben bringet.‹ Flugblatt auf einen Ichneumon. Straßburg 1580–90

Abbildung eines Menschenfressers. Kpfr. von E. Bäck, ca. 1720

die erst hundert Jahre später als Menagerien ihre Blüte erleben werden.

Wollte man allerdings den gedruckten Ankündigungsblättern Glauben schenken, sind auch ›Menschenfresser‹, mehrköpfige Monstren mit Vogelschnäbeln und Centauren ausgestellt worden.[16]

Unter die angepriesenen Wunder fielen auch die Menschen. Mißgeburten als Schauobjekte: Zwerge, Riesen, Haar- und Bartmenschen, Doppelmenschen, Halb- und Viertelmenschen, Hautmenschen. »Die curiosen Herren Liebhaber, die das Wunderwerk betrachten wollen, belieben sich in der kleinen Hütte auf dem Liebfrauenberg einzufinden. Diejenigen, die solchen in ihrer Behausung sehen wollen, können ihn beliebig abholen lassen.«[17]

Philipp IV. von Spanien sammelte Zwerge. Velázquez hat sie fast alle gemalt.

Der ›fou du Roi‹. In seiner Blütezeit ist der Hofnarr Institution, sein Name ›titre d'office‹. Am Hof darf keine Trauer herrschen. Bei Hartmann von Aue heißt es: »swer ze hove wesen sol, dem zimet freude wol.« Das Freudegebot, das hier als Ritterlehre formuliert ist, bekommt erst in späteren Jahrhunderten schärfere Kontur: »Hoftrauer ist daher Befehl und durch Etikette verordnete Affektlage«.[18] Dem Narren kommt es zu, dem Herrscher die Melancholie zu vertreiben. »Gleichzeitig wirkt er als Substitut: er nimmt auf sich; was den Herrscher — durch den ablenkenden Affekt — am Herrschen hindern könnte.«[19] Der Narr am Hof hatte eine eindeutige Funktion. Seine Kritik kam nicht von außen, er war Inhaber eines Privilegs: Sein Kostüm, die Narrenkappe und sein Requisit, der Narrenspiegel, waren ihm geliehen.

Shakespeares Narren stehen zwischen Hof und Welt. Auf der Bühne. »Die Welt steht schon eine hübsche Weil / Hop heisa, bei Regen und Wind! / Doch das Stück ist nun aus, und ich wünsch' euch viel Heil / Und daß es euch künftig so gefallen mag.« So spricht der Narr in ›Was ihr wollt‹ und entläßt uns. Hier in der Welt, in den kleinen Bereichen der Gleichheit, sollen die anderen Narren sein; sie nehmen teil, wenn auch nicht für lange, an einem Fest, für die Gaukler wie geschaffen. Legalisiert waren die Jahrmarktsbelustigungen, legalisiert war der Karneval. Es waren ›kleine Zeitinseln‹, wie Bachtin es nennt, »auf denen die Welt aus ihrer offiziellen Bahn gehen durfte.«[20] Der mittelalterliche Mensch lebte gleichsam zwei Leben:

> »Ein monolithisch-ernstes, düsteres, streng hierarchisch geordnetes, von Furcht, Dogmatismus, Erfurcht und Pietät erfülltes offizielles Leben und ein zweites karnevalistisches Leben: frei, voll von ambivalentem Lachen, von Gotteslästerung und Profanation, von unziemlichen Reden und Gesten, von familiären Kontakt aller mit allen. Beide Leben waren legalisiert, aber durch strenge Zeitgrenzen getrennt.«[21]

Der Sieg des Menschen über die Furcht im Lachen, seine nichtoffizielle Wahrheit, beschreibt die mittelalterliche Lachkultur.[22] Sie stülpt die Welt um, reißt die Schranken der Stände und Hierarchien nieder. Jegliche Distanz zwischen den Menschen wird aufgehoben. Ihre neue Figur ist die der Mesalliance: »Der Karneval vereinigt, vermengt und vermählt das Geheiligte mit dem Profanen, das Hohe mit dem Niedrigen, das Große mit dem Winzigen, das Weise mit dem Törichten.«[23] Alle Polaritäten der Krise und des Wechsels sind hier vereinigt: Geburt und Tod, Segnung und Verfluchung, Lob und Schelte, Jugend und Alter, Oben und Unten, Gesicht und Gesäß, Torheit und Weisheit.[24] Die ›fröhliche Wahrheit‹ blieb der Welt gegenüber jedoch loyal. Der Spaß hatte seine Grenzen an der Macht. Karnevalsleben und offizielles Leben. Damit verhielt es sich wie mit den Illustrationen zu den Vitentexten: »Die Fläche einer Manuskriptseite hatte, genauso wie das Bewußtsein des mittelalterlichen Menschen, Platz für beide Aspekte des Lebens und der Welt.«[25] – Die Lachkultur stirbt mit der Rationalität, Individualität und Privatheit. Vom 17. Jahrhundert an gibt es davon nur noch Spuren.

Der veränderte Blick

»Laßt uns nicht jene exklusiven Schauspiele annehmen, die eine kleine Zahl von Menschen ohne Freude in einem dunklen Raum einschließen, sie in ängstlicher Regungslosigkeit, in Schweigen und in Untätigkeit halten, den Augen nur

Scheidewände, Eisenspitzen, Soldaten, nur betrübliche Bilder von Knechtschaft und Ungleichheit darbieten. Nein, ihr glücklichen Völker, das sind nicht eure Feste. In der freien Luft, unter freiem Hiimmel sollt ihr zusammentreten und euch der süßen Empfindung eures Glücks überlassen . . . Möge die Sonne eure unschuldigen Schauspiele beleuchten; ihr werdet selber das allerwürdigste bilden, das sie bescheinen kann.«[1] Rousseaus Traum vom Fest, das das Volk sich selbst gibt, bei dem jeder zugleich Akteur und Zuschauer ist, ist die Abschaffung der Repräsentation. Dieses Fest hat fremde Bilder nicht mehr nötig, kann kein Theater mehr sein. Es will den Einklang der Herzen, eine Gegenwart aller, die sich selbst genug ist, ein neues, kollektives Subjekt, das nur für sich da ist und sich als Ganzes in allen seinen Teilen erkennt. — Die Revolution berief sich auf Rousseau. Aber ein Maler, David, wird zum Inszenator der Feste, die eine freie Entscheidung der glücklichen Volksmenge hätte sein sollen. Im Fest der Vernunft und im Fest des allerhöchsten Wesens kündet sich das Mißlingen des repräsentationslosen Festes an. Der leere Raum wird neu beschrieben, das Fest als Bildersturm bringt selbst neue Bilder hervor: die Vernunft ist eine Schauspielerin der Oper.[2]

Rousseaus Kritik zielt auf das adelige Fest, eine Scheinwelt, die die Subjekte isoliert, ein privat gewordenes entfremdetes Vergnügen der Eigenliebe und Verstellung. »Bei dieser Art von Fest erleben wir das Paradox einer Versammlung von Individuen, deren egozentrische Wünsche vorzüglich auf eine Trennung der individuellen Erlebnisse hinwirken: wie diesen Augenblicken Erinnerung und Zukunft fehlen, so haben diese Menschen kein Bedürfnis nach Teilnahme oder Mitteilung. Der Genuß erschöpft sich am Ort; er hat nichts anderes zu feiern als sich selbst und das scharfe Licht seines Aufflackerns.«[3] Die Bilder des Festes werden geschaffen von der Ordnung des Sehens. In einer Doppelbewegung erfährt diese im Verlauf des 18. Jahrhunderts eine Veränderung. Die Ausstrahlung der Krone hört auf, das Ordnungsprinzip des Staates zu sein. Die Augen sind nicht mehr auf den König gerichtet. Der Raum hat seine strenge Perspektive verloren, der Blick läuft leer und trifft auf das Immergleiche. Der ideale Ort der Langeweile zu entfliehen ist das Fest:

»Das fürstliche Fest erscheint kaum mehr als feierliche Schaustellung und Illusion. Es gehorcht keiner inneren Ordnung mehr; die Teilnehmer müssen nicht mehr als Schauspieler in einem vorausgeplanten Spiel agieren. Sie treffen sich beim Ball, beim Souper, im Theater, wo sich überall in einer heiteren Umgebung die Genußobjekte vervielfachen.«[4]

Auf den öffentlichen Bällen der Pariser Oper kann die Königin inkognito bleiben, bei den Maskenbällen am Versailler Hof trägt auch der König eine Maske. Alles spiegelt sich, reflektiert: die Farbe der Kleider, der Schein bengalischer Feuer, der Glanz Tausender von Kerzen, der kostbare Schmuck, die geheimnisvoll maskierten Gesichter. Man beobachtet. Aus einer festen Organisation ist die Gesellschaft zum Schauspiel geworden, das einzig eine Fähigkeit verlangt, zu sehen, betrachten zu können: die festlichen Gärten und Wasserkünste, die Illuminationen, die Paraden der Soldaten, die Promenade der Kavaliere und ihrer Damen. »Die Königin«, notiert der Höfling Mercy 1775, »beschäftigt sich lebhaft mit den Bällen, bei denen es sich um immer neue Quadrillen und Maskeraden handelt.«[5] Kann das Fest nicht dauern, so muß es sich doch in stets veränderter Wiederholung verewigen. So wird die Vorbereitung der Feste zum täglichen Geschäft, das dennoch immer weniger nützt: Die »Feste, wo der einzelne Mensch nichts bedeutete, wo Feuerwerk für sechzehntausend Franken verpuffte . . . , wo Hofmeister sich wegen eines Menüfehlers erstechen und Speisesäle wegen einer übergroßen Obstpyramide verändert werden«[6] zerfallen in Quodlibets bunter, sich schiebender Farben, Konfigurationen ständig sich erneuernder Wahrnehmungen, die dennoch stets nur auf die gleichen Gegenstände treffen.

»Überall in Europa geben die Fürsten ihren Untertanen Feste, damit bei einer Hochzeit, bei einer Geburt, einer Thronbesteigung, einer Eroberung eine flüchtige illusorische Begeisterung entstehen kann . . . Doch die Feste, welche die Völker den Fürsten geben, sind von einer beunruhigenderen Art.«[7]

An den Festen, die die Fürsten zur Feier ihrer selbst veranstalten, nimmt der Bürger, besonders der deutsche, als Zaungast teil. »Mein Stand war sehr gut und ich hatte . . . nebst dem ein herrliches Perspektiv«, notiert Johann Friedrich Abegg ins Tagebuch seiner Reise von 1798 über die

Huldigungsfeier für Friedrich Wilhelm III. in Königsberg. »Die große Menge von Menschen, die Ansicht der bunten Frauenzimmer auf den vielen Etagen im Schloßhotel — der prächtige königliche Thron, die mit schönen oder doch schön geputzten Damen angefüllten Fenster des Schlosses, und endlich die vielen auffallenden Physiognomien« lassen ihn viereinhalb Stunden »ohne Langeweile« an seinem Platz verharren.[8] Wird er schon nicht angesehen, so will der Bürger doch wenigstens selbst sehen. Das größte Kompliment, das man sich gegenseitig macht, ist, ein guter Beobachter zu sein. Wer Augen hat, der sieht. Im Zeichen der Natur formuliert das bürgerliche Individuum seinen Anspruch und seine Kritik. Der adeligen Unnatur, der Affektiertheit, »der Opern-Szene, aus dem zweiten oder dritten Jahrhundert vor unserer Zeitrechnung«, wie Lichtenberg die Kupfer von Chodowiecki kommentiert, steht der wahre Reichtum und die Fülle der Natur entgegen.

Von der feudalen Ordnung abgewendet, richtet der Bürger den Blick auf die eigene wie auf die ihn umgebende Natur. Nur, das Sehen unterliegt einem Dilemma. »Wir verhalten uns dabei zu den Dingen gleichsam nur theoretisch, noch nicht praktisch, denn wir lassen dieselben beim Sehen ruhig als ein Seiendes bestehen und beziehen uns nur auf ihre ideelle Seite. Wegen dieser Unabhängigkeit des Gesichts von der eigentlichen Körperlichkeit kann man dasselbe den edelsten Sinn nennen.«[9] Was dem Körper als seine Natur zukommt wirkt im Getrenntsein. Noch tiefer wird die Trennung, wo das andere nicht für sich bleiben darf. Das Sehen braucht einen Halt, der umherschweifende Blick wird zurückverwiesen auf die der Wirklichkeit zugesprochene Ordnung. »Mit der Ordnung des Sehens verbindet sich die Ordnung des Sichtbaren. Ist das richtige Sehen das primäre sinnliche Alltagsverhalten, so muß das Sichtbare rechtschaffen, ordentlich segmentiert und klassifiziert sein, damit der Überblick keine Illusion ist; es muß sein wie die Gesellschaft selbst, was wir sehen und nicht sehen; mindestens aber muß die Bedeutung des Sichtbaren, wenn wir nur die Augen aufmachen, fast auf der Hand liegen.«[10]

Erst der zunehmende Funktionsverlust des absoluten Königtums und dessen ästhetischen Pendants, der Barockbühne, konnte dem Blick den Freiheitsraum öffnen, der ihn dezentrierte. Dem Adel war es die verschwenderische, illusionäre Bewegung des Auges, Divertissement. Der Artist wird hoffähig und ist jetzt nicht am Hof, sondern an einem neuen Ort: Im Zirkus. Der Adel ist dort zu Gast, Gast allerdings in einem bürgerlichen Institut. Hier wird das produktive Moment der Natur in zweifacher Hinsicht genutzt: während der Körper sich produziert, wird er ökonomisch vom Betrieb des Zirkus genutzt, anschaubar und ausbeutbar in einem. Was dem Adel nur Unterbrechung der Langeweile ist, hat für den Bürger einen ernsteren Sinn. Der Körper soll Natur sein, d. h. frei. Und nichts soll es geben, was der Mensch nicht kann. Hier fühlt sich der Bürger zu Hause; es ist recht eigentlich sein Institut. Er schaut den Artisten zu, als ob ihre Produktion von seiner nicht verschieden wäre. Im >als ob< gelingt der Trick.[11]

Exkurs: Menagerie

Die Menagerie — der Name hält die ursprüngliche Funktion fest —, die Tierschau im Garten des Königs, ist vom späten Mittelalter an Ausdruck souveräner und feudaler Pracht. So wurde die kaiserliche Menagerie in Ebersdorf (südöstlich von Wien) 1552 gegründet und eine weitere zwischen 1564 und 1576 von Maximilian, dem Sohn Ferdinands I., im Lustschloß Neugebäu eingerichtet. Kaiser Rudolf II. vermehrte die Menagerie durch den Ankauf fremder Tiere, Leopold I. erweiterte sie abermals und teilte sie in zwei Abteilungen: die der friedlichen und die der wilden Tiere. Erst 1781 wurde die Menagerie aufgehoben. 1716 richtete Prinz Eugen im Belvedere eine Menagerie an. Unter den dort lebenden Tieren befand sich auch ein weißköpfiger Geier, »welcher sich schon um das Jahr 1706, mithin zehn Jahre vor der Errichtung der Eugen'schen Menagerie, im Belvedere befand, und kurz vor 1824 starb, nachdem er 117 Jahre in der Gefangenschaft gelebt hatte.«[1]

Die von Le Vaux in Versailles unter Ludwig XIV. erbaute Menagerie war die erste feudale Tierschau, die nicht, wie früher üblich, auf einem Park verstreut war. »In der Mitte stand ein achteckiger Pavillion, der im ersten Geschoß nur einen einzigen Raum enthielt, nämlich den Salon des Königs. Alle Seiten öffneten sich durch breite Fenster auf sieben ummauerte Gehege (die achte Seite war dem Eingang vorbehalten), in denen verschiedene Arten von Tieren eingesperrt waren«[2] Zur feudalen Liebhaberei und Exposition tritt nun ein zweites Moment, die Klassifizierung und Verwissenschaftlichung. Es ist der Prozeß zum Ende der Naturgeschichte und zum Anfang der Zoologie.[3] Das Tier wird aus dem naturhaften Zusammenhang herausgetrennt, und das Geheimnis seines Namens[4] geht in der Inventarisierung der Objekte unter. Karl von Linnés ›Systema naturae‹, das 1758 erscheint, gibt gleichsam das historische Datum für diese Entwicklung.

Die Geometrie der königlichen Menagerie stiftet im 19. Jahrhundert auch das Prinzip der panoptischen Strafanstalt: »an der Peripherie ein ringartiges Gebäude; in der Mitte ein Turm, der von breiten Fenstern unterbrochen ist . . . das Ringgebäude ist in Zellen unterteilt, . . . sie haben jeweils zwei Fenster . . . Es genügt demnach, einen Aufseher im Turm aufzustellen und in jeder Zelle einen Irren, einen Kranken, einen Sträfling unterzubringen. Vor dem Gegenlicht lassen sich vom Turm aus die kleinen Gefangenensilhouetten in den Zellen des Ringes genau ausnehmen.«[5] Im Gefängnis ist das Tier durch den Menschen ersetzt, »die Gruppierung der Arten durch die Verteilung der Individuen und der König durch die Maschinerie einer sich verheimlichenden Macht.[6]

1793 kommen die ersten Tiere in den Jardin des plantes, der 1635 von den Leibärzten Ludwigs XIII. als botanischer Garten für Medizinalgewächse im Pariser Vorort St. Victor eingerichtet worden war. Von der Menagerie in Versailles blieben nur noch 5 Tiere für den Jardin des plantes übrig, der Rest war dem Hunger der Bevölkerung zum Opfer gefallen. Für Paris hatte der Prokurator 1793 einen Erlaß herausgegeben, der bestimmte, daß alle Tiere, die sich auf den Plätzen der Stadt befanden, in den Jardin des plantes zu bringen seien. Paris war zu dieser Zeit bevölkert mit Vorführern von wilden Tieren. Andere Tiere holte man aus den Parks der Adeligen. Der Zugang zum Tiergarten stand jetzt jedem frei.[7]

Die Dinge werden immer von irgendwo gesehen, das ist die geometrische Grundlage der Repräsentation. Die Gesetze des kubischen Raums bilden unsichtbar ein Liniennetz planimetrischer und stereometrischer Beziehungen, die den Blick erfüllen. Seit der Renaissance folgt die Malerei diesem Prinzip. Mit der Erfindung der Perspektive werden die Dinge in einer vom Individuum erlebten Ordnung dargestellt. Der Blick wird subjektiv, abhängig von dem, der schaut. Das gemalte Bild erfährt seine Konstruktion vom imaginierten Betrachter, der selbst nicht mehr dargestellt ist. Dem malerischen Moment entspricht ein gesellschaftliches: Perspektivisches, subjektives Sehen ist vom Raum, dessen Tiefenwirkung und Struktur, bestimmt, in dem das Subjekt sich wiederfindet. Größenordnung und Hierarchie sind keine objektiven Größen, sondern stehen abhängig zu der subjektiven Eingliederung des Individuums in den Raum.

Im Spiel der Bedeutungen, der Repräsentation, stellt der Mensch sich im abstrakten Raum der Bühne dar. Im aristotelischen Theater figuriert der Raum als Szene und illusionärer Ort, der dem Menschen angepaßt und in Natur oder deren Illusion rückgeführt wird. Die Blicke der Zuschauer sind auf eine Fläche projiziert, die Fläche der gegebenen Schauspiele. Die Kette der Repräsentationen folgt der Syntax der gesprochenen Sprache, dem phonetischen Text, dem übertragenen Diskurs. Sie ist inszeniert wie die Szene, die sie illustriert.

Die Bühne, die der Zirkus kennt, beschreibt einen Kreis. Es ist die Manege. Sie ist leer und von allen Seiten offen. Ihre Form entspricht keiner von Konvention vorgegebenen Konstruktion. Sie ergab sich aus den Forderungen der Reiterakrobatik. Das ist ein Moment, das pragmatische Postulat der Manege: »Kein Artist könnte sein Repertoire auf einem geradeaus galoppierenden Pferd ausführen.«[1] Stehend in einer solchen Lage einfach das Gleichgewicht zu halten, wäre schon eine der höchsten Schwierigkeiten. Ein enger Kreis verleiht dem Pferd im schnellen Lauf eine konzentrische Neigung, die beim Ausbalancieren des Gleichgewichts für den Akrobaten günstigste Haltung. Die Manege hat in der Regel einen Durchmesser von 13 Metern und 50 Zentimetern, ist mit Sägespänen bedeckt und von einer niederen Barriere, der Piste, eingefaßt.

»Der Zirkus«, schreibt Bloch, »ist völlig ›offen‹, die Manege bringt das mit sich. Ja, er ist die einzige ehrliche Darbietung, die die Kunst kennt; vor Zuschauern in lauter Kreis ringsum kann nirgends eine Wand gemacht werden.«[2] Das bestimmt die Blicke, strukturiert sie und richtet sie aus und bestimmt die artistische Produktion. Die Artisten leisten, wie sie selbst es nennen, ›runde Arbeit‹. Sie kommen in die leere Arena und bleiben was sie sind. Sie stellen nichts dar. Ihre Arbeit läßt sich nicht soufflieren, sie ist kein Nachvollzug fremden Sinns und hat auch keinen eigenen. Der Artist hat sich selbst zum Gegenstand, seinen Körper, seine Gesten. Doch tritt er ein in einen Raum, der dem, was er tut, den Sinn gibt. Man schaut ihm zu und schreibt ihm auf den Leib, was seine Künste sein sollen. Das Ganze ist kein Spiel.

Mit der veränderten Form der Warenzirkulation verlieren im 18. Jahrhundert die traditionellen Messen und Handelsplätze und damit auch die Jahrmarktsschau nach und nach ihre alte Funktion. Der Zwang zur Innovation lenkt den Blick der Bankisten auf die großen Städte mit ihrem Publikum. Die wirtschaftlich privilegiertesten unter den Jahrmarktsakrobaten verlegen ihre Künste »von der ebenen Erde sozusagen auf den Pferderücken«. Was man sonst auf dem Seil produziert, wird jetzt auf einem, zwei oder drei Pferden im Galopp ausgeführt. Dem Ablösungsprozeß der ›Pferdegaukler‹ vom Fahrend Volk läuft ein zweiter parallel: Der der ›Pferdekünstler‹ von der militärischen Reiterei und der Pferdezucht. Wie dort der Akrobat zum Reiter, wird hier der Reiter zum Akrobaten.

Darbietungen mit und auf Pferden waren bis zur Mitte des 18. Jahrhunderts selten. Im 13. Jahrhundert soll ein Artist mit einem Pferd über das Seil geritten sein. (1899 brach sich der italienische Akrobat Coradini bei der Nachahmung dieses Rittes das Genick.) »Im Jahre 1610 gab es in Frankreich einen Prozeß gegen ein Pferd. Es sollte samt seinem Herren, der ihm einige Zirkuskünste beigebracht hatte, als Zauberer verbrannt werden«[3]. Bekannt sind allerdings auch Reiter, die sich öffentlich produzieren konnten, wie jener, der sich 1588 vor Kaiser Rudolf II. in Prag zeigte, oder Christian Müller-Kamin, der einer Nürnberger Chronik zufolge 1647 »auf

einem künstlichen Pferde kunstvolle Attitüden und Exercitia« vorführte. Auf den Pariser Vorstadtmärkten von St. Germain und St. Laurent trat erstmals 1749 ein ›Equilibrist Bereiter‹ mit einem Pony auf, das nach der Violine tanzte, ein großes Holzscheit wie ein Licht zerbrach und mit den Zähnen eine Leiter hielt.[4] 1772 sah man in St. Germain ein »geschultes türkisches Pferd«, das die Farben der Stoffe und die Anzahl der Knöpfe auf dem Kamisol unterscheiden konnte, aus der Pistole schoß und durch einen Reifen sprang. Solche Darbietungen blieben jedoch bestaunte Einzelerscheinungen. Joseph Halperson nennt in seinem ›Buch vom Zirkus‹ für das 16. und 17. Jahrhundert nur zwei bekannte Kunstreiter und einige wenige dressierte Pferde. Ausschlaggebend dafür waren vor allem ökonomische Gründe. Hohe Kosten, schlechte Transportbedingungen, die langwierige Dressur der Tiere, die Notwendigkeit, ständig zu reisen, verhinderten die Ausbildung der Pferdeakrobatik zu einem eigenständigen Genre. Erst mit dem Funktionswandel der Jahrmärkte, der zunehmenden Verstädterung, der Entstehung von Massenvergnügungen wie dem Turfsport in England und der damit verbundenen Popularisierung des Pferds sind Bedingungen geschaffen, die die Entwicklung der Schaureiterei begünstigen. Faktische Urheber der neuen Bewegung sind die Engländer Price und Johnson, arbeitslose Riding-Master, die ab 1760 an verschiedenen Orten in London ihre Künste zeigen: Kopfstand im Sattel eines Trabers, Sprünge von einem Pferd auf das andere, Stehendreiten auf einem Bein, Hindernissprünge auf zwei Pferden stehendreitend, Aufheben der Peitsche vom Erdboden während des Galopps und Galopp nur mit den Armen zwischen zwei Pferden hängend.

In den folgenden zwanzig Jahren sind Vorführungen dieser Art in allen großen Städten Europas zu sehen. In Petersburg 1763, 1770 in Wien, 1775 in Paris. Die Darbietungen finden unter freiem Himmel in einer bretterumzäunten Freifläche statt. Das Repertoire besteht aus einzelnen nicht miteinander verbundenen Schaunummern: Jahrmarkttricks, militärisch-sportliche Übungen und Akrobatik zu Pferde im engeren Sinn. Über das Gastspiel John Hyams 1775 in Paris wird berichtet:

> »Herr Hyam springt bei vollen Galopp aus dem Sattel und wieder auf; er reitet gleichzeitig auf zwei Pferden, indem er fest mit den Beinen auf dem Sattel steht, ohne die Zügel zu halten; er läßt das Pferd, im Sattel stehend im Trab laufen und balanciert auf dem Kopf einen achtjährigen Jungen; er schießt aus vollem Lauf, auf zwei Pferden stehend, aus der Pistole, ladet das Gewehr, befestigt das Bajonett, als bereite er sich zum Angriff vor, ganz wie die Kavallerie vor der Schlacht; er ist in der Lage, auf zwei Jagdpferden stehend das Gleichgewicht bei jeglichen Sprüngen und jeglichem Galoppieren des Pferdes zu halten.«[5]

Die Akrobatik bleibt weitgehend abstrakt und verweist

nur auf die Fähigkeit des Reiters, sich im Sattel zu halten und das galoppierende Pferd zu lenken.

Der Anteil kavalleristischer Übungen und das equestrische Moment an ihren Vorstellungen sichern den Kunstreitern ein Publikum, in dem Adel und Militär nicht fehlen. Der Engländer Simpson wirbt für seinen Auftritt im Wiener Hetztheater damit, daß er sich bereits »vor den Königen von Preußen und Polen, ingleichen vor dem Kurfürsten von Sachsen produziert« habe. Der Wiener Hof unterstreicht die enge Bindung von Adel und Kunstreitern durch die Vergabe des Titels »Seiner Majestät privilegierte Reiter«, den Hyam, de Porte und Mahyeu führten – ein Privileg, das immerhin so weit ging, daß Soldaten die vorbeiparadierenden Kunstreiter zu grüßen hatten. Die Reiter erscheinen in gewählter Garderobe[6] Die Kunstreitergesellschaft gefällt sich in der Miniatur des Hofstaats. Über Balps Auftritt in Zürich 1783, den Freudweiler gemalt hat, schreibt die ›Zürcher Zeitung‹:

»Wer vor einigen Jahren den Engländer Hyam sah, glaubte, was Großes gesehen zu haben; aber Herr Balp übertrifft ihn um ein Merkliches. Seine Tours . . . sind in jedem Betracht Meisterstücke. Auch Madame Balp reitet mit einer Grazie, die ihr Jedermanns Beifall schafft. Noch hat Herr Balp drei Gefährten und einen Neger (aus Amerika, er redte französisch, war katholisch und hieße Jean Bapiste), die große Geschicklichkeit zeigen. Er hat 24 Pferde, eine prächtige, mannigfaltige Garderobe und eigene, wohlbesetzte türkische Musik, die während des Spektakels spielt. Alle Morgen, wenn er des Abends spielt ritte er im Pomp, nebst seiner Frau und Bedienten, der 16 waren, unter Musikspiel durch die Stadt.«[7]

Daß die Wertschätzung der Kunstreiter keine geringe war, belegt auch ein eher amüsantes Detail: »John Hyam . . . machte seine Aufwartung in der österreichischen Hauptstadt. Exzellenter Groteskreiter und eine stattliche Erscheinung, enthusiasmierte er die Wiener und ganz besonders die Wienerinnen, denen es der schöne Reiter angetan haben mag. Hatte doch sogar Kaiserin Maria Theresia in einem Reskript verfügt, daß, wenn Hyam fortfahren sollte, den Frauenzimmern Wiens die Köpfe zu verdrehen, er unnachsichtig werde ausgewiesen werden«[8]. 1784 gab Hyam seine Vorstellungen in der k.k.-Hofreitschule, »eine besondere Vergünstigung, die jedenfalls auf hohe Gönnerschaft zurückzuführen war«.

Gegen Ende des Jahrhunderts versuchten sich die Kunstreiter in den Zentren der Städte niederzulassen. Das durch die Reisen zusammengetragene Kapital reichte zum Ankauf eigener Manegen. Als erster zeigte Bates 1767 in Paris seine Künste in einer mit Zuschauertribünen ausgestatteten Arena. 1772 gründete Phillip Astley in London seine ›Riding-School‹, wo er neben verschiedenen Pferdeveranstaltungen auch Reitunterricht gab.

»Diese Reitschule war . . . ein Vorläufer der späteren Zirkusbauten. Unter freiem Himmel dehnte sich ein relativ großer Kreis, der von einem hohen Zaun umgeben war. An etwa Dreiviertel dieser Umzäunung befanden sich überdachte Logen, das restliche Viertel wurde von einem eigentümlich anmutenden, dreistöckigen Haus eingenommen . . . Offenbar entsprachen die drei Etagen dem Parterre, dem ersten Rang und der Galerie. In der Mitte dieses elementaren Zirkus stand eine Barriere, die vermutlich als Hindernis beim Training der Pferde diente . . . Hier bildete sich schon eine der wichtigsten Besonderheiten der Zirkusmanege heraus: der Umkreis.«[9]

Astley, seit seinem 16. Lebensjahr Dragoon in der englischen Armee, hatte 1766 den Dienst quittiert, um sein Geld mit der Reitkunst zu machen. Den Uniformsrock legte er nicht ab; er trug ihn bei den Vorführungen und 1793 wieder, 51jährig, unter dem Herzog York im Krieg gegen das revolutionäre Frankreich. Ermuntert durch den Erfolg seiner ›Riding-School‹ in London, gab er 1774 auch Vorstellungen in Paris. 1779 ließ er seine Manege in London überdachen und damit wurde Astleys ›Amphitheater of Arts‹ zum ersten Zirkusgebäude überhaupt. Dieser erste Bau hatte, wie die heutigen Zirkusse, nur eine Manege. Die für die Zirkusgeschichte im 19. Jahrhundert bezeichnende Verbindung von Bühne und Manege wird aber schon in seinem Pariser Bau von 1782 und in seiner Londoner Manege 1794, nachdem sie zum ersten Mal abgebrannt war, realisiert. (Zirkusgebäude brennen nicht selten, so der Pariser Cirque Olympique am 16. März 1826 nach der Vorführung der Pantomime ›Der Brand von Salins‹) Die Verbindung des Zirkus mit dem Theater, dem diese bauliche Maßnahme entsprach, volkstümlich sagte man nicht Zirkus, sondern ›Pferdetheater‹, zeigt schon früh den Einfluß, den das bürgerliche Repräsentationstheater auf den Zirkus hatte.

Das Englische Amphitheater in Paris, das Astley von 1782

bis 1793 führte, befand sich im Vorort Temple und war ein beliebtes Ausflugsziel der Pariser. Am Boulevard du Temple produzierten sich in kleinen Theatern und Buden die Gaukler, die vorher das Bild der Messen von St. Germain und St. Laurent bestimmt hatten. Astleys Darbietungen unterschieden sich in einem entscheidenden Punkt von denen anderer Kunstreitergesellschaften; in der Aufgabe der Einzeldarbietung und der Integration anderer artistischer Genre. Zu den Pferdenummern kamen die alten Künste des Jahrmarkts. Aber das Pferd blieb dominant. Der frühe Zirkus war Pferdezirkus. Neben equestrischen Darbietungen, die sich schon deutlich von denen der Kunstreiter unterscheiden, bezog Astley in seine Vorstellungen Seiltänzer, Athleten, Schauobjekte und kleinere dressierte Tiere ein.

Die Kunstreiter hatten auf ihren Programmzetteln noch jede Pose, jeden Trick, den sie zeigen wollten, einzeln aufgeführt. »Aus dem militärisch-sportlichen Reiten entwickelten sich (jetzt) Reiterbilder.«[10]

Andrew Ducrow (in typischer Pose)

Es zeichnet sich eine neue Tendenz ab. Das Einzelne geht im Ganzen auf, die artistische Produktion im repräsentativen Akt: Menuett und Schlachtszene. Kusnezow hat diese Entwicklung als ein »Streben nach ästhetischer Aussagekraft« gekennzeichnet und damit in bürgerlicher Terminologie ein Moment bürgerlicher Ästhetik bestimmt. Der Künstler fügt sich in das Kunstwerk ein. Der artistische Akt bezieht seinen Sinn aus der Geschichte, in der er vorkommt. Das Können ist eingepaßt in den Kontext einer Inszenierung und die Kunstgriffe der Inszenierung geben das genaue Maß für den Mangel an Spontaneität. Keine Geschichte ist mehr sie selbst, sondern nur noch da durch eine andere. So ist es nur konsequent, daß die Pantomime im Zirkus Eingang findet. 1789 zeigt Astley in Paris die Pantomime ›Kampf und Tod des Generals Marlborough‹, ab 1790 in London ›Die Einnahme der Bastille‹ (die abgeschlagenen Köpfe von Delaunay und von Flesselles waren Wachsköpfe aus dem berühmten Pariser Kabinett von Doctor Curtius). Der Zirkus leistet seinen Beitrag zur Ideologie.

Astleys Royal Amphitheatre in London. Der erste feste Zirkusbau

Wiener Hetztheater

Das Wiener Hetztheater, das von 1755 bis 1796 bestanden hat, war eine Eigenheit unter den organisierten Vergnügungen. Eine Mischung aus Arena und frühem Zirkus. Ein Rundbau für über dreitausend Zuschauer, in dessen Mitte ein hoher Steigbaum stand, auf den sich die ›Hetzmeister‹ retten konnten, wenn sie Gefahr liefen, von den gehetzten Tieren angegriffen zu werden.[11] Gezeigt wurden hier Tierkämpfe und -hetzen. Sie fanden, wie es heißt, großen Zuspruch des Publikums. Zur Ankündigung der Spektakel »ritt der Hetzmeister in Jagdkleidung und mit Hetzpeitsche und Hirschfänger zu Pferde, vor ihm marschierten zwei Trommler, dahinter die Hetzknechte, welche die Hetzzettel verteilten[12] durch die Stadt. Aus den erhaltenen Hetzzetteln geht hervor, daß hauptsächlich Bären, Wölfe, Schakale, Ochsen und Wildschweine, seltener auch ein Leopard oder ein Löwe die Akteure der Spektakel waren. Ein Augenzeuge: » . . . Hernach haben's' ein Wildsau auf den Platz lassen, die hat ein Hund in dan Bauch hineingeschlagen, daß ihm d'Darm herausgehenkt sind . . . Da sind hernach zwei andere Hund herausgekommen, die haben ein jeder ein Mieder anghabt und puff haben s' d' Wildsau beim Ohrwaschel g'fangen. Da hat alles gschrien ›brafo! brafo‹ und d' Musikanten haben dazu d' Trompeten und Pauken gschlagen . . .«[13] 1796 brennt das Hetztheater ab. Die Menge hatte an dem Brand mindestens ebenso viel Vergnügen wie an den Vorführungen selbst.

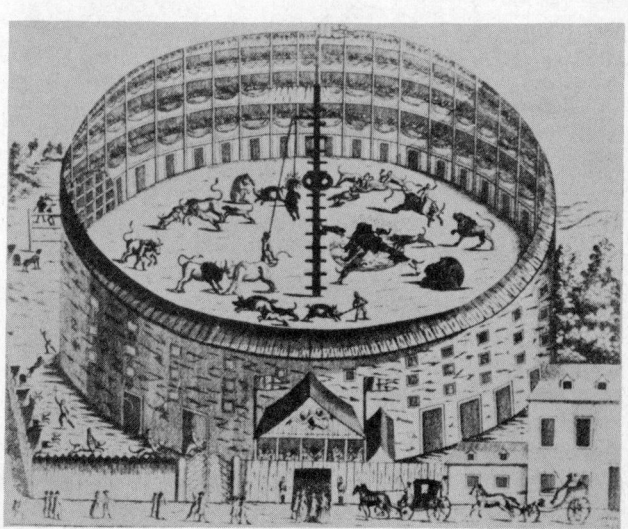

»Erster moderner Zirkus: Zirkus Astley in Paris. Zeit: Französische Revolution. Die Leistungen der Artisten: Verblüffend. Es gibt eigentlich überhaupt nichts, was der neue Revolutionsmensch nicht kann. — Portrait eines Revolutionsmenschen.« (Alexander Kluge)[1]

Im Augenblick der Revolution soll alles möglich sein. Im Augenblick der Revolution unterbricht sich das Kontinuum der Geschichte. Und alle Kräfte wollen sich in neuem Raum verwirklichen. Die Emphase war nicht von Dauer: »Bürgerliche Revolutionen, wie die des 18. Jahrhunderts, stürmen rascher von Erfolg zu Erfolg, ihre dramatischen Effekte überbieten sich, Menschen und Dinge scheinen in Feuerbrillanten gefaßt, die Exstase ist der Geist jeden Tages; aber sie sind kurzlebig, bald haben sie ihren Höhepunkt erreicht, und ein langer Katzenjammer erfaßt die Gesellschaft, ehe sie die Resultate ihrer Drang- und Sturmperiode sich aneignen lernt.«[2] — Rousseau ging aus von der ›Perfektibilität‹, von der Vervollkommnungsfähigkeit des Menschen. Im Verlauf der Revolution flammt sie als Hoffnung auf, in ihren Ergebnissen ist sie nur noch formal bestimmt als bürgerliche Tugend vorhanden. Der bürgerlich beschränkte Inhalt der Kämpfe überformt die von den Körpern erfahrene Möglichkeit eigener Natur durchs sittliche Ideal, das zusehens selbst unter eine fremde Gewalt gerät. Der idealen Semantik des Körpers, wie sie das bürgerliche Konzept der Revolution meint, stellt sich das Kalkül der Ökonomie und Effizienz der Körperbewegungen gegenüber. Ein realer Prozeß utilitaristischer Zurichtung unterläuft das eben erst neu gewonnene Modell des Körpers:

45

»Dieses neue Objekt ist der natürliche Körper: ein Träger von Kräften und ein Sitz von Dauer; es ist der Körper, der für spezifische Operationen mit ihrer Ordnung, ihrer Zeit, ihren inneren Bedingungen, ihren Aufbauelementen empfänglich ist . . . Es handelt sich mehr um einen Körper der Übung als um einen von Lebensgeistern bevölkerten Körper; um einen Körper der nützlichen Dressur und nicht der rationellen Mechanik.«[3]

Das Verfahren richtet sich aus auf die Konstruktion einer Maschine, die durch das genaue Ineinanderfügen der Leiber funktionieren muß. Der einzelne Körper wird auf seinen Zweck hin funktionalisiert, wo er sich diesem nicht fügt, wird er ausgegrenzt und in Institutionen verbannt[4], die die Macht zu seiner Verwahrung schafft. — Der Zirkus hat an dieser Entwicklung nur indirekt teil. Der artistischen Produktion wird ein öffentliches Institut geschaffen. Es datiert von da an, wo die Ausgrenzung des artistischen Körpers mit dem Wunsch der anderen, ihn anzuschauen, koinzidiert. Der Artist tritt in den Kreis der Manege in dem Moment, wo sein Körper denen der anderen als noch unversehrter gegenübersteht. Er verkörpert das zwecklose Vermögen, das die Zuschauer an ihm bewundern. Sie starren in den Kreis und verlieren sich in seiner Magie. Wo sie tendenziell die eigene Leibhaftigkeit verloren haben, schafft ihnen die artistische Produktion Ersatz. Sie treten ein in ein Exil: »Ein Exil in vollem Licht, denn der Geist in der Region der fernen Zwecke hat seinerseits aufgehört den Körper zum wahren Gefährten zu haben.«[5] Hier lebt er weiter, um den Preis jede Art der Signifikation aushalten zu müssen, die schöne ebenso wie die brutale.

Bürger Franconi

Im Januar 1791 setzte Louis Capet seinen Namen unter ein Dekret der Nationalversammlung, das die Feudalordnung der Pariser Theater aufhob: »Tout citoyen pourra élever un théâtre public et y représenter des pièces de tous genres.« Bis dahin hatten sich nicht nur alle Theater der Botmäßigkeit der Akadémie zu beugen, auch Ballsäle, Gaukler und Taschen-

spieler, Wachsfigurenkabinette, Marionettenbühnen, Guck-
kästen und Schausteller von Riesen, Zwergen, Affen, Kroko-
dilen und dressierten Flöhen zahlten den Zehnten an die
Oper. Jetzt war es jedem Bürger ermöglicht, sich als Theater-
direktor zu versuchen. Dies versuchten so viele, daß es bald
ein Theaterstück gab, das sie zu verspotten suchte: Mille et
un Théâtre ou la Liberté du Théâtre. Für einige Wochen
zählte Paris statt der bisher vier großen Theater 1791 nun
51 Theater.[1]

Phillip Astley mußte Paris 1793 wegen der englisch-
französischen Auseinandersetzungen verlassen. Doch in dieser Zeit, wo manche hofften, schnell ihr Glück zu machen,
fand sich leicht ein Nachfolger, dem das englische Amphitheater gerade richtig für neue Unternehmungen schien.
Bürger Antoine Franconi übernahm das Theater und veranstaltete zur Wiedereröffnung am 21. März 1793 ein Revolu-
tionsfest. Franconi wird zum Begründer einer der größten
Zirkusdynastien werden, sein Name ist fünfzig Jahre Syn-
onym für Zirkus schlechthin. Der Cirque Olympique am
Boulevard du Temple bleibt bis in die vierziger Jahre des 19.
Jahrhunderts konkurrenzlos, ihn zu besuchen war obligat für
die Pariser, an seinem Repertoire wurden die anderen
Zirkusunternehmen gemessen. Der Gründer selbst geht in
die Legende ein. »Montant à cheval comme le vieux Franconi« ist eine Metapher für Eleganz. Bevor Antoine Franconi, der, wie es die Legende will, einem vornehmen Hause
entstammt haben soll und wegen eines tödlichen Duells seine
Vaterstadt Venedig verlassen mußte, Astleys Amphitheater
übernahm, war er mit dressierten Vögeln über Jahrmärkte
gezogen. Später wechselte er dann das Fach und debütierte
1791 als Kunstreiter bei Astley, eröffnete aber schon bald eine
eigene Manege in Lyon, die jedoch bei den revolutionären
Kämpfen zerstört wurde.
Die ersten Vorstellungen im neuen Pariser Gebäude be-
stritt Franconi mit Familienangehörigen. Er selbst führte
Pferde vor und spielte in Pantomimen, seine Söhne Laurent
und Henry traten als Reiter, Kraftakrobaten zu Pferde und
als Dresseure auf, sein Schwager Bassin als Reiter und
Darsteller in Pantomimen. Die Darbietungen sind anfangs

47

bescheiden und erreichen nicht den Standart Astleys; ein Beispiel dafür ist die von Franconi erdachte Nummer ›Höllenpferd‹: »Reiter und Pferd kamen mit Römischen Kerzen und Schwärmern, die in einem bestimmten Augenblick aufflammten, in die Manege. Knisternd und qualmend brannten sie lichterloh auf dem Pferdegeschirr, auf dem Sattel und auf Franconis Dreispitz.«[2] Eine Leistung, die mehr die Pyrotechnik herauskehrte als die Reitkunst. Die Rückkehr der durch die Revolution verstreuten Artisten des Amphitheaters, Laurent Franconis Erfolge mit der Freiheitsdressur und die Ausweitung des Repertoires der Akrobatik zu Pferde führt allmählich zur Ausbildung eines eigenständigen Programms, dessen Grundlage wie schon bei Astley das Pferd und die Reiterei bleibt: Hohe Schule, Akrobatik und Pferdedressur. Neu an diesen Darbietungen ist zunächst die stärkere Hinwendung der Kunstreiterei zur Mimik, Plastik und Choreographie. Am Anfang dieser Entwicklung, die ganz der Ästhetik des Empire zu entsprechen suchte, standen verschiedene Posen und Attitüden zu Pferd, jeux de baguette, Sprünge durch einen leichten, biegsamen Reifen, der mit den Händen gehalten wurde, und unterschiedliche Tanzschritte auf dem Panneau. Dazu kamen ›Grazieübungen‹ (exercises de grâce), die allein, zu zweit, zu dritt und auch zu viert auf nebeneinanderlaufenden Pferden vorgeführt wurden). Waren die Reiter militärisch gekleidet »in eng anliegendem, verschnürtem Beinkleid, Taillenrock mit breitem Kragen, eine Schärpe um den Leib, auf dem Kopf ein Barett mit hoher Feder, wohl auch ein Dragonerhelm, dazu Uniformfrack mit Epauletten, oder ein mächtiger Zweispitz«[3], so zeigten sich die Kunstreiterinnen »in luftig-wallenden, die Beine frei lassenden Gewändern«. Es entsprach dies dem Geschmack der Zeit: »Die Pariserinnen machen unter dem Vorwand antik sein zu wollen, aus der ›englischen‹ alsbald die ›nackte‹ Mode! Nicht nur das Korsett und die Unterröcke fallen, auch das Hemd folgt.«[4]

Die bürgerliche Frau stellt gegen den Panzer adeliger Drapperie den eigenen schönen und natürlichen Leib. Er erscheint so makellos, als müßte er die Geschäfte und Transaktionen jener Bankiers und Fabrikanten heiligen, denen diese Frauen angehören. Die Sicherheit, mit der der

Der Kunstreiter. Gemälde von C. Vernet

Die Kunstreiterin. Gemälde von C. Vernet

Bürger seinen kostbarsten Besitz ausstellen kann, ist die Sicherheit, die er aus seinem Geld zieht, das ihm nun nach der ›geglückten‹ Revolution niemand mehr nehmen kann.

Aber die Emphase der Natürlichkeit ist Zitat, wenn auch eins, das diente »die gegebene Aufgabe in der Phantasie zu übertreiben, nicht vor ihrer Lösung in der Wirklichkeit zurückzuflüchten, den Geist der Revolution wiederzufinden, nicht ihr Gespenst wieder umgehen zu machen.«[5] Die bürgerliche Revolution von 1789 bis 1814 fand » . . . in den klassisch strengen Überlieferungen der römischen Republik die Ideale und die Kunstformen, die Selbsttäuschungen, deren sie bedürfte, um den bürgerlich beschränkten Inhalt ihrer Kämpfe sich selbst zu verbergen und ihre Leidenschaften auf der Höhe der großen geschichtlichen Tragödie zu halten.«[6]

Die Geschichte der Männer zehrt vom Bild der kämpferischen Pose, die schon des Kampfes nicht mehr bedarf, die der Frauen von der Virginität des Sieges. Die Verliebtheit in diese Art sich darzustellen, zeigen zwei bekannte Bilder Vernets: Kunstreiter und Kunstreiterin. Die Darbietungen sind in eine offene Landschaft projiziert, was die Idealisierung der Figuren unterstreichen soll. Man sieht nicht mehr die Tüchtigkeit und athletische Strenge der alten Kunstreiter. Bestimmend ist jetzt die Schönheit der menschlichen Geste, das Leichte, Elegante, fast Schwebende der Körperhaltung. Hätte man früher gesagt, der Reiter vollführe diesen oder jenen Trick, so spricht man jetzt von der Pose, der schönen Stellung. Alles ist Suche nach dem schönen Effekt. Catherine Cousy, die junge Frau Laurent Franconis, zeigt das Renomée. Ihr Leib verlebendigt eine antike Statue. Sie bewegt sich, wird zum Ideal, dessen Funktionieren die Pose garantiert, zur Schönheit, die den enthüllten Körper wieder bedeckt. Die Blicke, die sie auf sich zieht, sind erotische Blicke, die am Spiel von Abstraktion und Konkretheit Lust finden. Im Bild des Reiters werden die großen Taten nachgespielt, als Andeutung. Die ›gloire‹ ist schon errungen, und alle wissen es. Das militärische Spiel wendet sich dem anderen Thema zu: der Werbung um die Frau. Der Reiter wird zum Liebhaber in Uniform, der Kunstreiter zum Salonreiter. Die Pose und Grazieübungen erweitern sich zum Ballett. Es entstehen Choreographien für den Spitzentanz auf dem Pferderücken: Folkloristische Attitüden in phantastischen bunten Kostümen, einzelne Pas und Teile aus klassischen Balletten, wie der

damals gefeierte Pas de deux aus ›Sylphide‹. Die Kunstreiterin tritt im ersten Viertel des 19. Jahrhunderts fast nur noch
als Ballerina in die Manege, eine Rolle, die sich erst in den
dreißiger Jahren durch die Hohe Schule verändert.

Die schon in Astleys Amphitheater gezeigten Dramoletts
und mimische Szenen sind auch im Cirque Olympique fester
Bestandteil der Pferdeakrobatik und Freiheitsdressur. Die
Sujets dieser ›scènes acrobatique mimées à cheval‹ reichten
von historischem Schaustück bis zur Alltagsbegebenheit.
Klassisch geworden ist ›Der Matrose im Sturm‹, ein Beispiel
für die Art, wie die Reiter auf dem Pferde stehend, die jeweils
schnelle oder langsame Bewegungsart des Tieres als drama-
tisches Mittel nutzend, solche Charakterszenen gestalteten.[7]

Hinzu kamen Verwandlungsszenen, die heute noch rudi-
mentär im komischen Genre vorhanden sind. Die Darsteller
trugen dabei verschiedene Kostüme übereinander, die sie im
Verlauf der Darbietung ablegten. Aus dem Bauern wurde so
der Rekrut, der Grenadier, der strahlende Sieger nach der
Schlacht, aus Aschenbrödel eine schöne Prinzessin. Die

Laurent Franconi. Frühe Pferdepantomime

früher gezeigten Tricks der Freiheitsdressur (totes Pferd, Apportierpferd, Springpferd in Freiheit) integrierte Laurent Franconi in kleine Sprechpantomimen, wie ›Le Cheval Accusateur‹, ›La Jument Coquette‹ oder ›M. Rognolet ou le Tailleur Gascon‹. Letztere hielt sich fast hundert Jahre im Repertoire der Zirkusse. Es ist die Geschichte eines ermattet von der Reise zurückkehrenden Schneiders, dem allerlei Unbill widerfährt: von seinem Diener Plättbrett, seinem Pferd, das sich totstellt, einem störrischen Esel und einem anderen Pferd, das seine Äußerung, er wolle mit solchen Reittieren nichts mehr zu tun haben, krumm nimmt, sich auf den Schneider stürzt, ihn in die Röckschöße beißt und bis ins Haus verfolgt.

Diese wie auch andere Geschichten sind sehr schön nacherzählt in einem 1816 anonym in Paris erschienenen Kinderbuch ›Les Animaux Savants‹[8], in dem auch der legendäre Hirsch Coco und der Elephant Baba vorgestellt werden, die ebenfalls Laurent Franconi für den Zirkus dressiert hatte. Der Hirsch Coco war um 1820 Tagesgespräch in Paris. Und wenn, wie Alfred Lehmann in seinem Buch ›Tiere als Artisten‹ schreibt, man beim Hirsch nicht eigentlich

Seillauf des unvergleichlichen Hirschen Azor

von einem Zirkustier sprechen kann, so habe es »zum mindestens einen berühmten Zirkushirsch gegeben«[9], eben jenen Hirschen Coco, der von Franconi an der Longe gehalten über acht Männer oder vier Pferde sprang, durch einen Feuerreifen ging und sich vom Knall einer neben ihm abgefeuerten Pistole nicht beeindrucken ließ. Zweieinhalb Jahre Dressurarbeit benötigte Franconi, dem Hirschen Azor das ›Seillaufen‹ beizubringen. Der Auftritt des Elefanten Baba im Cirque Olympique war die erste Schaustellung eines dressierten Elefanten im Zirkus. Baba wußte eine Weinflasche zu entkorken, um sie dann in einem Zug zu leeren, eine kleine Pfeife zu spielen und den Kindern zu gefallen:

»Eine junge Mutter, die in ihren Händen ein Kind von drei oder vier Jahren hielt, näherte sich Baba nach der Einladung des Elephantenführers. Der Elephant liebkoste die unschuldige Kreatur und bewegte selbst die Lippen, um das Kind zu küssen.«[10] »Gott bewahre mich vor einer solchen Umarmung«, ruft Amélle, eines der Kinder im Buch, als sie diesem Kunststück zusieht, »Der Herr Elephant ist zweifellos recht hübsch, aber seine gegerbte und schwielige Haut würde mir ein unwiderstehliches Mißbehagen bereiten.«[10]

Als man daran dachte, anstatt nur dialogisierter kleiner Szenen ganze Pantomimen zu geben, wurde eine Bühne nötig. 1807 eröffneten die Söhne Franconis, Laurent und Henri, die seit 1805 das Unternehmen leiteten, zwischen den Straßen Saint Honoré und du Mont-Thabor ein neues Etablissement, mit großer Bühne, das ›Cirque Olympique‹ hieß, ein Begriff, der der jungen Unterhaltungskunst ihren Namen gab: Zirkus.

Dieses Wort trat jetzt an die Stelle des bis dahin gebräuchlichen Begriffs ›Amphitheater‹, den Phillip Astley vorgeschlagen hatte. Bei der Einführung der neuen Bezeichnung stand die Behörde Pate: Ein Dekret Napoleons von 1807 hatte allen Schaustellern von Raritäten und Kuriositäten verboten, weiterhin ihre Häuser als Theater zu bezeichnen, so daß sich auch die Franconis gezwungen sahen, einen neuen Namen für ihr Unternehmen zu finden. Dem Geschmack der Zeit entsprechend, der gern allem antikes Gepräge verlieh, nannten sie es ›Olympischer Zirkus‹. Erstmals in der Zirkusarchitektur war mit diesem Gebäude versucht worden, Theater und Zirkus miteinander zu verbinden.[11]

1817 kehrt der Cirque Olympique an den Boulevard du

Temple zurück. Seine Reise endete jedoch anders als die der Fahrenden: beim Theater. Der Unterschied zum üblichen Zuschauerraum im Theater bestand nun nur noch darin, daß anstelle des Parterre eine Fünfzehn-Meter-Manege vorhanden war. Die Bühne wird noch einmal um das Zehnfache erweitert. Die so geschaffene Arbeitsfläche erforderte ein quantitativ stärker besetztes Programm und eine zeitliche Ausweitung der pantomimischen Repertoireteile. Die bisherigen Sprechpantomimen und romantisch-militärischen Schaustücke wie ›Malbouroughs Tod‹, ›Die Reise Nicodémes zum Mond‹, ›Don Quichotte‹ oder ›Der weibliche Husar‹, die seit 1794 zum Repertoire des Franconi-Zirkus gehörten, werden jetzt zu Ausstattungspantomimen erweitert für die nun zusehends Bühnentechnik, Dramaturgie und Requisitenkammer verantwortlich zeichnen.

Als der genialste Arrangeur dieser frühen Zirkuspantomimen gilt Andrew Ducrow, aber »er war nicht allein der graziöseste Pantomimiker, sondern auch der unerschrockenste Akrobat und der bedeutendste Kunstreiter seiner Zeit.«[12] Die von ihm gestaltete Pantomime ›Schlacht bei Waterloo‹, die mehrere Jahre ›great attraction‹ im Londoner Amphitheater Astleys blieb, dessen Direktor Ducrow war, machte ihn ebenso berühmt wie seine artistischen Attitüden. So empfahl der Chirurg Barker in Edinburg seinen Studenten während der Vorlesung, sich den berühmten Reiter anzusehen, um sich eine Vorstellung von der Vollendung des menschlichen Körpers machen zu können.[13] Ganz ging das Zirkusprogramm nicht in Pantomimen und Pferdeakrobatik auf. Es waren indische Gauklergruppen, japanische Luftakrobaten, Seiltänzer und Jongleure zu sehen. Ihrer Zahl nach blieben sie jedoch unbedeutend. Zu sehr war das Publikum auf die großen Bilder fixiert.

Boulevard du Temple

»La rue n'existe qu'à Paris . . .«[1]

Die Theater der Boulevards, »welche an der Porte St. Martin angefangen und dem Boulevard du Temple entlang in immer absteigendem Werte sich aufgestellt haben«, fügen sich, wie Heine in den Briefen über die französische Bühne schreibt, gleichsam einer lokalen Rangordnung: »Erst kommt das Schauspielhaus, welches den Namen der Porte Saint-Martin führt und für das Drama gewiß, das beste Theater von Paris ist, die Werke von Hugo und Dumas am vortrefflichsten gibt und eine vortreffliche Truppe, worunter Mademoiselle Georges und Bocage, besitzt. Hierauf folgt das Ambigu-Comique, wo es schon mit Darstellung und Darstellern schlechter bestellt ist, aber noch immer das romantische Drama tragiert wird. Von da gelangen wir zu Franconi, welche Bühne jedoch in dieser Reihe nicht mitzurechnen ist, da man dort mehr Pferde als Menschenstücke aufführt. Dann kommt La Gaîté, ein Theater, das unlängst abgebrannt, aber jetzt wieder aufgebaut ist und von außen wie von innen seinem heiteren Namen entspricht . . . hier wird doch schon mehr gesungen und gelacht und das Vaudeville kommt schon mit seinem leichten Geträller zum Vorschein. Dasselbe ist der Fall in dem danebenstehenden Theater Les Folies dramatiques, welches ebenfalls Dramen und noch mehr Vaudeville gibt . . . Nach den Folles dramatiques, dem Wert wie dem Lokale nach, folgt das Theater der Madame Saqui, wo man ebenfalls noch Dramen, aber äußerst mittelmäßige, und die mittelmäßigsten Singspäße gibt, die endlich bei dem benachbarten Fünenbülen in die derbsten Possenreißereien ausarten. Hinter dem Fünenbülen, wo einer der vortrefflichsten Pierrots, der berühmte Debureau, seine weißen Gesichter schneidet, entdeckte ich noch ein kleines Theater, welches Lazarry heißt, wo man ganz schlecht spielt, wo das Schlechte endlich seine Grenzen gefunden, wo die Kunst mit Brettern zugenagelt ist.«[2]

Die Strecke, die Heine hier beschreibt, liegt schon jenseits der Boulevards, die das erklärte Reich der Flaneurs und Dandys waren. Was hinter den Varietés am Boulevard Montmartre lag, war, wie Alfred de Musset äußert, »les grandes Indes«.[3] Es gehörte zum schlechten Ton, sich weiter als hierher zu wagen. Die bewohnbare Welt für den Flaneur, der »zwischen Häuserfronten so wie der Bürger in seinen vier Wänden zuhause ist«[4] scheint hier aufzuhören. Dort hinten lebte das Volk: »Viertausend Arbeiter, die mitten in diesem so geregelt scheinenden Leben und Treiben täglich frühe auf dem Grêve-Platz stehen und noch nicht wissen, wovon sie den Tag leben sollen, wenn sie keine Beschäftigung finden, zehntausend, die unsicher über den morgenden Tag, zwanzigtausend, die unsicher sind über die nächste Woche.«[5]

Vom Boulevard des Italiens ostwärts durchziehen die Boulevards die Viertel der Industrie und des Handels, um schließlich im »ewigen Jahrmarktsfest« des Boulevard du Temple zu enden. Auf dieser verkehrsreichen Strecke wuchert ein sonderbares Menschengestrüpp, an dem Delphine de Giradin solchen Anstoß nahm, daß sie in einem ihrer Feuilletons erklärte, es sei heutzutage fast lebensgefährlich, spazieren zu gehen. Tatsächlich stellten sich dem Passanten bei jedem Schritt neue Hindernisse in den Weg: »Leute, die Dioramen zeigten; Leute mit putzigen Äffchen; fliegende Händler; Kinder, die Schnürsenkel und Perlmutterknöpfe feilboten; als Türken kostümierte Männer in blauer Bluse, deren parfümierte Serailpastillen weithin rochen.«[6] Der Weg in den Osten der Stadt muß nicht nur an Schaustellungen und Händlern vorbei gebahnt werden, er bricht sich an der Menge, die die Boulevards bevölkert.

1846 hat Paris 1 Million Einwohner. An der Menge führt kein Weg mehr vorbei: »In dieser Masse sich zu bewegen, war dem Pariser etwas Natürliches. Wie groß auch immer der Abstand sein mochte, den er für seinen Teil von ihr beanspruchte, er blieb von ihr tangiert, er konnte sie nicht . . . von außen ansehen.«[7] Das war nicht immer so: Dem Anwachsen der Bevölkerung entsprachen Veränderungen, die den ›Passanten‹ gleichsam technisch erst möglich machten. So wurden ab 1831 die Hauseigentümer verpflichtet, Dachrinnen anzubringen. Bis dahin, schreibt Boulenger[8], hatten die Fußgänger kein anderes Mittel, sich des ›Niagaras‹ zu erwehren, der an Regentagen von den Dächern stürzte, als sich auf die Straße zu flüchten, mit dem Risiko, überfahren zu werden. Das Pflaster der Pariser Straßen war schlecht.

1830 gab es nur 16 km Trottoirs, 1847 195 km. Die Beleuchtung der Straßen war nach heutigen Begriffen bescheiden, die Laternen waren wenig zahlreich und gaben, da sie Öl brannten, nur mäßiges Licht. 1814 zählte man in ganz Paris nur 5000 Straßenlaternen.[9] In der Geschichte der Boulevards ist das Jahr 1837 entscheidend. Das Vergnügungszentrum im Palais Royal wird geschlossen. Die Boulevards werden mit Gas illuminiert und asphaltiert. Wenige Jahre zuvor hatte sich unter die Passanten ein Fußgänger besonderer Art gemischt: der Straßenpolizist. »Wenn der liebe Gott sich am Himmel langweilt, dann öffnet er das Fenster und betrachtet die Boulevards von Paris. Nur wollte es mich bedunken, als sei dabei mehr Gendarmerie aufgestellt als zu einem harmlosen Vergnügen eben notwendig gewesen.«[10] Es ist nicht ohne Sinn, wenn Croisset den Boulevard in der Nähe der Fronde rückt: »C'étaient le rire ou les sifflets de Paris, d'un Paris libéré de la Cour et des salons.«[11]

Der Boulevard du Temple ist der Ort des Vergnügens. Hier führen die ›rabouins‹ fort, was seit eh und je die Fahrenden taten. Eine Tradition, die bis ins Jahr 1760 zurückreicht. In diesem Jahr werden dort die ersten Jahrmarktsbuden aufgestellt, produzierten sich im ›Salle des Grands-Danseurs‹ des Herren Nicolets, wie Brazier[12] berichtet, Pantomimen, Seiltänzer, Akrobaten, Äquilibristen und der Affe Nicolets, über den es sogar ein Lied gab. 1816 eröffnet hier die legendärste Seiltänzerin des Jahrhunderts ein eigenes Theater, das bis 1832 fortbesteht: ›Le spectacle des acrobates de Mme. Saqui‹. In dem Theater wurden kleine Stücke gespielt, in denen die Saqui und ihre Künste in wechselnden Rollen und Verkleidungen den ›clou de la soirée‹ bildeten, Stücke wie ›Der nachtwandlerische Seiltänzer oder der Mord auf dem straffen Seil, mit und ohne Balancierstange‹.

Als 15jährige schon soll Mme. Saqui »die haarsträubendsten Saltomortali über 24 Soldaten mit Gewehren — den seiner Zeit viel exekutierten Bataillesprung — gemacht haben«. 1809 erscheint sie auf einem Fest, daß der Prinz Borghese zu Ehren Napoleons gab: »Einer aus der Ruggieroschen Truppe, welcher bei dem Fest mitwirkte, entzündete vorzeitig das Feuerwerk, und in einem Nu war die Akrobatin auf dem schwankenden Seil, noch ehe sie ihren Tanz beendet, in ein Feuermeer getaucht. Des dichten Funkenregens

Die legendäre Mme. Saqui

nicht achtend, der sie zu versengen drohte, setzte die Saqui ihre Produktion fort, und erst auf festem Boden angelangt, verlor sie die Besinnung. Der Kaiser, der jeder Bewegung der kühnen Seiltänzerin gefolgt war, verließ sofort seinen Platz, nahm den Schal von den Schultern der schönen Prinzessin Borghese, seiner Schwester, umhüllte die Ohnmächtige mit eigener Hand und sandte ihr seinen Leibarzt . . . Einst benötigte Mme. Saqui 10 000 Frs. — sie schrieb an den Kaiser, der ihr die ganze Summe unverweilt zustellen ließ.«[13]

Aber nicht nur auf dem Seil, auch als Theaterprinzipalin bewies Mme. Saqui ihren Mut. Aus Protest gegen behördliche Einschränkungen, die besonders die kleinen Theater getroffen hatte, ging sie nach Fabrikschluß zum Faubourg St. Antoine und lud die Arbeiter zu einer Gratisvorstellung in ihr Theater ein. Am nächsten Tag drängten sich 1500 Vorstadtarbeiter auf dem Boulevard du Temple. Die Verwaltung mußte nachgeben.[14] Jedoch schon zwei Jahre später mußte Mme. Saqui ihr Theater verkaufen und setzte ihr früheres Reiseleben fort. Mittellos kommt sie 1852, 75jährig, zurück nach Paris, um sich ein letztes Mal dem Publikum zu zeigen.

»Es muß ein beklemmender, mitleidserweckender Anblick gewesen sein, die gealterte Saqui, eine Ruine im grotesken Flitterschmucke, um den Beifall der Menge sich mühen zu sehen . . . So produzierte sie sich auf dem Marsfelde, bald Luftfahrten veranstaltend, bald, wie später Blondin, in 50 m Höhe ein Kind im Handwagen über das Seil fahrend. 1866 ist sie, 89 Jahre alt, gestorben. Es waren ihr Ehren und Genugtuung beschieden wie keinem zweiten ihres Standes, nicht vor-, nicht nachher.«[15]

Doch zurück zum Boulevard: Um acht Uhr öffnen die Theater, sie schlossen um elf Uhr, die Cafés und Restaurants sind bis Mitternacht geöffnet. Hier sitzen die Bürger und spielen eine Dominopartie nach der anderen und rauchen dazu Zigarren. Die Flaneure setzen ihre labyrinthischen Gänge im Schein der Gaslaternen fort. Nach Mitternacht sind nur noch das Café des Variétés und einige Konditoreien geöffnet. Aber allein die Noctambulen wie Gérard de Nerval und Nestor Roqueplan gingen zu solchen späten Zeiten schlafen. Bis Mitternacht aufzubleiben war um 1830 eine Ausnahme.[16] Der Bürger kannte seine Grenzen, er will nur sich die Zeit vertreiben. Aber nicht überall. Den Cirque Olympique wird er noch besuchen. Dort gehen seine Illusionen auf in den Phantasmagorien der großen Pantomimen.

»Durch die Aufführung des ›Übergangs am St. Bernhard‹, die am nächsten Tag nach der Juli-Revolution erfolgte, gab der Olympische Zirkus den anderen Pariser Theatern gewissermaßen ein Beispiel, aber nur er war imstande, den Zuschauern eine vollkommene Illusion der Wirklichkeit zu bringen«, berichtet Albert.[17] »Die Ausstattung des Theaterzirkus wie auch die ihm zur Verfügung stehenden Inszenierungsmittel ermöglichen es, den Imperator so zu zeigen, wie man ihn sehen wollte, als Feldherrn hoch zu Roß an der Spitze seines Heeres auf dem Schlachtfeld . . .«

Der Glanz dieser Vorstellungen hat sein Gegenteil im ›Théatre des Funambules‹ und dessen Inbegriff, dem großen Pantomimen Jean Gaspard Deburau.[18] Hier bleibt der Spaß dem Volk verbunden. In bescheidener Szenerie entfaltet sich die andere Art der Emotionalität: die kleinen Träume.

»Dieser unvergleichliche Komödiant«, schreibt Th. de Banville über Deburau in seinen Erinnerungen, »hatte alles, was nötig war, das Volk zu verzaubern. Er war selbst Volk durch seine Geburt, durch seine Armut, durch sein Genie, durch seine kindliche Naivität; aber außerdem entsprach er dem Bedürfnis nach Eleganz und Pracht, die in den einfachen Seelen existiert, und es würde niemals einen Herzog oder einen Prinzen geben, der ebenso gut wie er die Hand einer Frau hätte küssen können . . . Die Kinder des Olymp warfen ihm Orangen zu und er sammelte sie ein, steckte sie in seine Taschen mit einer kindlichen Freude . . . und in der Minute danach war er der geringschätzige Prinz, ein wunderbarer Don Juan.«[19]

Deburau belebt das Drama im Blick auf das Publikum, und das Publikum versteht die Phantasien mit einer wunderbaren Leichtigkeit. Die Intellektuellen sind darunter und die Pariser Arbeiter, »in Weste, Bluse, im Hemd, ohne Hemd oftmals, mit nackten Armen, die casquette auf dem Ohr, aber naiv wie ein Kind, dem man das Märchen von Blaubart erzählt, und das sich genauso treuherzig der Fiktion des Poeten überläßt, — ja eines Poeten.«[20] 35 Franc in der Woche, nicht einmal 150 Franc im Monat, so war die Behandlung dieses genialen Mimen, von dem Theophile Gautier sagte, »Deburau war in seinem Genre ein Akteur wie Frederik Lemaitre, Talma, Mlle. Mars und Mlle. Rachel, ein glücklicher und seltener Zufall.« Sein Name ist zu Lebzeiten schon Legende:

»Damals kam ein schwarzgekleideter Mann zu einem bekannten Arzt und klagte ihm, daß er an einer tödlichen Krankheit leide.

Worin seine Krankheit bestehe? Im Spleen, im Abscheu vor sich selbst und den anderen und in einer tiefen Traurigkeit. Der Arzt riet dem Patienten, sich im Theater der ›Funambules‹ den berühmten Komiker Debureau anzusehen, durch dessen Pierrotspäße er zweifellos schnell kuriert werde. ›Ich bin Debureau‹ sagte der Mann, der allabendlich die Lachlust der Menge erweckte.«[21]

J.G. Debureau

Es ist die Verlorenheit der Freude, die Vergeblichkeit der Anstrengung, die obligate Innenseite des reinen Spaßes am Pierrot. In der extremsten Form der Veräußerlichung bleibt er Melancholiker. Im Sprung, der ihn aller Erdenschwere enthebt, faßt er sich ans Herz als könnte es ihm zerspringen. Sein Sprung läßt die Kraft erahnen, die Leidenschaft, die ihn dem geliebten Objekt näherbringen soll. Doch es fällt, wie Freud sagt, wie ein Schatten auf ihn zurück. Eine Figur der Figur, wie geschaffen, in sie alles zu setzen. In ihr vollendet und bricht sich der Spaß: Es ist die Traurigkeit des Pierrots, und die Ankündigung der Dialektik des Vergnügens: »Paris, den 7. Februar 1842. ›Wir tanzen hier auf einem Vulkan‹ — aber wir tanzen« schreibt Heine in der ›Lutetia‹[22] und sein Satz gibt einen Hinweis auf den Zustand dieser Zeit zwischen den Revolutionen: das Juste Millieu. Aus seinem Grund entspringt jene Stimmung, an der Deburau krankt. Doch seine Krankheit ist nicht die aller. Die Bourgeoisie hat im ›enrichessez-vous‹ ihr Zauberwort gefunden: » . . . da tanzen sie nun, um zu zeigen, daß Frankreich glücklich sei; sie tanzen für ihr System, für den Frieden, für die Ruhe Europas; sie wollen die Kurse in die Höhe tanzen à la hausse.«[23]

Der Pierrot jedoch ist eine Figur des Mangels. Er steht auf der Seite des Volkes für die Realität des Möglichen im Spaß, der nicht im Tauschritual der Bourgeoisie aufgeht. Es sind einfache Situationen, konkret wie das Elend. Der Spaß ist etwas wie Aufatmen. 1846 stirbt Deburau. Am 15. Juli 1862 zeigen die Funambules ihre letzte Pantomime: ›Memoires de Pierrot‹. Charles Deburau, der Sohn des großen Jean Gaspard, spielte den Pierrot. Von nun an waren die Funambules und die Pantomime tot. Der Baron Haussmann hatte ihnen den Gnadenstoß gegeben. Der Boulevard du Temple wurde abgerissen. Die Folies Dramatiques spielten am Tage vor der Zerstörung des Boulevards ›Les Adieux du Boulevard du Temple‹. Die Szene wurde eröffnet durch einen Chor aller Theater des Boulevards. Ihnen antwortete der Boulevard du Temple dargestellt durch die schöne Mme. Leroyer:

»Le boulevard du Temple de nos pères
Dans quelques jours doit être démoli.
Rires, chansons, cafés, pleins de lumieres,
Tout maintenant va rentrer dans l'oubli

N'oublions pas que ce fut la patrie
Du blanc Pierrot, ce muet Immortel . . .«[24]

DÉMOLITION DU BOULEVARD DU TEMPLE.

Zirkusphantasmen: Pantomimen

Schauen wir uns den ›Courrier des Théâtres‹ vom 20. Oktober 1830 an: *Vaudeville:* Bonaparte, lieutenant d'artillerie, *Variétés:* Napoléon à Berlin ou la Redingote grise — *Nouveautés:* L'Ecolier de Brienne ou le Petit Caporal — *Ambigu:* Napoléon — *Théâtre de la Porte-Saint-Martin:* Napoléon — *Cirque Olympique:* Passage du mont Saint-Bernard, gloire militaire en sept tableaux.[1]

»Paris, 30. Mai 1840. Toujours lui! Napoleon und wieder Napoleon! Er ist das unaufhörliche Tagesgespräch, seit der Verkündigung seiner posthumen Rückkehr . . .«[2] Als Napoleon auf St. Helena starb, ging sein Tod an Paris unbemerkt vorüber. Erst die Julirevolution löst den Bann, mit dem die Bourbonen ›Empire‹ und ›Empereur‹ belegt hatten. Mit »explosive enthusiasm«, schreibt Saxon in seiner Geschichte des Hippodramas[3], begannen fast alle Pariser Theater Stücke zu produzieren, die das Leben und die Taten Napoleons zum Inhalt hatten. Wie Lecomte errechnet hat, gab es in Frankreich zwischen 1797 und 1900 nicht weniger als 596 Stücke

dieses Genres.[4] Mit Henri Villement und Théodore Nézel's
›La Prise de la Bastille et Le Passage du Mont-St.-Bernard‹
eröffnete der Cirque Olympique am 31. August 1830 die
Reihe der Napoleondramen. Chevalier spielte die Rolle des
Napoleon. Eine Rolle, die er schon zwanzig Jahre vorher im
Théâtre des Jeux-Gymniques gespielt hatte. Damals allerdings hatte Napoleon selbst in der Loge gesessen und seine
Zufriedenheit mit der Aufführung ausgedrückt. Chevalier
wurde von Edmond abgelöst, der schließlich in der Vorstellung endete, selbst Napoleon zu sein. Ihm folgte Gobert,
dessen Karierre im Théâtre de Porte-St. Martin mit ›Napoléon, ou Schoenbrunn et Hélène‹ begann. Eine Produktion,
die ihm 40 000 Franc, dem Direktor Crosnier 200 000 Franc
eintrug.[5] Auf den Boulevards verkehrte er als Zelebrität, den
die Invaliden ehrerbietig grüßten. Dennoch: Der eigentliche
Ort dieses Kults waren die Mimodramen des Cirque Olympique. Albert beschreibt die Wirkung der Schlußapotheose
vom ›l'Empereur‹: »In diesem Augenblick herrschte eine
solche Spannung im Zuschauerraum, daß es totenstill war;
danach folgte ein enthusiastischer Ausbruch, der sich zu einer
allgemeinen Verzückung formte.«[6] Die Verbindung von
Bühne und Manege erlaubte Massenszenen wie sie die anderen Theater nicht kannten. Gautier schwärmte:

»Der Zirkus sollte fünf- oder sechsmal so groß sein, wie er jetzt ist,
daß er acht- oder zehntausend Besucher fassen könnte, so daß man
mit außergewöhnlichem Pomp interessante oder glorreiche Sujets
unserer Geschichte und selbst solcher anderer Völker aufführen
könnte. In gigantischen Pantomimen könnte man die Phantome der
Zivilisation und der versunkenen Reiche beschwören, von der
ungeheuren Größe Babylons bis zu den Schlachten der Giganten zu
Beginn unseres Jahrhunderts.«[7]

Dabei waren die Pantomimen im Cirque Olympique alles
andere als bescheiden, der Cirque eine perfekt funktionie-
rende Illusionsmaschine.

»Nichts kann sich mit der Anzahl und der Pracht der Kostüme
messen, die der Darsteller des Murat wechselt: Samt aller Farben,
Federbüsche, Epauletten, Bänder, Litzen, Orden, Tressen, Sticke-
reien, Umhänge, Stulpenstiefel, Degen, Helme — damit könnte man
zwei ganze Kommandostäbe ausrüsten! Man weiß, daß Murat bis
aufs Äußerste mit seiner Militärausstattung kokettierte, nichts schien
ihm glanzvoll genug, bestickt genug, kostbar genug, um sich damit
in den Kampf zu stürzen: Für ihn war die Schlacht ein Ball — und

er stürmte dahin, gewaschen, pomadisiert, rasiert, onduliert, in weißen Handschuhen, in Wogen von Gold und Spitzen. Wahrlich das war ein Held, wie im voraus von der Geschichte direkt für Franconi geschaffen . . .«[8]

Man engagierte die besten Bühnenbildner und Dramaturgen der Zeit, um die phantastischen Tableaux in Szene zu setzen. In den Paraden und Schlachtszenen wirkten ganze Abteilungen des französischen Heeres mit. Nicht selten bildeten fünf- bis sechshundert Statisten das nötige Decorum der heroischen Vorgänge. Tausende von verschiedenen Kostümen wurden für die einzelnen Produktionen angefertigt. Die Schlachten fanden nicht nur auf der Bühne, sondern auch in der Manege, auf den Rängen, an den Eingängen statt. Alle Mittel der Theaterillusion, vom bengalischen Feuer bis zum imitierten Kanonendonner und Pulverdampf, wurden verwendet.

Die Aufführung verfehlte ihre Wirkung nicht. Heines Nachbar, ein »alter Grenadier«, berichtet aufgelöst und mit roten Augen:

» . . . er war gestern abend bei Franconi und hat dort die Schlacht bei Austerlitz gesehen. Um Mitternacht verließ er Paris, und die Erinnerungen beschäftigten seine Seele so übermächtig, daß er wie somnambul die ganze Nacht durchmarschierte und zu seiner eigenen Verwunderung diesen Morgen im Dorfe anlangte. Er hat mir die Fehler des Stücks auseinandergesetzt, denn er war selber bei Austerlitz, wo das Wetter so kalt gewesen, daß ihm die Flinte an den Fingern fest fror; bei Franconi hingegen konnte man es vor Hitze nicht aushalten. Mit dem Pulverdampf war er sehr zufrieden, auch mit dem Geruch der Pferde; nur behauptete er, daß die Kavallerie bei Austerlitz keine so gut dressierten Schimmel besessen. Ob das Manöver der Infanterie ganz richtig dargestellt worden, wußte er nicht genau zu beurteilen; denn bei Austerlitz, wie bei jeder Schlacht, sei der Pulverdampf so stark gewesen, daß man kaum sah, was ganz in der Nähe vorging. Der Pulverdampf bei Franconi war aber, wie der Alte sagte, ganz vortrefflich und schlug ihm so angenehm auf die Brust, daß er dadurch von seinem Husten geheilt ward. ›Und der Kaiser?‹, fragte ich ihn. ›Der Kaiser‹, antwortete der Alte, ›war ganz unverändert, wie er leibte und lebte, in seiner grauen Kapote mit dem dreieckigen Hütchen, und das Herz pochte mir in der Brust. Ach, der Kaiser‹, setzte der Alte hinzu, ›Gott weiß, wie ich ihn liebe, ich bin oft genug in diesem Leben für ihn ins Feuer gegangen, und sogar nach dem Tode muß ich für ihn ins Feuer gehen!«[9]

Unter dem Namen Napoleon sammeln sich alle kleinbürgerlichen Wünsche dieser Zeit. Im wiedergefundenen Charisma konzentriert sich ihr Einspruch gegen die sich festigenden bürgerlichen Verhältnisse, ihre Sehnsucht nach sichtbaren Zeichen in einer ereignislosen Zeit. Es ist der Name des Heroen, dem die Kraft zugeschrieben wird, die reale Geschichte vergessen zu machen, auch die gegenwärtige. Aber die Erinnerung bemüht die Geschichte, um ihr nicht folgen zu müssen, der Napoleonkult hat kein Programm. Die politische Phantasie bleibt vage: Es sind Metaphern der Macht als Melodrama.[10] Es genügt, den Namen Bonapartes auszusprechen, sie beredt zu machen. Man bleibt in dessen Bannkreis und berauscht sich an seiner Magie. Das Mimodrama ›La Ferme de Montmirall‹ zeigt den Rückzug der geschlagenen Großen Armee, »wounded, dying, freezing in the snow-suddenly galvanized into action by the passing silhouette of the Empereur: ›L'Empereur! Vive l'Empereur!‹«[11]

Wenn auch die militärischen Ausstattungspantomimen (gloire militaire) über Jahre im Vordergrund des Zirkusprogramms standen, wurden mit Erfolg auch andere Formen der Manegenschaustücke aufgeführt, hauptsächlich phantastische Feeriemimodramen, darunter auch Schaustücke mit dressierten exotischen Tieren (pièce à animeaux). 1829 ›Die Elephanten des Königs von Siam‹, 1831 ›Die Löwen von Mysore‹, 1839 ›Der Wüstenlöwe‹, 1839 ›Die Tochter des Emirs‹, 1845 ›Die Elephanten der Pagode‹. Die Ortsangaben im ›Roi de Siam‹ lesen sich wie in einem Geographiebuch. Fremde Namen und fremde Städte tauchen auf. Die Autoren haben Reiseliteratur, Bücher über ferne Landschaften und Kostüme der Inszenierung zugrunde gelegt.[12] Die Liste der mitwirkenden Personen bezeugt den Eifer ihrer Arbeit: »*Nadir-Saim,* ein junger Prinz, Erbe des Throns von Saim, *Temulkain,* birmesischer Prinz, *Mutalib,* Hohepriester von Samone-Codom, Premierminister von Nadir, *Taherbao,* Führer der Talapuiner, *Idamora,* eine junge Prinzessin und Verlobte von Nadir, . . .[13] Die Stücke sind Ausdruck der Orientophilie dieser Zeit. »Europa wurde grau, und die Exotik blühend.«[14] Und wie sich die bekannte Welt entfärbte, rückten die Reize der Fremde, die Traum- und Sehnsuchtsländer in immer weitere Fernen. Der ›Süden‹ Italiens, den das 18. Jahrhundert als Reservat kannte, »erweiterte sich unabsehbar und verschmolz mit dem Orient.«[15]

Mit der Aufführung der ›Löwen von Misore‹, einer Pantomime in drei Akten und sieben Bildern, waren zum ersten Mal Raubtiere im Zirkus.

»Es war ein typisches Feeriemimodrama mit einer phantastischen Handlung in exotischer Umgebung, wobei die Mitwirkung der Tiere geschickt motiviert war. Es wechselten Kammerszenen voller spannender Dialoge mit Jagden, Tierspielen und Schlachtenbildern, Soloauftritten und Massenszenen . . . Ein eisernes Netz umschloß die Bühne, es schützte das Publikum vor den Raubtieren, ohne so dicht zu sein, daß es ihm die Illusion genommen hätte. Die Hauptrollen hatte man Schauspielern und dem Dompteur Henri Martin übertragen; letzterer spielte einen entthronten Nabob, dem der gewaltige Sultan die Zunge herausgeschnitten hatte, und der sich infolgedessen nur mimisch und gestisch ausdrücken konnte. In den ersten Bildern traten Tiere nur passiv in Erscheinung, bis zu jener lustigen Szene mit einem Affen, einem Pelikan und einem Känguruh. Der Charakterkomiker, der sich während der Jagd verirrt hatte, fand, sich am Schwanz des Känguruhs festhaltend, wieder aus dem Dschungel heraus. Im weiteren Verlauf der Handlung sah man verschiedene Tricks mit Löwen und dem Tiger Atyr, der ein Kind verfolgte, im entscheidenden Moment aber durch einen Gepard ersetzt wurde, der das Kind im Maul zu Martins Füßen trug. Der Dompteur spielte seine Rolle ausgezeichnet. Schließlich trugen ihn 24 Krieger in einem vergoldeten Käfig zusammen mit den Löwen hinaus, wobei die Prozession unter ohrenbetäubenden Fanfarenklängen an den Zuschauern vorüberzog.«[16]

Der erwähnte Henri Martin, Besitzer einer der größten Wandermenagerien seiner Zeit, steht am Beginn der Geschichte der Raubtierdressur im Zirkus.

Martin, 1793 in Marseille geboren, kam eher zufällig dazu, Raubtiere zu dressieren. Zunächst war er Kunstreiter gewesen. Bei einer Aufführung von Schillers ›Räubern‹ im Zirkus Blondin stürzte er jedoch so unglücklich vom Pferd, daß er sich eine neue Beschäftigung suchen mußte. Drei Jahre zuvor hatte er den Menageriebesitzer van Aaken kennengelernt und dabei auch Bekanntschaft mit dessen Tochter Gertrud gemacht. Um nun die Erlaubnis des Vaters zur Heirat zu erlangen, zähmte er den widerspenstigen Tiger Atyr, eben jenen Atyr, der in den ›Löwen von Mysore‹ zu sehen war. Als ihm dies gelang, wendete er sich ganz der Raubtierdressur zu und gründet eine eigene Menagerie mit der er zunächst durch Deutschland reist. Honoré de Balzac, der ihn einmal nach dem Geheimnis seiner Dressurmethode befragte, gab er zur Antwort, es bedürfe dazu nur der Kraft, des Mutes und eines guten Urteils. Dies hatte er: In der Nähe Freiburgs versetzte er dem Tiger Atyr, der auszubrechen drohte, einen solchen Faustschlag auf die Schnauze, daß dieser nie mehr auf solche Gedanken kam. Als der Tiger dann mit 21 Jahren starb, soll Martin um ihn geweint haben. Sein Gepard kam bei einer

Henri Martin mit dem Löwen Nero und dem Tiger Atyr

Aufführung in London zu Tode, als er in den Souffleurskasten fiel. So jedenfalls berichtet es Henri Thétard in seiner Geschichte der Dompteure.[17]

Der Erfolg der ›Löwen von Mysore‹ führte dazu, daß weitere Schaustücke mit wilden Tieren aufgeführt wurden. Im ›Théâtre de Porte-St. Martin‹ zeigte 1839 ein anderer großer Dompteur seine Kunst: Van Amburg. Ganz Paris war, wie Theophile Gautier schreibt, gekommen, um diesen Mann und seine Tiere zu sehen. Im Cirque Olympique gastiert im selben Jahr James Carter in einem von den Hausautoren des Zirkus Laloue und Labrousse, (die auch schon die ›Löwen von Mysore‹ bearbeitet hatten) geschriebenen Schaustück ›Le Lion du Désert‹. Auch diese Pantomime wurde ein Riesenerfolg und Carter dadurch so populär, daß »Alexandre Dumas fils im ›L'ami des Femmes‹ (V. Akt, 3. Szene) Leverdet zu de Ryons, der ihn bittet, ihn mit einem gefährlichen Gegner allein zu lassen, sagen läßt: ›Carter et son lion!‹«[18]

Die eigentlichen Stars des Zirkus sind jedoch Pferde. So erschien in einer Pariser Zeitung am 14. Oktober 1843 eine Anzeige folgenden Wortlauts:

»Voller Schmerz geben wir den Verlust eines Akteurs bekannt, der zu früh von der Bühne schied. Was unsere Trauer so groß macht, ist, daß dieser Akteur gestorben ist als Opfer seines Eifers und seiner Ergebenheit für die Kunst.«[19]

Der Zirkus, dessen Ensemble der Akteur angehört hatte, war durch das tragische Geschick gezwungen, den Spielplan zu ändern. Ein Stück mußte ganz abgesetzt, ein anderes auf unbestimmte Zeit verschoben werden. Der Name des Dahingeschiedenen war Rosinante, und seine Rolle die des ebenso traurigen, wie klapprigen Gauls des kühnen Ritters von La Mancha in der Pantomime ›Don Quichotte et Sancho Panza‹, welche eben zu dieser Zeit im Cirque Olympique gegeben wurde. Aber Rosinante ist nicht der einzige vierbeinige Akteur, der den zweibeinigen vorgezogen wurde. Über Zisco, ›Le Cheval du Diable‹ (3. Februar 1846) schrieb Gautier, wie über einen Mimen ersten Ranges — ein Talma mit vier Beinen, ein Fréderick Lemaître mit fliegender Mähne und Schweif.

Ohne die Pantomime, das Hippodrama, ist der Zirkus im 19. Jahrhundert nicht denkbar. Es war ein fester Bestandteil im Programm des Cirque Olympique, konstitutives Moment der Vorstellung von Zirkus überhaupt. Im Verlauf der ersten Hälfte des Jahrhunderts erfährt dieses Genre Veränderungen, die letztlich im reinen Theater enden. Ursprünglich beschränkt auf kleine Szenen zu Pferde, entwickelt sich die Pantomime zum Ausstattungsmelodrama, das das Akrobatische und die Artistik immer mehr in den Hindergrund treten läßt. Das Spektrum der Aufführungen reicht von den kleinen Jahrmarktsschauen zu den gigantischen Militär- und Feeriemimodramen des Pariser Zirkus. Entscheidendes Moment wird immer mehr das ›mise en scene‹, die Inszenierung. Verstand Grimm in seinem Wörterbuch 1796 darunter noch hauptsächlich Dekoration und Kostümierung, so bekommt der Begriff im Laufe des 19. Jahrhunderts einen mehr technischen Sinn, den der Produktion visueller Effekte. »Die Zeit der rein okulären Spektakel ist angebrochen«, schreibt Gautier.[20] Und der Zirkus ist dafür ein Ort par excellence.

»Nichts ist einfacher, nichts weniger kompliziert, und es gibt auch kein anderes Theater, wo die Zuschauer so aufmerksam und gespannt sind, wie im Cirque Olympique.«[21]

Sie sind Augenzeugen eines ›Théâtre du Merveilleux‹, das die ganze Skala des Mimischen umfaßt: Pantomime, Melodrama, Ballett und Akrobatik, — Traditionsgut der Fahrenden ebenso wie das Stegreifspiel der Comedia dell'Arte, das Genre der Troubadours wie das Wunderbare und Übernatürliche, die Exotik der Ferne genauso wie allbekannte Schauplätze.[22] In den Tierpantomimen kommen alle Elemente zusammen. Aber sie haben ein unterschiedliches Gewicht im Laufe der Entwicklung. Im ›Gasconischen Schneider‹ herrscht noch der derbe Spaß des Jahrmarkts, die Szenerie ist einfach, nur angedeutet, hier der Laden — dort die Station des Posthalters, den Typen sieht man an, wer sie sind und wie sie handeln werden. Zu sagen haben sie nicht viel, sie sprechen mit dem Körper. Im ›Tod des Kapitän Cook‹, im ›Kampf und Tod des General Marlborough‹ ist schon früh, parallel zum anderen, ein weiteres Moment vorhanden, die Pantomime héroique et scènes de bataille. Sie bestanden aus Paraden, Manövern, Zweikämpfen, aus Kunstreitertricks und Prozession mit bengalischem Feuer. In diesen Formationen verlieren sich die artistischen Fertigkeiten zusehends. Sie unterliegen der fremden Ordnung der Schlacht. Nunmehr bloß noch Agenten einer Szenerie werden sie im Prozeß der weiteren Ideologisierung der heroischen Pantomime Agenten eines politischen Phantasmas, dessen Apotheose Handlung und Bewegung abbricht. Im Schlußtableaux des Grand Spectacle ist alles Handeln überflüssig geworden, die tote Produktion siegt über die lebendige.

Der politischen Imagination, die als verzauberte Geschichte von Jeanne d'Arc über die Bastille bis Bonaparte in den Pantomimen sich wiederfindet, entsprechen die imaginären Welten der phantastischen Feeriemimodramen. Doch deren ferne Gegenden werden zusehens bekannter. 1830 wird Algerien von den Franzosen erobert. ›Le Lion du Désert‹ (1839) spielt in diesem Land. Daß in diesem Mimodrama auch Tiger gezeigt wurden, verwunderte niemanden. Sie sind ebenso nur Zeichen, wie der brennend gelbe

Wüstensand, die Araber mit ihren weißen Burnussen — Zeichen der Freiheit. Einer Freiheit, die hier nicht anders galt »denn als Freiheit der Leidenschaft, der Passion, der Wildheit, des Heldenmuts, auch des Fanatismus und der Grausamkeit, der Eifersucht und der Wollust.«[23] Es sind Angebote zur Identifikation, fremde Natur, die der eigenen ein neues Terrain absteckt.

Auf dieses Territorium verlegt sich die Auseinandersetzung der Gesellschaft mit sich selbst. War für Rousseau ›Natur‹ noch als kritischer Gegenbegriff formulierbar, ein Instrument der Kulturkritik, wie die ›Discourse‹ zeigen, so steht jetzt dafür eine Topographie der Leidenschaften, ein Fluchtraum. Die Saint-Simonisten hatten ihn noch utopisch durchmessen, als Vermählung von Orient und Okzident, von weiblichem und männlichem Prinzip, als Emanzipation, der die Technik ihre Dienste leisten sollte. Sie selbst planten und bereisten noch die Orte. Ihre Utopie verlor sich im Kapital. Die Fluchträume, die hier Gegenstand sind, sind im eigenen Haus produzierte: Bildwelten. Militärpantomimen und wunderbare Geschichte fanden an einem Ort statt, beklatscht und verehrt. Sie sind Reflexe und Phantasien der Zeit, Phantasmagorien und grenzenlose Träume. Gautier hat sie unablässig gefordert.

»Frankreich langweilt sich, hat ein großer Dichter gesagt: Nichts ist wahrer. — Und jede Regierung muß das Volk amüsieren, sei es durch Kriege, sei es durch abenteuerliche und ferne Expeditionen, sei es durch industrielle Eroberungen, sei es durch gigantische Spektakel, sei es durch Theateraufführungen. Die Armen hätten es lieber, daß man nur daran denkt, ihnen ihre eigenen Träume vorzuführen ... Napoleon: er repräsentiert das Ideal eines jeden unter gigantischen Proportionen und der geringste Soldat bewundert in ihm seinen eigenen Traum, wie er ihn zu ersinnen niemals sich gewagt hätte. Da es keine dieser kolossalen Individualitäten mehr gibt, sollte das Theater dieses Bedürfnis nach Wunderbarem befriedigen, das einer der unbesieglichsten Instinkte des Menschen ist. Warum tut man soviel für die Ohren, warum nichts für die Augen?«[24]

›Opéra de l'oeil‹ heißt das Zauberwort. »Cut the dialect«, fordert Andrew Ducrew, einer der großen Inszenatoren der Zirkuspantomime. Alles soll Bild sein, alles für das Auge: opéra de l'oeil. Der Wunsch nach einer ›illusion complète‹, als einer exakten Reproduktion der materiellen Fakten, hat in den Panoramabauten jener Zeit seine Entsprechung. In Paris gibt es seit 1800 ein Panorama. In ihm war eine Ansicht von Paris zu sehen, wie sie sich jedem geboten hätte, der auf die Türme Notre Dames gestiegen wäre.[25]

Die Ansichten von der Plattform in der Mitte des Baues kreieren einen Blick, von dessen realer Entsprechung Roland Barthes sagte, an ihm sei Strukturalismus zu lernen. »Paris aus der Vogelperspektive wahrnehmen, bedeutet zwangsläufig, sich Geschichte vorzustellen.«[26] Es ist Lektüre der Welt und ihrer Struktur. Doch hier geschieht anderes: Unter den Augen der Zuschauer verdoppelt sich das reale Paris im gemalten. Das Panorama kennt nicht mehr die Differenz von Bild und Vorbild. Die unendliche Fülle der Details, aus denen das Rundbild besteht, verliert sich in anderen Details. Die Arbeit des Malers bleibt spurlos. Eine Erfahrung der Zeitgenossen, die der mit den ersten Photographien gleicht. Sie werden als eine Welt für sich verstanden, eine Welt voller Einzelheiten, die man vorher nicht wahrgenommen hatte. »Das Interesse galt vorerst nicht der Aufnahme eines bestimmten Gegenstandes, sondern der Art und Weise, wie irgendein beliebiger Gegenstand auf der Platte erschien ... Immer werden einzige, bisher unbeachtete Details hervorgehoben: Pflastersteine, verstreut herumliegende Blätter, die Form eines Astes, die Spuren des Regens am Mauerwerk ...«[27]

Doch der Vorgang, um den es hier geht, die Vertauschung von Bild und Vorbild, ist keiner der Verwechslung, sondern der Entscheidung. Die Verfahren der Wirklichkeitsproduktion, denen sich das Panorama bedient, kennt auch der Zirkus. Sie sind szientistisch und archäologisch; alles mußte stimmen. Sinnliche Gewißheit stellt sich nur her in der kompletten Registratur von Natur und Geschichte. In dem Maße wie die Beziehungen untereinander den Beteiligten fremd werden, stiftet das Detail eine neue Ordnung, wenn auch keinen Zusammenhang mehr. Die Sujets sind verschieden, wie ihre jeweiligen Wunschgegenden, und sie treffen sich alle in einer Botschaft: nie wieder Alltag. Dafür ist durch die Inszenierung Sorge getragen: groß und ungeheuer wunderbar. »Das Publikum hat dies sehr gut verstanden, indem es nach dem Maschinisten verlangte. Es sah ihn auch, sein Name ist Sacré.«[28] Danach blieb wenig zu wünschen übrig. Man hatte alles gesehen.

»But if you admire perilous leaps«, empfiehlt Jules Janin den Amerikanern in Paris, »feats of strength, and all the dangers of horsemanship, — above all, if you enjoy on a mild summer's evening, an amusement without fatigue, go to the Olympic Circus.«[1] Und, fährt er fort, gibt es einen Reiter, der eleganter aufs Pferd steigt als Baucher, Baucher —« »the conquerer of Neptune and of Partisan«. Baucher debütierte 1836 und avancierte zum ersten Reiter Frankreichs. Er entwickelte ein neues System der Reitkunst auf wissenschaftlichen Grundlagen, das die Schulreiterei der kommenden Jahre entscheidend beeinflußte.[2]

Der ›Cirque des Champs Elysées‹ wurde geradezu zum Konservatorium der Reitkunst, ein mondäner Ort, wo sich die Pariser Gesellschaft ein Stelldichein gab.

Mit Caroline Loyo beginnt die Ära der Schulreiterinnen; ihr Erfolg begründete das Genre, das bis zum Ende des Jahrhunderts sich im Zirkusprogramm hielt. Im schwarzen Samtkleid mit einem in die Stirn gedrückten Zylinder ritt sie in die Manege. Vom Applaus des Publikums zurückgerufen, kehrte sie dorthin zurück, um ihren Auftritt mit einem Kompliment des Pferdes zu beenden, das mit einem Bein niederkniet und das andere nach vorn streckt, die Reiterin zieht mit ausladender Geste ihren Hut. Pauline Cuzent trat im Husarenkostüm auf, eine über die Schulter geworfene Jacke, weiß gepuderte Perücke, Husarenmütze und Säbel. Mathilde Monnet war von Baucher im Reiten ausgebildet worden und wurde als Mlle. Mathilde zum Zirkusidol. »Mathilde hat ein schönes Gesicht, einen reizenden graziösen Wuchs, eine wahrhaft noble Haltung, und reitet kühn, sicher und korrekt. Sie steht der Pauline Cuzent an Feuer und Wildheit, der Caroline Loyo an Zierlichkeit und feiner Koketterie nach, aber sie übertrifft beide an eigentlicher Grazie und wahrhaft vornehmen Anstand.« So beurteilt ein Herr Muellers sie in seiner Schrift ›Ernst Renz und die vorzüglichsten Mitglieder seiner Gesellschaft‹ aus dem Jahr 1853.[3]

Ellen Kremzow, Maria und Palmira Annato, Antoinetta Lejars, Camilla Lerous, Virginie Kenebel, Laura Bassin, Louise Loisset — so heißen große Kunstreiterinnen dieser Zeit. Sie tanzen auf dem Pferderücken, leicht und beschwingt. Was tanzt, will anders werden, sagt Bloch. Für den Zuschauer ist die Tänzerin immer schon anders, eine Blume, ein Vogel, eine Göttin ... Die Verführungskraft ihres Tanzes liegt im Spiel der Bedeutungen, die an den Körper sich heften. So nur wird der Leib begehrenswert, zum idealen Körper. Für Baudelaire ist der Tanz die Poesie mit den Armen und Beinen, ist er die Materie, graziös und schrecklich, belebt und verschönert durch die Bewegung.

Die Reiterin, die Tänzerin, die Akrobatin spielen mit ihrer Sinnlichkeit, eingebannt in die Szene. Sie feiern ihre Triumphe in einem Illusionsraum — Schmuckkästchen und Gefängnis zugleich.[4]

Stars des 19. Jhdt.: die Schulreiterin. Mathilde Monnet

›Was ist leichter als der Wind? Die Frau.
Was ist leichter als die Frau? Auriol.‹
Auriol war ein Mythos, der Mythos der Leichtigkeit, des
Höhenflugs, er war der strahlende Körper, poetisches Ideal.

»Die Affen sind hinkend und ungelenk neben Auriol; die Gesetze
der Schwerkraft scheinen ihm gänzlich unbekannt . . . er würde
gegen die Decke laufen, wenn er wollte: wenn er nicht fliegt, so nur
aus Koketterie. Auriols Talent ist von einer wunderbaren Leichtigkeit, er ist universell in seiner Kunst, Springer, Jongleur, Äquilibrist,
Seiltänzer, Reiter, Komiker und dabei von unglaublichen Kräften.
Ein niedlicher Herkules mit den kleinen Füßen einer Frau, Kinder-
händen und einem Kinderstimmchen. Unmöglich wird man besser
proportionierte Muskeln sehen, einen athletischeren Hals, einen
leichteren und kräftigeren Körperbau; und all das wird von einem
lustigen, chinesisch aussehenden Gesichtchen gekrönt, in dem eine
Grimasse genügt, um den Saal zum Lachen zu bringen. Niemals
empfindet man irgendeine Anstrengung bei den Touren dieses
erstaunlichen Clowns: Auch die schwierigsten Dinge führt er mit
bezaubernder Sicherheit, Gelenkigkeit und Grazie aus.«[5]

Er debütierte am 5. März 1835 im Cirque Olympique.
Schüler des legendären Forioso, Mitglied eines Wanderzirkus, dann der Truppe Loissets, dann 15 Jahre bei Dejean,
Intermezzo bei Renz, zurück nach Paris, schließlich mit
einem Wanderzirkus, dessen Direktor er war, in der Provinz.
Er starb 1881 in der rue Copernic in Paris. Sein Kostüm war
ein modernisiertes mittelalterliches Narrenkleid mit Schel-
lenkappe, sein Gesicht ohne Schminke. In der Sprache des
Fachs war er Reprisenclown, wohl der erste.[6]

»Er verbeugte sich sehr zierlich, klatschte in die Hände, und
Diener brachten ein kleines Podest herein, auf dem zwölf Weinfla-
schen standen. Auriol sprang hinauf und tanzte auf den Flaschenhäl-
sen eine graziöse Polka, wobei er eine nach der andern umwarf, so
daß er zuletzt nur noch mit einer Fußspitze auf der letzten Flasche
stand. Dann mußten zwei Diener einen kleinen, innen mit Tonpfei-
fen besteckten Reifen halten, Auriol nahm kurzen Anlauf und
durchsprang den Reifen, ohne eine der Pfeifen zu beschädigen. Er
sauste in gestrecktem Hechtsprung oder im Saltomortale über 24
Soldaten hinweg und landete in den Pantoffeln, die er sich hingestellt
hatte; auf Stühlen führte er erstaunliche Balancen auf, und komisch
wurden alle diese Produktionen nur dadurch, daß Auriol jeden Trick
mit einem kurzen, quäckenden Schrei begleitete.«[7] Auriol be-
herrschte noch alles, er war ein glänzender Reiter. Als Affe auf einem
riesigen Pferd soll er mit seiner zierlichen Figur dem Publikum
Lachtränen entlockt haben.[8]

Gautier hatte sich Auriol als Androgynen gedacht, Stärke und Geschmeidigkeit vereinten sich im ganzen, selbstreferenziellen Körper. Der Clown ist akrobatischer Artist, parodierend, verspielt, voll unerhörter Selbstsicherheit. Die Reprise, die »kurze Clownzwischenhandlung«, die sein Erscheinen begrenzt, sprengt er von innen: den Kunstreitern und -reiterinnen gleich, ist er noch entfernt von der Fatalität des Anderen, nicht Gegenbild, eher wirkliches Wunschbild.

Zum französischen Clown gesellt sich der englische. Er kommt von den Christmas-Pantomimen.[9] Lawrence und Redish erschienen als erste auf dem Kontinent. Sind sie auch nicht so ausgelassen und graziös wie Auriol, berichtet unser Gewährsmann Gautier, so ist es doch unmöglich, sich etwas Spaßigeres vorzustellen.

»Allem, was sie tun, verleihen sie Genauigkeit, Lässigkeit, britannisches Bewußtsein. Der eine ist zur Hälfte rot, zur Hälfte schwarz gekleidet, seine Perücke halb purpurrot, halb braun. Der andere ist ganz in weiß, mit apfelsinengroßen Posamentenknöpfen, sein mit weißem Talkum bedecktes Gesicht ist mit kleinen rosafarbenen Ringen bemalt, die Linie der Augenbrauen stark gebrochen. Diese Aufmachung, undenkbar phantastisch, paßt ausgezeichnet zur beherrschten, schweigsamen Art der handelnden Personen.«[10]

Sie sind Körperzauberer, »sie verdoppeln, verdreifachen, vergrößern sich, sie drücken sich platt und wimmeln vor den Augen wie ein Schlangennest.«[11] Ihr Automatismus, ihre plötzlich mechanische Grobheit und ihr Wechsel von Dynamik und Statik fanden Beifall. Von England kamen die ersten Ahnungen der Mechanisierung, die Lawrence und Redish noch im Stile der Klischniggs lösten. Scheinen »Stellungen, Gebärden und Bewegungen des menschlichen Körpers . . . in dem Maße komisch, als unser Körper dabei an einen bloßen Mechanismus erinnert«, so ist das Lachen dessen Korrektur, die Kritik der Unvollkommenheit.[12] Die frühen Zirkusclowns waren noch vollkommen, noch fehlen die Spuren der Trauer, der tragische Clown. Banville beendet seinen Hymnus auf den Clown mit dem Wort, das die ›Göttliche Komödie‹ beschließt — Stern. Er schreibt es im Plural — Sterne.[13]

Von den englischen Reitern führte der Weg zum Cirque Olympique in Paris. Neben dem Pariser Zirkus gab es in London die Manege Astleys. Seit 1808 und 1827 hatten auch Wien und Petersburg feste Zirkusbauten. Die deutsche Entwicklung, die schließlich in das einmündet, was die ›Ära Renz‹ genannt wird, ist in der ersten Hälfte des 19. Jahrhunderts bestimmt durch wandernde Zirkustruppen. An ihrem Anfang standen Truppen romanischer Nationalität. Von einer eigenständigen, von der romanischen Schule abweichenden Entwicklung kann frühestens seit Anfang der dreißiger Jahre gesprochen werden. Bedeutendste Leiter der reisenden Truppen aus der Zeit zwischen 1800 und 1825 waren Foureaux, Loisset, Price und Guerra. Weniger anspruchsvoll, oft schon mit Jahrmarktsgenres gemischt, war das Programm der Truppen Fabulets, Gautiers, Kolters, Blumenfelds und Knies. Schon überwiegend Schaubudentricks (Schwertschlucker, Menschen ohne Knochen, tätowierte Frauen) waren bei Blondin, Guillaume, Kaspar, Mekke oder Schulz zu sehen.[1] Der Schritt zu den namenlos gebliebenen Komödianten führt zur Grenze, die den Zirkus dieser Zeit von der Budenschau trennt.

»Zum ersten Mal fühlte der Seiltänzerbub sich beklommen und verlassen, und er war froh, als er endlich im Grün des Praters war. Den Circus fand er nicht! — ›Aber du stehst doch davor!‹, lachte der Mann, den er fragte. ›Kannst du denn nicht lesen? ›Circus Gymnasticus‹ ist doch da am Giebel angeschrieben!‹ — ›Das ist ein Circus?‹ stotterte Ernst. Er konnte es immer noch nicht fassen: dies mächtige, prächtige Gebäude mit den großen Türen und der gewaltigen Glaskuppel, — das war der Circus des Herren de Bach, und darin sollte er, Ernst Renz, nun arbeiten?«[2]

Der ›Circus Gymnasticus‹, in den Ernst Renz als Eleve eintritt, war der erste feste Zirkusbau Wiens. Der Kunstreiter de Bach (nebenstehend) ließ ihn 1808 bauen. »Ein Prunkgebäude, wenngleich aus bloßem Holz gebaut.«[3] In den ›Briefen des Eipeldauers‹ steht über die Eröffnungsvorstellung:

»Oh je! Herr Vetter! da ist schon um 5 Uhr kein Platz mehr zhabn gwest, und da hat gwiss kein Mensch sein Geld greut, so masterlich habn's ihr Sach gmacht: und mir ist schon der bloße Kontratanz von ihrn Pferden lieber gwest als mancher Ballett.«[4]

Der Circus, der für 3000 Personen Platz bot, prosperierte besonders während der Zeit des Wiener Kongresses. Als Unternehmer war de Bach bestrebt, die führenden reisenden

Truppen für seinen Circus zu verpflichten. So gastierte Tourniaires Gesellschaft dort im Mai 1822, im Jahr darauf die Gesellschaft Didier Gautier. Als das ›non plus ultra‹ dieser Truppe wird der kaum zehnjährige Jacques Gautier gefeiert.[5] Zu der Truppe de Bachs gehörte der ›berühmte Römer‹ Alexander Guerra, der wohl beste Kunstreiter seiner Zeit. Guerra heiratete 1818 eine Tochter de Bachs, machte sich 1826 mit einer eigenen Truppe selbständig. Das Programm seiner Darbietungen umfaßte neben den obligaten Reit- und Dressurkunststücken auch pantomimische Szenen. So kündigte er 1835 an: »Das große Reitschauspiel Heinrich IV. oder die Rache der Linguisten mit neuen Dekorationen, schöner Comparserie, Gefechten, Reitkünsten, Sprüngen und Pferdetableaux.«[6] Weiter zeigt seine Truppe: ›Die beiden Irländer auf der Reitschule zu Paris‹, ›Die Belagerung von Ipsara oder Türken und Griechen‹, ›Der Carneval in Venedig‹. Da anders als in Paris in Wien auch die Volkstheater ›Rosskomödien‹ zeigten, war Guerra auch in diesem Genre ein gesuchter Mann. Josef Richter, der Verfasser der ›Eipeldauerbriefe‹ hat eine einfache Erklärung für das Aufkommen der Roßkomödien: »Da sind Pferd dabey und weil halt's ziehn der Pferd ihr Sach ist, so ziehn die Pferd ein Menge Leut hin.«[7]

Eine Gelegenheit vierfüßige ›acteurs‹ auf das Theater zu bringen, bot auch eine Neuinszenierung von Schillers ›Räubern‹ im Theater an der Wien: »Und Räuber Moor zu Pferd — es war gewiß ein guter Gedanke des Dichters, die Räuber zu Pferde kommen zu lassen.«[8] Goethes Bemerkung an Schiller in einem Brief von 1792, daß dem Kunstgeschmack eines breiteren Publikums zunehmend »alles sinnlich wahr sein soll«, belegen diesen Trivialisierungsprozeß. Die Mitwirkung von Kunstreitern im Volkstheater und der große Erfolg, den die Stücke hatten, stimmte auch die Kritik um. So formuliert der einst um den Verfall des Wiener Theaterlebens besorgte Herausgeber des Theateralmanachs 1837 zu einer unter Mitwirkung Guerras entstandenen Inszenierung des Spektakelstücks ›Die Räuber in den Abruzzen‹:

Das chaotische Auf- und Abwogen, dies Verschwimmen von Ross und Reiter, diese scheinbare Anarchie in der mitagierenden Menschen- und Thier-Generation, und doch diese Ruhe im Ganzen. Guerra ist wirklich der Pestalozzi der Pferdewelt.«[9]

Die Schönheit Elise Guerra

Auch aus dem ›Circus Gymnasticus‹ wird, bemerkt der
Eipeldauer » . . . nach und nach ein Theater, das muß aber der
brave Entreprenör tun, wenn er sein Haus weiterhin haben
will, denn an den wirklich schönen Reitkünsten, wo man
Pferd und Reiter bewundern muß, hat sich das wetterlauni-
sche Publikum schon satt gsehn.«[10] Der Zwang zur Innovation, der hier als Anlehnung an den Geschmack der Zeit
verstanden wird, führt dazu, daß der Wiener Zirkus die
Produktionen des großen Pariser Vorbilds kopierte, daß sich
hier aber auch erste Strukturen einer Vergnügungsindustrie
ausbilden. Noch ist damit nur der Ort gemeint, das Terrain
des Vergnügens, nicht die später herrschende Struktur. Der
Wiener Prater funktioniert anders als der Lunapark der
kleinen Ladenmädchen, von denen Kracauer spricht.[11]

Tourniaire, Loisset, Chiarini, Guillaume . . . Diese Truppen treten überall auf, reisen, überziehen die Geographie Europas mit einem Netz, sie treffen sich, verbinden sich, verästeln sich, lösen sich auf, sie heiraten und sterben, verschwinden, bleiben namenlos oder kommen zu großem Erfolg. Es sind nicht zufällig reisende Truppen. Es gab kaum Städte und Orte des Vergnügens. Es gab Marktplätze, aber keinen Markt. Zwischen Schaubühne als moralischer Anstalt, zwischen dem Blick aus ›Vetters Eckfenster‹ und den Flugblättern der 48er Revolution liegt die Landschaft deutscher Misere. »Das Konglomerat äußerst kleiner und halb-autarker Mächte entsprach sowohl dem politischen Zustand des Reiches als auch den Bedürfnissen einer zwar bereits stark aufgefächerten, aber in ihrer Struktur noch intakten ständischen Gesellschaft, deren einzelne Schichten scharf voneinander abgehoben waren. Hof, Adel, Kirche, Gutsbesitzer, Offiziersstand waren die entscheidenden Kräfte dieser altdeutschen Welt.«[12] Deutschland hatte eine fast rein agrarische Struktur — vier Fünftel der Bevölkerung lebten noch in oder von der Landwirtschaft.

Der Ständestaat funktionierte unangetastet und mit ihm die überkommene soziale und politische Ordnung, deren Stabilität auch den Festen und Vergnügungen eine traditionelle Infrastruktur zuwies. Der Bürger hatte sich daran gewöhnt, seine Familie zum Kaffeehausgarten zu führen oder sich im Theater unterhalten zu lassen. In den ländlichen Bereichen bestimmen die Jahreszeiten die Spanne von Ruhe und Unterhaltung. Hier sind es die Ernte- und Winzerfeste, die Kirchweih- und Schützenfeste, die den Kanon des Immergleichen unterbrechen. In den großen Städten — Berlin ist neben Hamburg die einzige Stadt auf deutschem Territorium mit über 100 000 Einwohnern — bildet sich erst langsam ein Bedürfnis nach Zerstreuung aus. Oft sind es hier die Jahrmärkte und Messen, die zu ersten Orten des Massenvergnügens werden. So entsteht 1810 in München das Oktoberfest, bekommen die traditionellen Märkte in Bremen, Hamburg oder Berlin in den ersten Jahrzehnten des 19. Jahrhunderts ein anderes Gesicht: »Während es noch 1801 auf dem Freimarkt Karussells und Schaukeln nicht gab, trafen solche Vergnügungsgeschäfte zur Zeit der napoleonischen

Herrschaft und vornehmlich nach den Befreiungskriegen immer zahlreicher ein.«[13] Am Rande der Jahrmärkte bauten nicht selten auch die reisenden Kunstreiter- und Zirkustruppen ihre hölzernen Manegen auf. So haben etwa in der Zeit zwischen 1810 und 1840 alle großen Truppen, darunter Loisset, Guerra und Tourniaire, in Bremen während der Freimarktszeit gastiert.[14] Erst 1845 zeigt mit der Renzschen die Truppe eines deutschen Prinzipals dort ihre Künste.

Daß das Reisen für die Zirkustruppen zu dieser Zeit nicht einfach war, belegt nicht nur die Tatsache, daß Mitteleuropa mit einem Netz von Zollschranken und Grenzen überzogen war (allein in Preußen gab es 67 lokale Zolltarife und ebensoviele Zollgrenzen), sondern auch die Unzahl wahrer oder halbwahrer Berichte von Raubüberfällen auf Kunstreitertruppen, — siehe die folgende Geschichte über Jacques Tourniaire, der von 1801 bis 1815 Deutschland bereiste, danach als erster Zirkusdirektor mehrere Jahre nach Rußland ging, um dann wieder in Deutschland zu reisen. 1829 stirbt er in Königsberg. Seine Kinder, und die seiner Frau aus zweiter Ehe, blieben fast alle dem Zirkus treu.[15] Tourniaire galt als eleganter und prunkliebender Prinzipal. Wie seine Initiative zum Bau eines festen Zirkusgebäudes in Petersburg zeigt, verfügte er über ein ansehnliches Kapital und einen so guten Ruf, daß er mit dem Hofkanzleiamt in Verhandlungen treten konnte. — Wie anders die Verhältnisse der Chiarinis, denen Anton in Karl von Holteis ›Vagabunden‹ begegnet:

»Sie werden billigen, Herr Antoine, daß wir in der Wahl eines Reise- und teilweise Lebensgefährten vorsichtig zu Werke gehen. Unsere Truppe besteht, meine teuersten Eltern mit eingerechnet, aus siebenundzwanzig Köpfen, alle Artisten; alle verbunden durch die heiligsten Rechte und Pflichten des Blutes der Liebe, der Dankbarkeit. Mein unvergleichlicher Vater hat mich unterrichtet in meinem Metier; von mir lernte mein Sohn Joseph; Victor ist wieder seines Vaters Schüler. Was wir machen, machen wir sicher, vollendet, rasch hintereinander, effektvoll . . . Woher kommt das? Weil wir sämtlich aus einer Schule sind; weil uns alle der Geist und das Talent unseres würdigen Meisters durchdringt; weil wir uns durch sein Lob stolzer fühlen, wie durch den Beifall des Publikums! weil wir uns gegenseitig liebhaben . . .«[16]

Die Chiarini sind, wenn man Signor Domino[17] glauben darf, eines »der ältesten Künstlergeschlechter dieser Art, wohl überhaupt das älteste, über das bestimmte Nachrichten existieren . . . eine Kunstreiter- und Seiltänzer-Familie, welche nach vorhandenen Urkunden bereits im Jahre 1580 als solche reiste, all' diese Zeit hindurch bis heut auf dem Kunstgebiet thätig blieb und noch jetzt durch direkte Nachkommen auf demselben vertreten ist.« Truppen wie diese stehen schon in einem anderen Zusammenhang, in dem der Komödianten. Sie bilden die Subgeschichte der Stars, sie sind die Fahrenden. Mignon!

Zirkusdirektor und Räuberhauptmann

»Jacques Tourniaire zog im Sommer 1801 mit seiner Truppe durch das Hessenland nach Mainz hin, natürlich zu Pferde, resp. in von Pferden gezogenen großen Wagen reisend, wie heut nur noch die kleinsten Markt und Meßtruppen von Ort zu Ort ziehen, damals aber auch die stattlichsten Circen reisen mußten. Er ritt dem Zug um ein Viertelstündchen Weges voraus, bei ihm der Geschäftsführer der Gesellschaft. In Gedanken versunken saß Tourniaire auf seinem Pferde, als ihn plötzlich das Knacken von Gewehrhähnen emporschauen ließ. In der Sonne blitzten ihm ein Dutzend Gewehrläufe entgegen, von verwegenen Gestalten auf ihn gerichtet. Zugleich brachen weitere Banditen aus dem Gebüsch hervor und bemächtigten sich des Principals und des Geschäftsführers, die jeden Widerstand als nutzlos aufgaben. Und dann ging es unter der Eskorte einiger berittener Räuber hinein in die Wälder des Rheingaus.

Nach einem kurzen scharfen Ritt erreichte man eine Lichtung, auf welcher ein kleinerer zweiter Trupp der Räuber lagerte. Als sich die Cavalcade mit den beiden Gefangenen nahte, löste sich von der Gruppe der Lagernden eine lange robuste Gestalt ab und trat auf den mittlerweile abgesessenen Director zu.

»Wie heißt Ihr?« fragte der Lange barsch.

»Sagt mir erst Euren Namen!« erwiderte Tourniaire trotzig.

Über das Gesicht des Banditen glitt ein Grinsen.

»Ihr werdet erblassen, Mensch, wenn ihr den meinigen hört«, sagte er mit Pathos. »Ich bin der Schinderhannes!«

Doch die erwartete Wirkung blieb bei dem kühnen Kunstreiter aus.

»Mein Name ist Jacques Tourniaire«, erwiderte er gelassen.

»Was, der Kunststückmacher?« fragte Schinderhannes erstaunt.

»Kunststückmacher, wie Ihr Bandit seid!«

»Hört, Herr Tourniaire, Eure kühne Sprache würde jedem

anderen Menschen schlecht bekommen. Ich könnte Euch jetzt die Taschen leeren, Euch an den nächsten Baum aufknüpfen und auch Eure ganze Truppe ausheben lassen, die ja bei Euch in der Nähe sein muß. Aber Ihr seid frei, Ihr könnt gehen, wohin Ihr wollt, und auch Eurer Truppe soll nichts geschehen. He, Ihr seid erstaunt? Nun so laßt Euch eine Geschichte erzählen. Vor vier Jahren spieltet ihr mit Eurer Truppe in Frankfurt. Ich hielt mich gerade daselbst auf und ließ mich dazu verleiten, den Circus zu besuchen. Doch der Satan wollte es, daß mich ein Schuft, der mich hineingehen gesehen, erkannt hatte und mich verriet. Kaum eine halbe Stunde war der Circus von Polizisten und Soldaten umstellt, welche keinen Menschen herausließen, von dem man nicht die Gewißheit empfing, daß er nicht der gesuchte Schinderhannes sei. Ihr erinnert Euch dessen, he? Aber man fand den Schinderhannes nicht, trotzdem er sich acht Tage im Circus verborgen hielt. Unter dem Stroh in dem Stand eines kranken Pferdes, das seitwärts im Stall stöhnend auf den Rippen lag, hatte ich mich versteckt und blieb da eine ganze Woche, während mich ein mitleidiger Kutscher, der mich in der Nacht, als er die Stallwache hatte, fand, und den ich zu gewinnen wußte, nothdürftig mit Speise und Trank versah. Nun, ich habe es ihm später gelohnt; nach acht Tagen aber war die Luft rein, ich konnte fort und war bald wieder in den hessischen Wäldern. Und aus diesem Grunde lasse ich Euch jetzt frei, Jacques Tourniaire, geht unbesorgt, in Bälde könnt Ihr wieder bei Eurer Truppe sein.«

(Signor Domino, Wandernder Künstler. Panorama der Artistenwelt und des Circuslebens. Berlin 1891, S. 22-25)

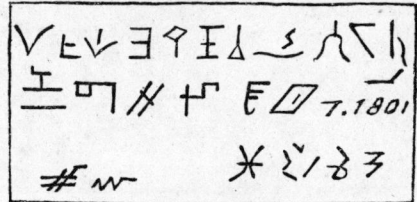

85

Photographie von August Sander

KOMÖDIANTEN / SCHAUSTELLER / KÜNSTLER / FAHRENDE

Im deutschen Sturm und Drang knüpften sich an die Reise, ans Theater, an die Fahrenden die Hoffnungen. Im Verlaufe des 19. Jahrhunderts verlieren sie sich. Bei Büchner kommen sie nicht mehr vor. Im ›Woyzeck‹ ist der Jahrmarkt ein Ort wie andere, ohne Hoffnung und Vergnügen. Die bürgerlichen Literaten Frankreichs zitieren das Milieu anders, nicht als Hoffnung, sondern als Ausdruck der eigenen Krise. Baudelaires ›Le vieux Saltimbanque‹ zeichnet das Portrait des Künstlers als Artisten. In ihm erkennt er sich in der Vergeblichkeit seines Tuns wieder.

Dieses sind Momente von Zuschreibungen, Symbolisierungen zu einer Geschichte, die selbst fast spurlos blieb. Hinweise auf Leben und Darbietungen fahrender Komödianten. Den Phantasien eine reale Geschichte zu unterlegen, scheint kaum möglich. Sie bleiben deswegen im folgenden Kapitel unverbunden.

Die Klammer jedoch, die Kunstfremdes und Kunst verbindet, ist, das jenes im anderen überlebt. »Weniger besitzen sie Idealität, als daß sie vermöge ihrer Vergeistigung ein blockiertes und versagtes Sinnliches versprechen. Faßlich wird jene Qualität an Phänomenen, von denen die ästhetische Erfahrung sich emanzipierte, in den Relikten einer gleichsam kunstfernen, mit Recht und Unrecht niedrig genannten Kunst, wie den Zirkus.«[1]

»Welche köstliche Empfindung müßte es sein, wenn man gute, edle der Menschheit würdige Gefühle ebenso schnell durch einen elektrischen Schlag ausbreiten, ein solches Entzücken unter dem Volke erregen könnte, als diese Leute durch ihre körperliche Geschicklichkeit getan haben; wenn man der Menge das Mitgefühl alles Menschlichen geben, wenn man sie mit der Vorstellung des Glücks und des Unglücks ... entzünden, erschüttern und ihr stockendes Innere in freie, lebhafte und reine Bewegung setzen könnte! So sprach unser Freund, und da weder Philine noch Laertes gestimmt schienen, einen solchen Diskurs fortzusetzen, unterhielt er sich allein mit diesen Lieblingsbetrachtungen, als er bis spät in die Nacht um die Stadt spazierte und seinen alten Wunsch, das Gute, Edle, Große durch das Schauspiel zu versinnlichen, wieder einmal mit aller Lebhaftigkeit und aller Freiheit einer losgebundenen Einbildungskraft verfolgte.«[1]

Wilhelms Reflexion, die sich am Auftritt einer Gauklertruppe entzündet, entspricht der Hoffnung des Bürgers, seiner Autonomie jenseits der Marktsphäre öffentlich zur Sprache zu verhelfen. Der Weg zu gesellschaftlicher Macht und politischer Entscheidung ist versperrt, seine Existenz mit Ernst Bloch »Natur ohne Naturbasis«. Die unmögliche politische Öffentlichkeit erscheint als literarische verkehrt.[2] Gegen die fatalen Regeln des bürgerlichen Verkehrs und Geschäfts, gegen die adelige Suprematie, stellt sich die »theatralische Sendung«, ein Spektrum zwischen Genie und Moralischer Anstalt. Was die nur noch moralisch argumentierende Schaubühne schon nicht mehr zuläßt, ist in früheren Versuchen noch virulent: Die Unerträglichkeit der Verhältnisse wird als Lebensroman erzählt. Hat die bürgerliche Autobiographie auch in der Adoleszens der Figuren ihre Grenze, finden sie danach ins bürgerliche Leben zurück, so bestimmt die Theatergruppe sich für sie als Realisation des anderen Lebens. Sie war Anton Reisers sehnlichster Wunsch, der sich immer auch in der Reise, im Wechsel der Orte, erfüllen muß.

»Weil er von Kindheit auf zu wenig eigene Existenz gehabt hatte, so zog ihn jedes Schicksal, das außer ihm war, desto stärker an; daher schrieb er sich ganz natürlich während seiner Schuljahre die Wut, Komödien zu lesen und zu sehen. . . . Es war also kein echter Beruf, kein reiner Darstellungstrieb, der ihn anzog: denn ihm lag mehr daran, die Szenen des Lebens in sich als außer sich darzustellen. Er wollte für sich das alles haben, was die Kunst zum Opfer fordert. — Um seinetwillen wollte er die Lebensszenen spielen — sie zogen ihn nur deswegen an, weil er sich selbst darin gefiel, nicht weil an ihrer treuen Darstellung ihm alles lag.«[3]

Seine Pläne erfüllen sich nicht, der letzte Satz des Romans konstatiert ein zweifaches Geschehen: »Die Speichsche Truppe war also nun eine zerstreute Herde.«

Was Lenz im ›Hofmeister‹ nicht nur dramaturgisch aufsprengt, die Einheit des Ortes in den Wechsel der Orte, findet sich auch im ›Anton Reiser‹, erst recht in den Wanderungen der Romantik. Auf anderer Ebene führt hier die Route vom Theaterleben über die Intentionslosigkeit des ›Taugenichts‹ zum tödlichen Umherschweifen im Gebirg von Büchners ›Lenz‹. Im existenziellen Außenseiter liegt die Nähe zu den Fahrenden. Im ›Wilhelm Meister‹ bleibt sie metaphorisch. Wilhelms Nähe ist die der Einbildungskraft, Lenzens, die der Lust auf dem Kopf zu gehen. Goethe überantwortet die Produktionen und Bewegungen der Gaukler dem Schauspiel. Die reine Körperlichkeit kennt nicht »der Menschheit würdigen Gefühle«, die wohl nur dem Theater eigen scheinen, dessen Grenze sie eben auch sind. Der elektrische Schlag, der wortwörtlich das Volk verbindet, vermag für ihn utopisch gewendet nur ethisiert bestehen.

Was Goethe beschreibt und Wilhelm zum Spiel der Gedanken treibt, ist gleichzeitig auch ein Dokument. Jedoch die literarische Rezeption ist von der realen Situation der reisenden Truppen verschieden. Der Komödiant konnte sich nur schwerlich in die Geschichte der Gesellschaft einschreiben. Die Existenz der kleinen Gauklertruppen hat keine Spuren. In Paris fanden sie hingegen ernsthafte Chronisten. Compardon schrieb sie ins Alphabet: ein Lexikon der Akteure des Jahrmarkts und der Schaubuden.[4] Die deutsche Misere kann nur nachträglich und nur durch wenige Begriffe erhellt werden.

»Die meisten Komödianten waren und blieben Publikspieler, die ihre Zuschauer zum Dableiben nötigen mußten, wenn der Zahlteller umging«[1], daran hatte die Entstehung des Cirque équestre nichts geändert. Und wenn wie im ›Wilhelm Meister‹ sich nur wenige wegschlichen, »als einige von der Truppe, um Geld zu sammeln, sich mit zinnernen Tellern durch die Menge drängten«, dann war das Glückssache.[2]

Die folgende Szene dient der Beschwörung. Sie suggeriert eine Kontinuität von Geschichte, die trotz aller Filiation Fiktion blieb. Die Geschichte des großen Zirkusmanns aus kleinen Verhältnissen hat ihre Pointe nur in der Geschichte des Erfolgs:

»Da waren sie! — Ernst Renz stand still, äugte nach der Stelle, die eben noch ein greller Blitz erleuchtet hatte: da standen sie immer noch! Dunkle Masse ragte auf, Riesengestalten mit ausgefressenen Gesichtern, naßgepeitscht von Sturm und Regen, eng aneinander wie Männer in Gefahr, hochgereckt, trotzig und stolz: die Urväter aller Fahrenden, *seine* Leute.«[3]

Ernst Renz, von dem die Rede ist, stirbt als preußischer Commissionsrath und mehrfacher Millionär — als der ›alte Renz‹, Prinzipal des größten Zirkusunternehmens in Europa.

Keine größere Kluft war denkbar als die zwischen der Zirkusaristokratie und den kleinen reisenden Truppen, die, sich selbst als Komödianten bezeichnend, ihr Terrain im Kleinzirkus und der Budenschau fanden. Der Umfang solcher Unternehmen war äußerst bescheiden und das Einkommen oft nicht groß genug, die an der Arbeit Beteiligten zu ernähren. Gesellschaftlich traf sie Mißachtung: »Die Zigeuner sind gekommen! rufen die Nachbarn des Wirtshauses einer dem anderen zu; denn häufig nennt man in Dörfern alle reisenden Gaukler Zigeuner.«[4] (Wenn es auch, wie Arnold schreibt, »eine Grenze zwischen Zigeunern mit Zirkusblut und von Zirkusleuten mit Zigeunerblut wohl nie gegeben hat«[5] war doch der Anteil von Zigeunern an fahrenden Artistensippen gering.) Die berühmten Pferdezirkusbesitzer entstammten der seßhaften Bevölkerung, waren in der Sprache der Fahrenden ›Bauern‹. De Bachs Vater war Subalternbeamter in Kurland, Hagenbeck entstammte einer Hamburger Fischhandlung, Busch einem Rittergut. Vagantenkinder wie Renz und Wollschläger waren Ausnahmen.

Die soziale Isolation und die Notwendigkeit besonderer Fähigkeiten, die der Zirkus verlangt, ermöglichten den Kleinzirkus meist nur als Familienbetrieb. Gelegentlich schlossen sich auch zwei und mehrere Familien zu gemeinsamen Unternehmungen zusammen. Wichtigstes Kapital dieser Truppen waren oft genug die Kinder. Früh erhalten sie ihre akrobatische Ausbildung, die wohl nicht nur so ausgesehen hat, wie Kober sie ausmalt: »Marsch! Los! Rauf! — ein paar Rippenstöße und Backpfeifen helfen nach.«[6] Das Wirtschaften im Sippenverband setzte eine Kontinuität der Generationen voraus. Die Kinder werden später die Rollen der Eltern übernehmen müssen. Hohe Geburtenziffern, kinderreiche Ehen (bis zu 21 lebende Kinder)[7] und frühe Heiraten bewirken einen raschen Generationswechsel. Die artistische Produktion ist auf das Lebensalter unter 35 Jahren begrenzt.[8] Handgriffe, Worte und Gesten, die sich als publikumswirksam erwiesen hatten, werden als Traditionsgut weitergegeben.

»Jahraus-Jahrein zeigten sie die nämlichen Produktionen in genau derselben Art und Weise ... Die Jungens zeigten sich auf dem Seil, turnten am Trapez, machten etwas Parterre-Akrobatik und einige Reiterkunststückchen. Die Alten bliesen Trompete, erklärten ihre Tiere, führten den ›klugen Hans‹ vor, zupften kunstvoll gefaltete Zeitungen zu fantastischen Gebilden (›Jakobsleiter‹, ›Palmbaum‹ etc.), spuckten Feuer und boten sich dem dummen August zum Ziel derber, oft auch obszöner Späße.«[9]

Eine Entwicklungsgeschichte der Darbietungen und Darbietungsformen von Komödiantentruppen oder kleinen Zirkusunternehmungen zumal im 19. Jahrhundert läßt sich schwer zeichnen. Dem Wandel in der Art des Gelderwerbs steht die Beständigkeit der Lebensform der ›reisenden‹ Familie gegenüber. Ein Blick auf die Genealogie und die Heiratsformen, wie dies Arnold unternommen hat, deutet auf lange Tradition und relative soziale Homogenität solcher Gruppen.[10] Ausdruck dessen sind nicht zuletzt auch die Ausbildung einer artistischen Sondersprache und besonderer Regeln des sozialen Verkehrs. So wie sich die fahrenden Truppen von den Artisten des cirque équestre social unterschieden, so waren sie unter sich noch getrennt in solche, die

sich einfach auf einem Teppich oder einem Podest produzierten (Bankisten im alten Sinne also, die gleichsam die untere
Schicht der Fahrenden ausmachten) und in solche, die in
einem abgrenzbaren Raum ihre Künste zeigten. Die Ähnlichkeit in der Lebensform näherte die Komödianten den Fieranten (Meßkrämern und Besitzern von Fahrgeschäften an, die
die Jahrmärkte und Messen bereisen). Auf soziale Distanz
waren und sind die Komödiantensippen jedoch gegenüber
den Jenischen bedacht (Korb- und Seilmachern, Kessel-
flickern, Messer- und Scherenschleifern). Diese bilden
gleichsam die Paria der Fahrenden.[11]

Die Angewiesenheit der einzelnen aufeinander macht die
Komödiantensippen anfällig für soziale Krisen. Nicht selten
reichte die Rekrutierung des ältesten Sohnes, die Requirie-
rung der Pferde im Kriegsfall, um das Weiterbestehen einer
Truppe zu gefährden:

>»Da hieß es eines Tages, daß Frankreich den Krieg erklärt hat, und
daß Bayern auch den Krieg erklärt. Und bald kam ein Gendarm zu
uns und fragte nach dem Vater. Da mußte dann der Ferdinand seine
Sachen zusammenpacken und Abschied nehmen. Der Vater hätte
dieses Jahr auch wieder nach München fahren wollen, zum Oktoberfest. Aber da gab es kein Oktoberfest. Überhaupt wollte nun wieder
niemand vom Seiltanzen mehr etwas wissen ... Vorstellungen
konnten wir keine geben, aber wir und die Pferde mußten doch
leben. Da kam erst ein rechtes Leid über uns und ein neues
Abschiednehmen. Denn damals mußten die Leute ihre Pferde
hergeben, weil man sie für den Krieg brauchte. Auch der Vater ...
Als nun keine Pferde mehr da waren, brauchte der Vater auch keinen
Knecht mehr. ›Ja, Franzl‹, sagte der Hans eines Morgens, ›Jetzt
geht's dahin‹ ...[12]

Was im Artistenroman (wie in dem hier zitierten von Peter
Benedix) als melodramatische Wende des Schicksals erscheint, um dann doch in Glück und Wohlstand zu enden,
warf die verbliebenen Mitglieder einer Truppe real zumeist
auf das bloße Überleben zurück. Der Traum, das Unglück
durch ein Engagement bei einer der großen Truppen zu
wenden, erfüllte sich für die wenigsten. Der Weg in die ›große
Industrie‹ war versperrt. ›Schinegeln‹ zu müssen, d. h. einer
Lohnarbeit nachzugehen (Schubkarre zu schieben, wie der
rotwelsche Ausdruck übersetzt hieße) verbietet die Strenge
ihrer Lebensauffassung.

» *Alter Mann* singt und *Kind* tanzt zum Leierkasten:

Auf der Welt ist kein Bestand,
    Wir müssen alle sterben,
    Das ist uns wohlbekannt.
Woyzeck: Hei, Hopsa's! — Armer Mann, alter Mann!
Armes Kind, junges Kind! Sorgen und Feste!
Marie: Mensch sind noch die Narren von Verstande,
dann ist man selbst Narr. — Komische Welt! Schöne
Welt! (Beide gehen weiter zum Marktschreier.)«[1]

In Büchners Woyzeck ist der Jahrmarkt ein Schauplatz wie
jeder andere. Er steht nicht zwischen der Handlung, unterbricht sie nicht, ist nicht das Andere, sondern genau das
Gleiche. Die harmlose Lustigkeit des Marktschreiers widerspricht dem grauenhaften Spaß nicht, den Doktor und
Hauptmann am Soldaten Woyzeck finden. Und die Worte,
die der Budenbesitzer den Umstehenden in die Ohren brüllt
— »Das ist Viehsionomik. Ja, das ist kein viehdummes
Individuum, das ist eine Person, ein Mensch, ein tierischer
Mensch —, und doch ein Vieh, ein Bête.« — belehren nur
über den Zustand der Welt und den »gräßlichen Fatalismus
der Geschichte.«[2] Das milde Licht, in das Ernst Bloch[3] die
Budenwunder taucht, die Zeit, als das Wünschen noch
geholfen hat, war Büchner gänzlich unbekannt. Seine Figuren sind, wie er schreibt, zernichtet vom Erwachsensein.
Dem Jungentraum fehlt nicht der Blick — die Dinge schauen
nur anders zurück: »Und da is es zur Sonn gangen, und wie
es zur Sonn kam, war's ein verwelkt Sonneblum. Und wie's
zu den Sternen kam, waren's kleine goldne Mücken, die
waren angesteckt, wie der Neuntöter sie auf die Schlehn
steckt.«[4]

Die »besseren Luftschlösser«, die Ernst Bloch im Sinn hat,
kommen aus den Märchen, wo das Leid sich wendet, auf
immer wendet, wo die kleinen Helden und Armen dorthin
gelangen, wo das Leben gut geworden ist.[5] Der Jahrmarkt
stiftet kein Prinzip der Hoffnung. Dafür herrscht zuviel an
Lug und Trug.

»Der Motor treibt das Orchestrion mit fremdem, fettem, unmenschlichem, atemlos-trägem Klang, zuweilen ist er mit einem Wachsmädchen verbunden, das neben dem Eingang festgeschraubt tanzt. Und mit wahnsinniger Verrenkung, mit einer, die aus angeschraubtem Wachs zu tanzendem übergeht, von Zeit zu Zeit den Kopf in den Nacken wirft, um gerade in dieser Lage zitternd stillzustehen, dicht hinter dem Ausrufer, der sich selber vor nichts fürchtet.«[6]

Was hier angepriesen wird, ist golden nur durch den Anstrich und macht mehr Schaudern als die Automaten, die die Romantik liebte. Es ist hier der ›homme machine‹, der das Ganze abbildet, die Maschine, die zu sprechen aufgehört hat. Kein Ort mehr, der unbedenklich wäre.

Im Innern der Bude

Der Blick des Volkes schweift umher und heftet sich an diesem oder jenem fest: Taschenspieler und Bauchredner, Gesichteschneider und Jongleure, Kraftdamen und Riesenweiber, Seiltänzer und Springer, Klischnigger, Kraftakrobaten, Kettensprenger und Ringer, Menschen mit eisernem Gebiß und Athleten, die auf der nackten Brust Steine zertrümmern lassen, Wilde und Eskimos, Albinos und Zwerge, Feuerfresser, Kunstschützen, Messerwerfer und Hungerkünstler, Froschschlucker, bärtige Frauen, siamesische Zwillinge und Menschen ohne alle Gliedmaßen . . . Von der einfachen Schaubude über die verschiedenartigsten Sehenswürdigkeiten bis zum Zirkus reihen sich die Schaustellungen, vom Kamelführer über die Dresseure aller Arten von Tieren zu den Kunstreitertruppen reicht das Panorama des Jahrmarkts, wie Karl von Holtei es in den ›Vagabunden‹[1] gezeichnet hat. Aber der Jahrmarkt hat noch mehr: die Karussels, die Schaukeln, das Panoptikum, die Leierkästen und Drehorgeln, das Panorama und Affentheater, alle Gerüche und alle Leckereien. Hier geht es nur darum zu verfolgen, was endlich zum Zirkus kommt: die Akrobatik, die Menagerie und die Schaustellung menschlicher Wunder. Nur die wenigsten Disziplinen können präsentiert, nur die wenigsten Praktiken und Geheimnisse vorgestellt werden.

Was in den Zirkus als Parterreakrobatik Eingang findet, hat sich in der ersten Hälfte des 19. Jahrhunderts in den Schaubuden und Wanderzirkussen entwickelt. Sie umfaßt Gleichgewichtsübungen (Äquilibristik), Parterresprünge und Kraftakrobatik. Parterreakrobatik wird zu ebener Erde ausgeführt und das einzige Requisit, das der wirkliche Bankist dafür benötigte, war der Teppich, die elementarste Grundlage des Akrobatischen. Zu ebener Erde und doch nicht darauf, die ›sauteurs de tapis‹: Vor- und Rücksaltos, arabische Sprünge, Pirouetten, Flick-Flacks, Courbettes, Rondats, Twists. Dann der zweifache, der dreifache Salto: 1835 im Cirque Franconi in Edinburg zeigt der Clown und Akrobat Tomkinson den zweifachen Mortale, Auriol hat den Sprung im Repertoire. Und die Reihe derer, die sich das Genick dabei brachen: James Peter Wise am 7. Juli 1889 in Oldham, August Ullrich am 14. Juni 1890 in Nördlingen, Antony Tener am 11. August 1893 in Painsville, Carl Müller am 9. März 1886 im Zirkus Busch in Carlskrona, Olga Pespischill aus Grätz am 21. Juni 1889 in Barmen, der amerikanische Voltigeur Richard 1866 im Zirkus Renz in Petersburg und der Franzose Paul Bourgeois aus Cette am 18. November 1888 in Toulouse.[2] Gayton, Hebbes, Amer versuchten als erste den Triple-Salto zu schlagen und alle drei brachen sich das Genick. 1860 führte Billy Dutten im Zirkus Lake das große Heldenstück aus:

»Er sprang wirklich von einem hohen Trampolin ab, drehte sich tatsächlich dreimal und landete stolpernd auf den Füßen. Dutten war Zeit seines Lebens sehr stolz auf diese Leistung, erklärte aber immer, den Sprung nie wieder zu riskieren, da das glückliche Landen nur ein Zufall sei, denn er habe nach der zweiten Umdrehung vollständig die Kontrolle über seinen Körper verloren.«[3]

Nahezu obligatorisch war in den zwanziger Jahren der ›große Gewehrsprung‹, wie ihn etwa Finardi in Petersburg ausführte, »ein Sprung über 24 Grenadiere, die, Spalier bildend, die Gewehre hochhielten und im Augenblick des Sprungs eine Platzpatronen-Salve abfeuerten.«[4] Für Strehly,[5] ist die Kolonnenarbeit der perfekteste Ausdruck des akrobatischen Könnens. Hier sind die unterschiedlichsten Sprünge und akrobatischen Tricks in ein Ensemble von Bewegungen

95

vereint. Die Sprünge werden nicht mehr auf dem Teppich, sondern von den Schultern eines Untermannes auf die Schultern eines anderen ausgeführt.[6]

Diese Nummern werden erst im großen Zirkus zusammengefügt. Sie sind ab 1870 feste Bestandteile der Programme. Von den Buden und dem Zirkus der Komödianten haben sie ihre Geschichte, wie auch die Jongleure und die Kraftmenschen. Beide waren gleichermaßen Grundtypen unter den Gauklern des Jahrmarkts. Wirbelten die einen Kugeln, Teller, Reifen und brennende Fackeln durch die Luft, so hantierten die anderen mit totem Gewicht, ließen die einen ihre ›Force admirieren‹, so machten die anderen durch die Eleganz und Leichtigkeit ihrer Bewegungen Eindruck. Herausragender Vertreter beider Genre war in den zwanziger und dreißiger Jahren Karl Rappo. Ihm folgte als starker Mann Carl Abs: »Größe 187 cm, Gewicht 100 kg, Brustumfang 100-115 cm (Ex-, bzw. Inspiration, Oberarm seitlich abgestreckt 37,5 bis 38 cm, seitlich gebeugt 43, Unterarm 35, Oberschenkel 65, Unterschenkel 44 cm.«[7] Abs, einer der legendärsten Ringkämpfer, Champion of the World, machte sich einen Namen, indem er bedeutendste Gegner schlug: Jean Doublier, den ›Felsen der Normandie‹, Pierre Rigal, den ›Koloß von Nimes‹ und Christol, den Mann mit der Löwenfaust. Berühmt wurde auch sein Sieg über den gefürchteten Engländer Tom Cannon, den ›lebenden Granit‹, am 25. Juni 1891. 23 Minuten dauerte der Kampf.[8] Über seine Herkulesleistungen berichtet Saltarino: »Einarmig: Von der Erde aus Hochreißen einer langen Kugelstange: 72,5 und 80 kg; von der Erde aus (also ohne Absetzen an der Schulter) gestemmt eine kurze Hantel von 92 kg. In militärischer Grundstellung 50 kg dreimal langsam von der Schulter gestemmt. . . .[9]

Die Kraftmenschen konnten alles und zeigten alles. Sie trugen Pferde, ließen sich Eisenkugeln ins Genick werfen, sprengten die stärksten Ketten, hoben Granitblöcke mit den Zähnen vom Boden ab, ließen auf ihrer Brust Steine zertrümmern und balancierten lebende Karussels.

Die Klischnigger oder Kautschukmenschen waren vom Publikum hochgeschätzte Meister der Körperverrenkung. An den Mann, der diesem Genre den Namen gab, heftet sich folgende Anekdote:

Carl Abs, ein Pferd hebend

»Man hielt diesen größten Schlangenmenschen aller Zeiten für einen wirklichen Affen, und bedeutende Wetten wurden für und wider eingegangen. Als Klischnigg im Anfange der vierziger Jahre nach Wien und zu Direktor Carl kam, um ihm anzutragen, bei ihm als Affe aufzutreten, war er noch gar nicht bekannt, und Direktor Carl fuhr ihn verdrießlich an: ›Als Affe auftreten? auf meinem Theater? Herr, wofür halten Sie meine Bühne? Glauben Sie, ich bin

in einer Menagerie Direktor? Tuth mir leid — Adieu!‹ — Tiefge-
kränkt verbeugte sich Klischnigg und ging nach der Thüre. Dort
blieb er stehen und — kratzte sich mit dem linken Fuße hinterm Ohr.
Als Carl dies sah, sprang er auf und rief dem Fremden verblüfft zu:
›Herr, machen Sie das noch einmal!‹ Klischnigg kratzte sich nun mit
dem rechten Fuße hinter dem rechten Ohr. Carl rannte an seinen
Schreibtisch, nahm eines seiner berüchtigten Contrakt-Formulare
hervor und rief: ›Herr, vor allem setzen Sie ihren Namen da drunter,
die Bedingungen wollen wir gleich nachher ausfüllen! Sie sind
engagiert!‹[10]

Carl ließ von Nestroy dessen zugkräftiges Gelegenheits-
stück ›Affe und Bräutigam‹ schreiben. ›Mr. Klischnigg, Sie
sind der Affe des Jahrhunderts‹, begeisterte sich der österrei-
chische Prinzgemahl.

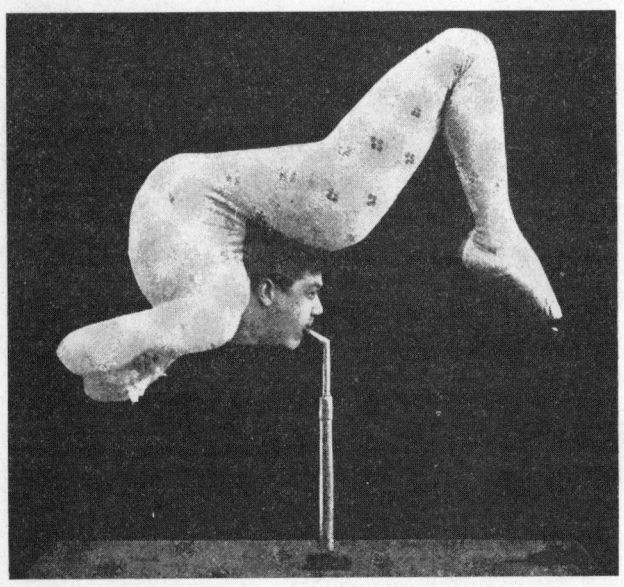

Schlangenmensch Ames Adonis

Seltene Menschen stellen sich zur Schau, hinter dem
schwarzen Vorhang das ›menschliche Diminuativ‹, die ›häß-
lichste Frau‹, Julia Pastrana und N. W. Kobelkoff, der Mann
ohne Gliedmaßen, die Löwenmenschen und die Hautkünst-
ler, die Riesen und die siamesischen Zwillinge, Wunder zu

herabgesetzten Preisen, Kuriositäten. Signor Saltarino hat über sie und auch die anderen Figuren des Jahrmarkts eines der schönsten Bücher geschrieben: Fahrend Volk. Eine Geschichte daraus kann für andere stehen:

»Miss Julia Pastrana! Wem wäre der Name unbekannt? . . . Die arme ›Miss Julia‹! Für die ganze Welt war sie nur eine Mißgeburt, eine Abnormität, welche für Geld gezeigt wurde, und welcher man einige Kunststücke eingelernt hatte, wie man sie dressierten Tieren einzulernen pflegt. Für die Wenigen aber, welche sie näher kannten, war sie ein warm empfindendes, denkendes, geistig sehr begabtes Wesen mit gefühlvollem Herzen, sinnend und zartfühlend . . . Sie las gern, sie war wißbegierig, eine feine Menschenkennerin und dabei ein so herzensgutes Geschöpf. Es war merkwürdig, sie über die Welt und das Leben sprechen zu hören. Sie kannte die Dinge eigentlich nur aus Büchern und aus ihrer Kindheit . . . Sie durfte nicht viel mit Leuten

verkehren, damit die Neugierde des Publikums nicht vermindert, damit ihre Erscheinung nicht entwertet wurde. Und ihr Impresario reiste und reiste mit ihr und machte Geld. Als sie nun oft genug die Tour gemacht hatte und die Neugierde des Publikums nachzulassen anfing, und sie auch zu kränkeln begann, da — heiratete sie d. h. sie wurde geheiratet, von ihrem Impresario . . . Die böse Welt behauptet, er habe kalkuliert, daß sie doch ein Anrecht habe an das Geld, das sie gemacht, daß es Spekulanten gebe, welche sie zu gewinnen suchten, und daß — sie sterben könne, ohne einen Ersatz zu hinterlassen. Wir wollen das nicht glauben. Tatsache ist aber, daß der Impresario sie heiratete, daß sie einen Knaben gebar, und daß sie bald starb — samt ihrem Kinde.

Der trauernde Witwer ließ den Leichnam seiner Gattin nicht unbenutzt. Wie jene Alten, welche die Mumien der geliebten Verstorbenen in ihren Heiligtümern aufstellten, ließ er Frau und Kind mumifizieren (das Volk nannte es bezeichnend und kurzweg: ›ausstopfen‹, und führte sie überall mit sich herum . . . er zeigte Frau und Kind in einem Glaskasten gegen ein Entrée von so und so viel . . .

Der Schreiber dieses trat mit ganz eigentümlichen Gefühlen vor den gläsernen ›Sarg‹, in welchem dieser ruhelose Leichnam gezeigt wurde, und gar seltsame Gedanken überkamen ihn beim Anblick dieser Mumie. In einem rotseidenen Flitterkleidchen stand sie da, mit dem schrecklichen Leichengrinsen auf dem Gesichte, ihr Kind in einem ebensolchen Flitterkleidchen auf einer Stange neben ihr, wie ein Papagei, und draußen strömte der Regen zwischen die Schaubuden des Wiener Praters herab, und ein wimmernder Wind umtoste das Zelt, und ich hatte ein tiefes, tiefes Mitleid mit diesem Leichnam, der doch nichts mehr hören und sehen konnte.«[11]

Es ist die Häßlichkeit von Natur. Im Mittelalter galten die Mißbildungen noch als Wunder, als göttliche Zeichen, jetzt werden sie zu Fehlern. Bewundert wird der Erfolg der Aussonderung.[12] Sie sind dem Menschlichen entfernt und fremd wie die Natur. Kaum anders ging es den fremden Tieren. Dem Bären, der selbst so gerne tanzt, hat man das Tanzen auf glühenden Steinen gelehrt und einen Ring durch die Nase gezogen. Erst lief er im Tross des Bärenführers, später findet man ihn, in den heimischen Wäldern ausgerottet, in der Menagerie.[13]

Die Zeit der Menagerien reicht vom Ende des 18. Jahrhunderts über das ganze 19. Jahrhundert. Eine frühe Darstellung findet sich in Goethes ›Novelle‹:

»Zur Bude näher gelangt, durften sie die bunten, kolossalen Gemälde nicht übersehen, die mit heftigen Farben und kräftigen Bildern jene fremden Tiere darstellten, welche der friedliche Staatsbürger zu schauen unüberwindliche Lust empfinden sollte. Der grimmig ungeheure Tiger sprang auf einen Mohren los, im Begriff, ihn zu zerreißen, ein Löwe stand ernsthaft majestätisch, als wenn er keine Beute seiner würdig vor sich sähe, andere wunderliche, bunte Geschöpfe verdienten neben diesen mächtigen weniger Aufmerksamkeit. . . . ›Die Menschen wollen eingeschüchtert sein, um hinterdrein erst recht zu fühlen, wie schön und löblich es sei, frei Atem zu holen.‹[14]

Die Zahl der Menagerien war nicht gering — eine der größten in der ersten Hälfte des Jahrhunderts die des Holländers van Aken, der auch einen Namen als Dresseur hatte. 1840 wurde der Tierbestand dieser Menagerie zum Grundstock des Amsterdamer Zoologischen Gartens. In England zählte die Menagerie Georges Wombwells zu den großen Sensationen auf den Messen und Jahrmärkten. Eine Aufstellung der Einnahmen einzelner Schausteller auf der Bartholomäus Messe von 1827 macht dieses, aber auch die unterschiedliche Größe und Anziehungskraft der einzelnen Schaustellungen deutlich: »Wombwell's Menagerie . . . 1700 £, Atkin's Menagerie . . . 1000 £, Frau mit dem Schweingesicht . . . 150 £, Kopf von Maria Marten's Mörder . . . 100 £, Ballard's Menagerie . . . 90 £, Diorama der Schlacht von Navarine . . . 60 £, Chinesische Jongleure . . . 50 £, Feuerfresser . . . 30 £, Schottischer Riese . . . 20 £.«[15] In Deutschland waren es die Menagerien Kreutzbergs, Daggesells, Kaufmanns und die Companie Fischer und Holzmüller; in Frankreich die Bidels und Pezons, die neben der Tierschau auch Dressurleistungen zeigten. Meist waren die Besitzer dieser Menagerien bekannte Dompteure. Einer der bedeutendsten war Francois Bidel. Er führte einen speziellen, vergrößerten Dressurkäfig ein, der eine differenziertere Form der Präsentation erlaubte.[16] Von diesem Moment an datiert Thétard die ›Belle Epoque‹ der Menagerien, von 1870 bis 1900. Um 1880 kommt die Raubtierdressur zum Zirkus und wird neben Pferdeakrobatik und -dressur, Clowns und Akrobatik zum vierten Hauptbestandteil des Repertoires. Den großen Menagerien mit ihren Dompteuren, so der Faimali's, die in Lüttich beispielsweise 160 Tiere, darunter 32 Löwen und als damals große Seltenheit einen Orang

Utan, enthielt, stehen die kleinen gegenüber, die einfachen Tierschauen.

»Madame Mollia war, Dank sei es dem unerschöpflichen Durste ihres jetzigen Gebieters! heruntergekommen bis auf einen räudigen Wolf, eine wilde Hyäne, einen Aasgeier, drei Stachelschweine und eine Meerkatze, gestehen Sie, man kann nicht tiefer sinken. Nur noch zwei Löwen besaß sie, eigentlich einen Löwen und eine Löwin; schöne Exemplare . . . was soll ich lange zögern: nach vier Monaten wirft die Löwin drei gesunde Junge, und Madam Mollia ist die erste Selbsterzeugerin lebendiger Löwen auf dem Kontinent. Sie können sich denken, welche Einnahmen ihr das brachte! Jeder Mensch wollte die säugende Löwin mit ihren saugenden Kleinen gesehen haben! Seitdem hat sich das Ding wiederholt; sie haben schon wieder Junge von Jungen; sie versorgt alle Reisenden mit Löwen; sie setzt das Land unter Löwen; und all das versauft Phillip. Ihre Brillanten abgerechnet, die sie ihm noch so lange als möglich aus den Klauen zu halten sucht, ist sie arm; ist stets in Geldverlegenheit, lebt vom Tage zum Tage. Aber mir ist gar nicht bang um sie. Sobald die Brillanten auch fort sind, wird die Natur irgend etwas Unerhörtes für sie tun: Der Geier wird sich mit der Hyäne paaren, und Madam Mollia wird den Vogel Greif besitzen; wird einen Dukaten Legegeld fordern; wird diesen Preis erhalten, wird Millionen einnehmen, und Phillip wird das Geld versaufen, wie er das Silber versoff, der Greif wird ihm durch den Schlund passieren, wie die Löwen durchgingen.«[17]

Trotz der in Berlin (1843), Frankfurt (1858), Köln (1860), Dresden (1861), Hamburg (1863) gegründeten Zoologischen Gärten, konnten sich die großen Wandermengagerien behaupten, vor allem durch die Beherrschung des wilden Tieres, die Dressur. Viele kleine Menagerien hingegen mußten aufgeben. – Am Anfang des Jahrhunderts waren viele Tiere noch unbekannt. 1826 schickte der ägyptische Pascha Mehemet Ali Karl X. eine Giraffe. Ihr Gang von Marseille nach Paris war ein einziger Triumphzug. Geoffrey Saint-Hilaire selbst hatte die Reise organisiert. Drei Gendarmen, eine Suite von drei Lakaien, vier Araber als Diener begleiteten sie auf ihrem Marsch. In Paris wurde sie von Cuvier in Begleitung vier Gelehrter erwartet. Die Eskorte war auf 25 Gendarmen aufgestockt worden. Am 9. Juli wurde sie Ihrer Majestät offiziell vorgestellt. Ihren Hals zierte ein ägyptisches Collier, die Flanken waren von einem wertvollen Zeremonienmantel bedeckt. Ihre Majestät bot dem schönen Tier zärtlich Rosenblätter dar, dem Wärter überreichte er 2000 Franc Belohnung. Monatelang war die Giraffe Inhalt aller Gespräche in Paris. Alles à la Giraffe: Frisuren, Hüte,

Journale und die Farben der Kleider.[18] In der Neugierde, Unbekanntes zu sehen, erscheint der Wunsch nach dem, was es nicht gibt, wie in dem (von Adorno in der Ästhetischen Theorie erwähnten) Soldatenwitz. Von seinem Vorgesetzten in den Zoo geschickt, erklärt der Offiziersbursche bei seiner Rückkehr: Herr Leutnant solche Tiere gibt es nicht.[19] Als Zwischenform verschwindet die Menagerie Ausgang des 19. Jahrhunderts. Im Zirkus besorgt der Dompteur die Unterwerfung und Versöhnung mit der Natur. Im Zoo versammeln sich die Menschen wie in einer Arche Noah.[20] Sie kündet an, daß, wenn es so weitergeht, von Natur bald nichts mehr übrigbleibt.

Daggesells Menagerie, 1876

Der Erzähler in Baudelaires Geschichte berichtet vom Besuch eines Pariser Volksfestes; ein Tag, an dem es scheint, als habe das Volk alles vergessen, den Schmerz und die Arbeit. »Überall Freude, Gewinst, Vergnügen, überall die Gewißheit das Brot für die nächste Zeit zu verdienen: überall der freundliche Ausbruch von Lebenslust. Hier das völlige Elend, das Elend, das um den Schrecken voll zu machen, sich mit komischen Lumpen behängt hatte . . . Er lachte nicht, der Arme; er weinte nicht, er tanzte nicht, er gestikulierte, er schrie nicht; er sang kein Lied, kein trauriges, kein lustiges; er bettelte nicht. Er war stumm und unbeweglich. Er hatte entsagt, er hatte abgedankt. Sein Geschick war besiegelt.«[1] Es ist das Bild des abgetakelten, ohnmächtigen Artisten, das Ende einer Karriere, die in der Unbeweglichkeit und der Paralyse versiegt. Er ist das Gegenbild zum Höhenflug des Buffons. Selbst der heroische Tod ist ihm versagt. Hier ist nur noch die Lächerlichkeit des Falls.

»Aber welchen tiefen, unvergeßlichen Blick er über die Menge und die Lichter gleiten ließ, deren flutende Bewegung wenig Schritte vor seinem abschreckenden Elend Halt machte. Ich fühlte meinen Hals vom furchtbaren Griff der Hysterie gewürgt, und mein Blick war von aufrührerischen Tränen getrübt, die nicht fallen wollten.« Unglück des Auges. Im Schock tut sich dem Blick allegorisch das Andere auf, das Leid und die Vergeblichkeit von Kunst, die wesentlich von außen gestiftet ist: die grausame Vergeßlichkeit der Menge, die verlorene Aureole. Es ist die Geschichte von Trennungen. Doch ist die Geschichte mehr, als nur eine der Macht und ihrer Opfer. Der Erzähler tritt selbst auf und erkennt im alten Gaukler das Bild der eigenen Zukunft: »Ich sah soeben das Bild eines alten Literaten, der die Generationen überlebte, deren glänzender Unterhalter er war; des alten Dichters ohne Freunde, ohne Familie, ohne Kinder, von der Undankbarkeit des Publikums erniedrigt, und in einer Baracke, die die vergeßliche Welt nicht mehr betreten will.«

Walter Benjamin bemerkte einmal, der Zirkus sei »vielleicht ein soziologischer Naturschutzpark«[1], und hat damit eine Tendenz bezeichnet, die die Entwicklung des Zirkus bis Ende des 19. Jahrhunderts nahm. In einer anderen Lesart heißt das »Demokratisierung und Differenzierung in der Zirkuskunst«.[2] Auf den Rängen und in der Manege. Der Zeitraum, um den es dabei geht, reicht von den vierziger Jahren bis zu den neunziger Jahren des Jahrhunderts.

Der Zirkus wird ein allgemein verfügbarer Ort, Knotenpunkt von Vermittlungen. Sie sind um eine neue Achse zentriert, die Leistungen des artistischen Körpers. Was man sieht und was getan wird, ist ein Vorgang, der alle angeht. Es sind Proben auf ganz einfache Fragen. Wie kann es gelingen, daß die fremden Achsen, die den Körper durchziehen, ihm nichts anhaben? Wie kann Leistung ästhetisch werden? Wie kann ohne Angst der Körper erotisiert werden? — Ein Vorgang der Verfremdung. »Die Saltos sind das Äußerste, was der menschliche Körper hergibt, aber er gibt sie her.«[3] Die Physis wird abstrakt, zur Kraft, Arbeitskraft. Im Zirkus aber bricht sich die halb-technische Figur des Leibes an der Zwecklosigkeit des Tuns.[4] Nur als Reservat von Nicht-Sinn kann die artistische Produktion leben, nur diese Leere erlaubt die Signifikationen, die man ihr zuspricht. Der Artist widerspricht der utilitären Welt und blamiert sie, um in einem neuen Netz von Signifikanten wieder eingefangen zu werden.

Renz. Ein Paradigma

»Der Prinzipal, ein korpulenter Mann mit struppig grauem Haar und einem vollendet gedrehten Schnauzbart, erschien. Still wurde es rings umher, und er sprach:›Mit der nöchsten Piöse werden wir die Ehre haben, die heutige Vorstellung zu beschließen. Wir rekommandieren uns dem geneigten Publikum bestens. Morgen wieder große Vorstellung mit die sieben gedressirte Pferde.«[1] Auftritt Ernst Renz, im Circus Brilloff & Brandt. Eine Figur, die die Zirkusgeschichte in Deutschland bis zum Ende des Jahrhunderts bestimmen wird.

Am 18. Mai 1815 in Böckingen bei Heilbronn »auf dem Durchzug«, wie im Taufregister vermerkt ist[2], als Sohn eines Seiltänzers geboren, gibt ihn der Vater, dessen Künste die elfköpfige Familie nicht ernähren können, als Sechsjährigen in die Lehre des Seiltänzers Maxwell. Als dessen Frau 1826 vom Turmseil abstürzt, muß Maxwell seine Truppe auflösen und Ernst Renz kommt als Eleve zum Wiener Prater-Circus de Bachs. 1829 tritt er dann in die Truppe Brilloffs ein. Brilloff gehört in die Reihe der ersten Prinzipale. Durch seine

Schule ging fast die gesamte erste Generation der späteren Zirkusdirektoren: Wollschläger, Carré, Hinné, Renz und Schumann.[3]

Aus den Programmzetteln des Unternehmens läßt sich Charakteristisches für die damaligen Zirkus-Verhältnisse in Deutschland ablesen:

>Die billigen Eintrittspreise, 8, 4, und 2 Silbergroschen, lassen die gute alte Zeit in einer eigenen Verklärung erscheinen, beweisen aber auch, daß das Interesse des bemittelten Publikums für circensische Spiele so gut wie nicht vorhanden war. Bei dem frühen Beginn der Vorstellungen — 4 Uhr Nachmittags — ist zu berücksichtigen, daß die primitiven Kulturverhältnisse vor dem neuen Thore damals sicher am Abend für die Besucher noch weniger verlockend erscheinen mochten, als am Nachmittag.«[4]

Wenn auch, wie hier in Berlin, die Zirkustruppen vor den Toren der Städte blieben und die gute Gesellschaft nicht dorthin kam, so hatten die Prinzipale dennoch ihr Auskommen. Brilloff zahlte Renz immerhin eine Monatsgage von 100 Talern. Renz war allerdings auch ein guter Artist, ausgebildet wie noch viele seiner Generation. 1842 stirbt Brilloff in Erfurt und Ernst Renz übernimmt die Geschäftsführung. Die Gesellschaft war klein. Sie bestand aus acht Personen: Renz, Salamonsky, den Brüdern Wilhelm, Carl und Bernhard Carré und deren Frauen. Dazu kamen sechs Pferde, die neben der artistischen Arbeit auch für den Transport gebraucht wurden. Darunter der legendäre Solyman[5], den Renz einst einem Bauern aus dem Ackergeschirr weg abgekauft hatte.[6]

Carré und Salamonsky traten bald aus der Companie aus und Renz machte sich ganz selbständig, reist drei Jahre durch Deutschland und ist 1846 zum ersten Mal in Berlin. Der Weg, der hier in der Reitschule an der Sophienstraße beginnt, wird im Zirkuspalast zwischen Karlstraße und Schiffbauerdamm enden. Jener erste Reitbahnzirkus war, wie Raeder schreibt, primitiv und für die feinere Welt keineswegs einladend: »Die feineren Kreise, die Mehrzahl der Officiere, Diplomaten und die Crême der Gesellschaft, wenn sie überhaupt equestrische Künste nicht als ausschließliche Volksbelustigung ansah, füllten den Circus der Pariser, wenn dieser nach Berlin kam.«[7] Dem ›Cirque de Paris‹ steht in Deutschland nichts vergleichbares gegenüber. Renz' Unternehmen heißt wie das große Pariser Vorbild seit 1847 ›Olympischer Circus‹. Das zweite Gastspiel des Renzschen Zirkus in Berlin vom 25. Dezember 1847 an auf dem Dönhoffsplatz endet am 26. März 1848. »Renz hatte ein wundervolles Kürassiermanöver in blitzenden Helmen und funkelnden Harnischen vorbereitet, als der rothe 18. März 1848 anbrach. Die Vorstellung unterblieb.« Sie fand auf den Straßen Berlins statt. Am 21. März zeigte der Olympische Circus dann noch »zum Besten der Hinterbliebenen der im Kampfe gefallenen Bürger« ein großes Cürassier-Manöver, was hier noch nie gesehen wurde[8], auch überhaupt noch von keiner Gesellschaft dargestellt worden ist« und leistete damit seinen Beitrag zum Spektakel der Klassenversöhnung.[9]

Die Zäsur in der Geschichte des Zirkus ist die Auseinandersetzung der Unternehmen Dejean und Renz in Berlin 1850/51 und 1851/52. »Als entscheidenden Wendepunkt ... muß man den Beginn der Tätigkeit Renz' betrachten. Allmählich wurde es immer klarer, daß die Hegemonie auf dem Gebiet des Zirkus von Paris an Berlin überging.«[10] Der in der Literatur so apostrophierte ›Zirkuskrieg‹[11] war ein Konkurrenzkampf zweier kapitalistischer Unternehmen. Der Pariser Zirkus Louis Dejeans gastierte in einem neuerbauten »eleganten« und »comfortablen« Zirkusgebäude in der Friedrichstraße 144.[12] Den Billeteuren und Zuweisungsbeamten gab er Anweisung: »A Messieurs les Billeteurs! — nunmehr vorschriftmäßig zu erscheinen: Demain frac noir, cravatte blanche, gilet blanc, pantolons noirs au talon d'or.«[13] In den Pausen spielten Konzertvirtuosen aus Paris Solostücke, die Kostüme, Requisiten und das Zaumzeug der Pferde waren von äußerstem Prunk. Der ›Olympische Circus‹ konnte dieser Prunkentfaltung keinen rechten Widerpart bieten, verfügte aber über einen besseren Marstall und ein ausgezeichnetes Ensemble, dem u. a. Mathilde Monnet und Auriol vom Pariser ›Cirque des Champs-Elysées‹ und Laura Clark-Gautier vom Astley-Theater in London angehörten.

Der Zirkus Renz vereinigte ›air de noblesse‹ mit bürgerlicher Gediegenheit. »Vom Beginn seiner Prinzipalschaft an befolgte Renz unentwegt die Maximen größter Ordnung, Pünktlichkeit und Sauberkeit in allen Dingen. Seine Verwaltung wurde bald eine mustergültige. Um das Bild equestrischer Produktionen so anziehend als möglich zu gestalten, zog er mit echtem Schönheitssinn den Reiz der Accessorien mit in Rechnung, den Vorzug geschmackvoller Costumirung und vornehmen Zäumung.«[14] Der Leitspruch des Hauses ›Disziplin ist alles‹, die bürgerliche Rechtschaffenheit der Darbietungen und des Direktors, des ›alten Renz‹ (ein Begriff, der gerade die Solidität des Namens herauskehrte), fanden sich in einem vergoldeten Rahmen ganz nach dem Geschmack der Berliner Aristokraten und Großbürger.

»›Sehn Sie, Baron, ich habe mein Institut gross gemacht dadurch, dass ich es immer ganz grossartig hielt, Zigeunerkram — wie früher so oft beim Circus — gab's bei Renz nicht ... und als dann der Franzose Dejean herkam mit seiner eleganten Aufmachung für alle die Logenbesucher, da sagte ich mir: Das machst du für alle, jeder Zuschauer, auch der auf der Gallerie, soll sich im Circus Renz fühlen wie in einem Feenpalast, in dem ihm das Schönste vom Schönen geboten wird! Und in meinem Stall: die herrlichsten Pferde! Und in meiner Manege die grössten Künstler, die glänzendsten Pantomimen![15]

In der Figur des Direktors treffen sich patriarchalische Unerbittlichkeit und kapitalistisches Ethos. Dejean war Rentier, ein Manager seiner Unternehmen. Renz geht in dieser Rolle nie ganz auf. Er bleibt Artist im eigenen Zirkus.[16]

Nach einem Brand wird der Zirkus 1855 »prachtvoller als jemals« wiederaufgebaut. Ausführender Architekt war der Kgl. Oberbaurat Hitzig, der auch die neue Berliner Börse baute.[17] Der elegante Bau war mit Gaslicht illuminiert und die Rundwand mit großen Gemälden verziert. 1872 verkaufte Renz den Bau mit Millionengewinn an die Berliner Stadtbahn.[18] Ab 1879 spielte er im Markthallen-Zirkus, der 1888 von Grund auf umgestaltet zum letzten Domizil des Zirkus Renz in Berlin wird. Andere Renz-Bauten befanden sich in Hamburg, Breslau und Wien. Als Ernst Renz 1892 stirbt, übernimmt sein Sohn Franz Renz die Direktion des Unternehmens. Die Jubiläums-Saison 1896/97 ist zugleich auch das Ende der fünfzigjährigen Tradition des Zirkus Renz in Berlin.

»Durch den Neubau resp. Vorbau vornehmster Luxusfoyers und feinster gesellschaftlicher Restaurants ist das moderne equestrische Institut doch jetzt auf die Fin de Siecle — Höhe des Jahrhunderts — angelangt. Der Stallduft verschwindet, um den Odeurs eines Salons Platz zu machen. Wo sind die Spuren einer fünfzigjährigen Entwicklung, die auf die alte Bretterbude vor dem Thore oder auf unzweckmässige Reitschulen zurückweisen? Der Renz'sche Marstall beherbergt heut 235 der auserlesensten Pferde, deren Einzelwerth bei den Vollblutpferden bis zu 10 000 Mark hinaufsteigt ... Das Künstlerpersonal setzt sich aus 30 Herren und Damen international zusammen, deren Monatsgage bis zu einer Höhe von 10 000 Mark emporgestiegen sind, wobei noch im Besonderen hervorzuheben ist, daß die artistische Arbeit heute einseitiger betrieben wird als früher ... Ein eigenes Orchester und ein großes Ballett. Personal begleitet den Renz'schen Circus auf allen Reisen und dementsprechend wieder ein großes wohlorganisiertes Hülfs- und Beamtenpersonal von strengster Disziplin. Der Betrieb dieses größten Circus diesseits wie jenseits des Oceans erfordert mitsammt den ausserordentlichen Kosten der grossen Ausstattungsstücke einen jährlichen Capitals-Aufwand, bei welchem 1 Million Mark noch nicht reicht.«[19]

Das ist die letzte Momentaufnahme des Zirkus Renz. 1897 werden alle Renz-Unternehmen liquidiert. Damit verschwand der Name Renz für immer aus der Reihe der Zirkusse von Rang, ein Name, der für den Zirkus schlechthin gestanden hatte. »Die heutige Generation weiß nicht, welche Rolle der Zirkus einstmals gespielt hat, was zumal eine Renzsche Vorstellung im Vergnügungsleben der breiten Schichten, der guten Gesellschaft, der Sportkreise, bedeutete. Was Renz bot, war auf allen Gebieten gediegenste Leistung in gefälliger, ästhetischer Umrahmung«, schreibt Joseph Halperson schon 1926.[20] Fünfzig Jahre war Renz ein Paradigma deutscher Zirkusentwicklung.[22] Nach ihm und mit Beginn des zwanzigsten Jahrhunderts hat der große Zirkus eine neue Geschichte.

Berliner Luft

»Es ist just zwölf und die Spaziergangszeit der schönen Welt. Die geputzte Menge treibt sich die Linden auf und ab. Sehen Sie dort den Elegant mit zwölf bunten Westen? Hören Sie die tiefsinnigen Bemerkungen, die er seiner Donna zulispelt? Riechen Sie die köstlichen Pomaden und Essenzen, womit er parfümiert ist? Er fixiert Sie mit der Lorgnette, lächelt und kräuselt sich die Haare. Aber schauen Sie die schönen Damen! Welche Gestalten! Ich werde poetisch!«[1] Heinrich Heine geht 1822 in Berlin spazieren. »Wie gefällt

Ihnen Berlin? Finden Sie nicht, obschon die Stadt neu, schön und regelmäßig gebaut ist, so macht sie doch einen etwas nüchternen Eindruck.«[2]

Das Berlin der Restaurationszeit ist beschaulich und nüchtern zugleich, eine preussische Residenzstadt. Das Bild der Stadt ist beherrscht vom Hof, vom Militär und vom Kleinbürgertum, wozu neben den Handwerkern vor allem die Angehörigen des feudalen Verwaltungsapparats gehörten. Das biedermeierliche Berlin bleibt feudal intakt: »Die Prinzen und Prinzessinnen sind hier ein Hauptgegenstand der Unterhaltung in den geringsten Bürgerhäusern. Der Berliner lebt gleichsam in die königliche Familie hinein . . .«[3] Bei den Bällen und Redouten ist das Volk auf der Galerie gegen geringes Entrée zugelassen, auf die Herrlichkeit der herrschenden Klasse herabzusehen. Was hier zuschaut sind Untertanen. »Die Menschen dagegen, welche sich nicht als Menschen fühlen, wachsen ihren Herren zu, wie eine Zucht von Sklaven oder Pferden. Die angestammten Herren sind der Zweck dieser ganzen Gesellschaft. Diese Welt gehört ihnen.«[4] Es ist die Philisterwelt. Marx hat ihr 1843 in den Briefen aus den ›Deutsch-Französischen Jahrbüchern‹ die ihr angemessene Kritik zukommen lassen, Indignation und Denunziation.[5] Und so läßt sich nur schwer von Vergnügen sprechen. Es ist belastet mit einer Hypothek, dem kleinbürgerlichen Substrat.

Berlin ist, anders als Paris, noch provinziell, zurückgeblieben nicht nur im politischen Sinn. »Die Boulevards mit ihrem Lichtermeer und der dichtgedrängten Menschenmasse geben ein täuschend ähnliches Bild von unseren Linden, wenn Königs Geburtstag ist und Illumination und Feuerwerk. Was wir alle Jahre an Licht und Menschen mal zusammensehen, das sieht man hier alle Tage, außerdem sind die Boulevards viermal so lang als unsere Linden«, schreibt Theodor Fontane 1856.[6] ›Ville Lumière‹, Lichterstadt, nennt man Paris seit dem Zweiten Kaiserreich, Berlin gelehrt ›Lumen orbi‹, eine Leuchte für die Welt. In Meyers Konversationslexikon von 1873 stehen beide Begriffe, aber auch ihr differenter Sinn:

»Auf den Boulevards und Avenuen, die . . . in einem förmlichen Lichtermeer erstrahlen und dessen Glanz durch die zahllosen Spiegelscheiben der Verkaufsmagazine noch bedeutend vermehrt wird, herrscht ein Leben und Treiben, das in dieser Weise seinesgleichen in der Welt nicht findet.« Dann Berlin: »Nur vom Hofe veranstaltete Feste, Paraden und Einzüge bringen ganz Berlin auf die Beine, ohne jedoch nachhaltend zu wirken.«[7]

Was sich vorerst ändert sind die Quantitäten. Berlin wird größer. Ende der vierziger Jahre hat sich die Bevölkerung der Stadt gegenüber 1800 verdoppelt. 1848 leben 400 000 Menschen hier.

Als Ernst Renz 1846 in Berlin ankam, »spürte er sofort: es hatte sich wirklich verändert. Überall sah man Neubauten, die Straßen schienen lichter, die Menschen fröhlicher, der Verkehr war reger geworden; vom Alexanderplatz zum Hofjäger im Tiergarten wackelten neuartige große Wagen, ›Omnibusse‹ genannt, mit denen man für anderthalb Silbergroschen ein ganzes Stück fahren konnte; es gab viel mehr Conditoreien, Kaffeegärten und Ballhäuser als vor elf Jahren.[8]

Es sind Zeichen der beginnenden Kapitalisierung der Gesellschaft, erste Spuren einer neuen Infrastruktur. Jetzt findet sich auch langsam ein Publikum großstädtischer Unterhaltung: »Das Interesse an den Vorstellungen des Herrn Renz nimmt eher zu als ab, der Circus ist auch an den Wochentagen oft so gefüllt, daß kaum ein Platz zu erhalten ist . . . Wir glauben, daß wenn Herr Renz Jahr und Tag unter uns weilte, man würde die Arena stets zahlreich besucht finden«, schreibt eine Berliner Zeitung im Februar 1848.[9] 1844 wurde das Krollsche Etablissement gegründet. Es war Theater- und Konzertsaal, Spezialitätenbühne und Feenpalast in einem. Hier spielte Johann Strauss Vater mit seinem vornehm befrackten Concert-Orchester, trat die Seiltänzertruppe Kolter auf, gastierte das Schreyersche Affentheater, wurden lebende Bilder gezeigt, trat der große Zauberer Robert Houdin auf, zeigte sich die legendäre Bartfrau Miss Julia Pastrana in der Gelegenheits-Burleske »Der curierte Meier«.[10]

»Heute die holden Kehltöne einer gefeierten Sängerin, die herrlichen Saitenklänge der virtuosen Instrumentalisten, morgen irgend eine sensationelle Kapazität Barnum'schen Stils, heute schön — morgen häßlich!«[11] Es war ein Stelldichein der »schlichten Bürgerschaft«, während sich Aristokratie und Geldadel in den Logen vergnügten. »Da sitzen nun die beiden Rivalen der königlichen Gnade nebeneinander in verschlossenen Logen und dinieren und lassen zum Takt der rauschenden Musik die Champagnerpfropfen fliegen. Herren und Damen treten abwechselnd an die Brüstung der

Loge, um ihr mit dem Glase bewaffnetes Auge unter den unter sich tummelnden Bürgersleuten umherschweifen zu lassen.«[12]

Bei Kroll kündigt sich zaghaft die Verbindung von Vergnügen und Industrie an. Zur politischen Voraussetzung hat diese das Bewußtsein bürgerlicher Freiheiten (nicht erst deren Verwirklichung), zur ökonomischen die zunehmende Durchsetzung einer kapitalistischen Gesellschaft.[13] Der Kapitalismus vervollständigt die Städte und verändert sie von Grund auf. In ihrem Mittelpunkt steht nicht mehr der König oder der Fürst in seinem Schloß, »sondern der Markt, nicht der Markt, sondern die Fabriken, nicht die Fabriken, sondern deren Besitzer, nicht die Besitzer, sondern die Gerichte, Polizeireviere, Postämter, Rathäuser, Bahnhöfe, Banken, Börsen, Opern und was vom 18. Jahrhundert und davor noch stehengeblieben ist.«[14] Erst nach der Reichsgründung 1871, in den ›Gründerjahren‹, wird Berlin zur großen Stadt.

»In ungeahntem Maße nahm die Bevölkerung zu und vermehrte sich in einem Jahrzehnt — von 1871 bis 1881 — um mehr als 330 000 Seelen. Ganze Straßenteile verschwanden und machten vornehmen Neubauten Platz, gewaltige Fabrikanlagen erwuchsen fast über Nacht . . .[15]

Die Berliner Arbeiterviertel entstanden, Berlin wurde die größte Mietskasernenstadt der Welt: das steinerne Berlin.[16] Mietwucher, Bodenspekulation und Wohnungsknappheit war die neue Realität.[17]

Gründerjahre: »In zwei Jahren, 1871 und 1872, entstanden in Preußen über dreinhalbmal soviel Aktiengesellschaften wie in den vergangenen 80 Jahren — insgesamt 780 Gesellschaften, deren Aktien fast alle an der Berliner Börse eingeführt wurden.«[18]

Das verfügbare Kapital vermehrte sich auch, auch die zirkulierende Geldmenge. Das spießbürgerliche Berlin begann ›mondän‹ zu werden. Über das berühmteste Tanzlokal des damaligen Berlin, das Orpheum, schrieb der junge Heinrich Zille: »Wenn ich hinein kam, lagen noch betrunkene Männer und Weiber in den Nischen und Logen auf den Plüschsofas: Die Glücklichen der Gründerzeit, die die Ernte der Kriegserfolge von 1870 einheimsten.«[19] Ganze Industriezweige entstanden und florierten, den gestiegenen Bedarf an Luxusgütern zu befriedigen: Mode und Tricotagen, Militär-

effekten, Genußwaren . . . Berlin war attraktives Geschäfts-
und Vergnügungszentrum. Geschäftsreisende, Industrielle
und in zunehmendem Maße auch ausländische Vergnügungs-
reisende suchten hier nach Orten der Zerstreuung. Die ersten
modernen Hotels werden gebaut: das Central-Hotel in der
Friedrichstraße gegenüber dem neuerbauten Berliner Cen-
tral-Bahnhof. Diesem auf zeitgenössischen Postkarten als
›the leading hotel of Germany‹ bezeichneten Etablissement
war ein Wintergarten angebaut — der Wintergarten. »Man
hätte die solchermaßen bezeichnete riesige, glasüberwölbte
Halle auch Palmenhaus nennen können, denn Palmen gaben
dem rund 2300 qm großen Raum das typische, fast tropische
Gepräge«.[20] 1900 hat der Wintergarten den elektrischen
Sternenhimmel[21], ein Himmel, an dem die großen Stars des
Varietés aufgingen und verloschen, er strahlte ›als nahes
Weltall der Sensationen‹ über den Berlinern.[22]

Neben den Luxushotels lagen die Luxusrestaurants: Dres-
sel, Kempinski, Huster. Fürs Volk gab es die großen
Bierlokale, wo man auch billig speisen konnte. Aschinger
wurde zu ihrem legendären Inbegriff. Um 1880 entstanden
die ersten Stehbierhallen. Und dann die großen Tanzpaläste,
die vielen Lokale mit ›Schwof‹, in der Stadt selbst oder schon
außerhalb, wie ›Schramm‹ am Wilmersdorfer See oder der
Riesensaal der ›Neuen Welt‹ an der Hasenheide. In der
›Neuen Welt‹ gab es auch andere Attraktionen:

»Ich habe hier als kleines Kind den lächelnden Mund und die rosa
Wangen des Mädchens gesehen, dem der Kopf abgeschlagen und
wieder aufgesetzt wird, vielleicht auch jene erste Dame ohne
Unterleib, zu deren schönen Armbewegungen ihr Unternehmer die
Verse von der Lotusblüte, die sich ängstigt, aufsagte.«[23]

Volksfeste mit alter Tradition existierten seit 1873 nicht
mehr. In diesem Jahr wurde der ›Stralauer Fischzug‹ aus
politischen Gründen verboten.

Mit ihren Bierpalästen, Weinhäusern, Luxusrestaurants,
den Theatern der leichten Muse, den Wiener Cafés und den
teuersten und besten Geschäften war die Friedrichstraße
Mittelpunkt der Metropole. »Hier drängen sich von früh bis
spät die elegantesten Carossen zusammen. Das Wagen- und
Menschengewühl ruft ganz besonders da, wo die Friedrichstraße die Straße Unter den Linden berührt, einen geradezu

beengenden und beängstigenden Eindruck hervor.«[25] Die Nacht hat andere Gesetze: »Das schmale Trottoir war mit einem Teppich aus Licht belegt, auf dem sich die gefährlichen Mädchen wie auf Seide bewegten. Der Mode gemäß hatte ihr aufrechter Gang etwas Feierliches, das grausam persifliert wurde, wenn sie den Mund aufmachten, um sich im städtischen Idiom zu äußern.«[26] Berlin bei Nacht.

1892 eröffnet das Apollo Theater in der Friedrichstraße Nr. 218. Seit dem Herbst 1893 führt Herr Jacques Glück die Direktion des Theaters. Im gleichen Jahr ist hier ein junger Mann als Varietékapellmeister engagiert; er gab Berlin die Melodie — Paul Lincke. Mit der Aufführung von ›Frau Luna‹ datiert die spezifisch Berliner Operette.[27] ›Frau Luna‹ mit den ›Schlössern, die im Monde liegen‹, haben sie doch auf der Erde keinen rechten Ort, und dem bald populären Marsch: »Das — ist die Berliner Luft, Luft, Luft!«

Stallgang

»Der Stallgang ist . . . ein eigenartiges Extra-Foyer, das der Circus vor dem Theater voraus hat, und das, in gewissem Grade an die Plätze auf der Bühne der Shakespeare'schen Zeit erinnernd, ein Berührungspunkt zwischen Künstlerwelt und Publikum abgibt. Hier mischt sich in den bunten Trubel des ›Hinter den Coulissen‹ des Circus, das hier seinen Vorraum hat, der bevorzugte Repräsentant des Publikums, der Stallgang-Flaneur mit dem Parquet- oder Logen-Billet, das ihm diese Räume zugänglich macht. Hier blüht der Circus-Lion und der Circus-Habitué in seinen verschiedenen Spielarten: die Jeunesse dorée und die Vieillesse dorée in ihren ›Gigerl‹-Typen der allermodernsten Garnitur; der Cavalier in Uniform und in Civil; der Bankier, wenn er seine Frau zu Hause gelassen, und der Recensent, der die ›Feder im Gewande‹, spähend umherstreift, ob nicht eine schöne Künstlerin bereit sei, ihn in Bande zu schlagen.«[1]

Den Galeriebesuchern war der Marstall nur an besonders dafür vorgesehenen Tagen geöffnet, den Inhabern der teuren Billets während der Programmpausen. In den Ställen waren Räucherpfannen angebracht, standen alle zehn Meter livrierte Lakaien mit Perücken. 1892 wurden die Stallungen mit Teppichen ausgelegt, Spiegel und Blumenständer angebracht und das große Foyer zu einem Luxusrestaurant mit Sektbe-

trieb umgestaltet. Aber schon vorher hatte der Zirkus Renz
zu den luxuriösesten Etablissements in Europa gehört. Ein
Zirkuspalast. Er steht allen offen und teilt doch die Welten.
Er ist demokratisch wie die Auslagen in den Schaufenstern.
»Hinter den Spiegelscheiben mischen sich die notwendigen
Dinge mit dem Überfluß, der notwendiger wäre, wenn er
nicht grenzenlos sich ergösse. Personen jeden Standes ist
erlaubt, sich Nachmittage lang im Anblick der Edelsteine, der
Pelze und Abendtoiletten zu verlieren, deren eindeutige
Herrlichkeit am Ende der Kolportage-Romane verheißungs-
voll winkt. Daß ihre Summe sich überschlagen läßt, macht die
Sachwerte unnahbarer, als sie je noch waren.«[2] Die kunstge-
werbliche Phantasie, mit der sich der Bau drapiert, schafft das
Gehäuse eines profanen Kultes. Die Pferde in ihren Boxen,
jedes mit einem Namensschild versehen, sind ausgestelltes
Kapital. Ihre Natur ist entzaubert im Sachwert, den sie
darstellen, in den Pferdekarussells der Manege wie im
Marstall als Zeichen des Überflusses und der Repräsentation.
Franz Renz zeigte 1894 160 Pferde in der Manege.[3] Sie
formen eine Pyramide, an deren Spitze der Direktor steht.
Die Lebendigkeit der Pferde ist nur Mittel zum Zweck der
Inszenierung des großen Einzelnen.
Die Szene reicht über die Manege hinaus bis in die Stallungen.
Der Stallgang bietet keine Tierschau; er ist der in den Zirkus
verlegte großbürgerliche Salon, der auch dem Volk gegen
Entrée zur Besichtigung freisteht. Auch nur der Schein von
Arbeit ist aus diesen Räumen verbannt. »Was man damit
erreichen will, ist die absolute Trennung zwischen dem
vornehmen und dem arbeitenden Menschen. Der vornehme
Mensch, der sich ständig in Gesellschaft fühlt und sich
deshalb standesgemäß kleidet, kann nicht in einem Arbeits-
kittel auftreten.«[4] Ideal war eine bewußt vornehme Haltung,
um auch in den Verkehrsformen bestimmte Rangklassen zu
wahren. Seit den sechziger Jahren hatte das deutsche Bürgertum das Biedermeier abgestreift und sich in zwei Stände
gespalten, Groß- und Kleinbürgertum. Die Angehörigen der
reich und einflußreich gewordenen Bourgeoisie entfernten
aus ihrem Privatleben alles, was an die Quelle ihres Reich-
tums gemahnte, die industrielle Produktion samt ihren
Fabriken und Kontors. »Der Privatmann, der im Kontor der

Realität Rechnung trägt, verlangt vom Interieur in seinen Illusionen unterhalten zu werden. Es stellt für den Privatmann das Universum dar. In ihm versammelt er die Ferne und die Vergangenheit. Sein Salon ist eine Loge im Welttheater.«[5] Die Gründerzeit läßt diesen Wunsch grenzenlos werden. Das Atelier des Malers Hans Markart in Wien ist ein Beispiel.[6] Die Neigung zu Monumentalität, zu Pomp und Übertreibung ist Abgrenzung und Wille zur Macht zugleich. Deren Zentrum waren Militär und Adel. Die Bourgeoisie kauft sich ein: Feudalität war gleichermaßen der Begriff, unter dem alte und neue Klasse sich treffen konnten, ein neues Kastensystem, ein Amalgam von Rang, Stand und Geld.

Die zunehmende Klassentrennung erstreckte sich selbst auf die beliebteste Flanierstraße Unter den Linden. »Für einen Offizier zum Beispiel ›schickte‹ es sich nicht, die ›falsche Seite‹ (die Nordseite) zu benutzen, es mußte die Südseite ... sein. Die andere Seite überließ man dem gewöhnlichen Zivil.«[7] Der Zirkus hält hier die Waage, er eröffnet allgemeinen Zugang. Im Stallgang spielt er die große Welt, teilt deren Pomp. Alle sind zufrieden, die einen, weil alles ihnen nah und bekannt ist, die anderen, weil es ihnen ungeheuer fern und fremd ist.

Panorama der Artistik

Die Namen der großen Stars unter den Schulreiterinnen erscheinen auf den Programmzetteln der Pariser Zirkusse ebenso wie auf denen des Zirkus Renz in Berlin. In diesem Punkt ist der Zirkus international geworden. Hier entscheidet die Gage und der Erfolg. Mit dem Zirkus Renz zeichnet sich in den fünfziger Jahren eine neue Entwicklung ab. Die Akrobatik und Athletik zu Pferde wird eine andere. Renz »stellte die energisch-kraftvolle Überwindung der physischen Hindernisse in den Vordergrund; Stärke, Kühnheit und Leidenschaft dominierten; die Muskelkraft wurde zum künstlerischen Maß.«[1]

Mit dem Aufkommen des Panneaureitens[2] — der Amerikaner James Morton arbeitete 1849 bei Renz zum ersten Mal mit dem neuen Sattel — dynamisiert sich die Akrobatik zu Pferde. Die früher einzeln gezeigten Tricks verbinden sich jetzt in der Schnelligkeit der Ausführung. Die ästhetisch-dekorative Pose verschwindet in einer Produktion schneller, koordinierter Bewegungsabläufe, ein Pendant zu dem, was die gesellschaftliche Erfahrung dieser Zeit ausmacht. Verkehr und Produktionsweise fordern eine neue Motorik, schnelle Reaktion und besondere Leistung. Die Technik verlangt den Menschen zunehmende Komplexität des Sensoriums ab und zwingt dem Körper einen neuen Rhythmus auf. Handwerk und Manufaktur kennen Herstellung noch als Prozeß langsamer Vervollkommnung. In der industriellen Produktion hat sich dieser Prozeß beschleunigt und ist abstrakt geworden: wiederholbar, gleichförmig, eine additive Kette. In den Darbietungen, die Arbeit nicht sein sollen, wird der Sieg über die Physis gefeiert; die Existenz der Maschine zurückgenommen, indem sie sich im Menschen wiederholt, »denn wäre unser Wesen unerschöpflicher Überfluß, gäbe es weder die Wiederholung noch die Perfektion der Maschine.«[3] Der Vorgang ist einer der Vertauschung.

»Der ganze Leib mit allen seinen Vorrichtungen für physische und geistige und psychische Arbeit ist ganz ohne Beispiel in allen Betrieben, die die Natur, geschweige dann der Mensch sonst noch geschaffen hat. Pumpwerke von solcher Kraft, Röhrenleitungen von solcher Ausdehnung und so weiter, Verzweigung, Kanalisierungen von solch genialer Anlage und Durchführung, elektrische Kraftstationen von so vielseitiger Ausgestaltung und Verwendung, chemische Laboratorien von so außerordentlicher Leistungsfähigkeit . . . wie die Natur sie im Menschen geschaffen hat, können wir ihr auch nicht annähernd an die Seite stellen . . .«[4]

Das Parforcereiten lebt von der Ästhetik der Verausgabung. Sein identifikatorisches Moment ist die gemeisterte Schwierigkeit. Es ist ein Reiten mit größtmöglicher Geschwindigkeit. Je mehr Hindernisse der Reiter überwand, je schneller er wurde, desto größer sein Erfolg.

»Drehte Louise Leosset eine Pirouette auf dem galoppierenden Pferde, so drehte Miss Ella diese doppelt; sprangen die bedeutendsten Tempospringerinnen ihrer Zeit, Käthchen Renz und Irma Monfoid, 15 bis 20 Ballons (mit Seidenpapier überklebte Reifen) hintereinander, so tat dies Miss Ella nicht unter vierzig. Baptiste Loisset und Pierre Monfroid, der Matador im Salto zu Pferde, sprangen nach rückwärts, Miss Ella, als türkischer Knabe gekleidet, sprang im Stehen vorwärts und ließ die Kunst der alten europäischen Reiterfamilien verblassen.«[5]

Miss Ella war ein Mann, Omar Stoocs.

1865 debütierte bei Renz der Amerikaner Davis Richards. Die nach ihm genannte ›Voltige à la Richard‹ setzt mit ihren à tempo-Sprüngen über Hürden, Lendenritt-Balancen, Kopf- und Handständen, dem Überhängen kopfwärts neue Maßstäbe für die Voltigeurarbeit.

Mit dem Namen Charles Slezak verbindet sich der Beginn der Jockeireiterei im Zirkus. Der Jockei führt auf dem galoppierenden Pferd zunächst verschiedene äquilibristische Übungen aus, um nach einer meist mit einer Clownreprise gefüllten Pause verschiedene Sprünge vom Manegenboden auf den Rücken des Pferdes zu zeigen.[6] Die Figur des Jockeis kommt von der Rennbahn. Mit ihr findet der Sport Eingang in den Zirkus. Doch bleibt der Jockei Kunstreiter, nicht Rennreiter — auf ihn werden keine Wetten abgegeben. Zwar treibt er das Pferd am Anfang seines Auftritts wie zum ›finish‹ an, legt aber keine Distanzen zurück. Seine Leistungen sind nicht meßbar oder zu messen nur auf einer anderen Skala. Sie überbieten die Funktionalität, um in der Virtuosität der Sprünge, Salti und Balancen die bürgerlichen Werte hinter sich zu lassen: Leistung, Konkurrenz[7] und Gleichheit, wie sie in Sport und Arbeit gelten. Der Artist scheint dem entronnen zu sein. Seine Produktion, die der Abstraktheit nicht unterliegen will, hat doppelten Charakter. Sie ist Protest im Namen der erfüllten Arbeit vergangener Zeit, wie auch der Versuch, in der Verausgabung die Gegenwart mit der Zukunft zu schlagen.

Wie die Pferdeakrobatik erfuhr auch die Freiheitsdressur eine Weiterentwicklung. Die thematisch ausgerichteten Dressurbilder und mimischen Szenen, die die einzelnen Dressurtricks dramaturgisch nutzten, wurden durch den Trick als Selbstzweck abgelöst. Das Pferd tritt aus den Bildern heraus und soll zeigen, was es leisten kann. Ein Grund dafür ist die veränderte Anthropologie des Pferdes. »In der Zeit der Reitschulen, Posthaltereien, Pferdemärkte, Postkutschen, der Sport- und Militärreiterei fand der Zirkus reichlich Stoff für seine Pferdesketche. Doch in den achtziger Jahren fehlte dieser Hintergrund.«[8]

Die Eisenbahn, the Iron Horse, hatte das Pferd abgelöst. Wie sehr am Anfang die alte Form des Produktionsmittels seine neue Form beherrscht, zeigt »vielleicht schlagender als alles andere eine vor der Erfindung der jetzigen Lokomotive versuchte Lokomotive, die in der Tat zwei Füße hatte, welche sie abwechselnd wie ein Pferd aufhob. Erst nach weiterer Entwicklung der Mechanik und gehäufter praktischer Erfahrung wird die Form gänzlich durch das mechanische Prinzip bestimmt und daher gänzlich emanzipiert von der überlieferten Körperform des Werkzeugs, das sich zur Maschine entpuppt.«[9]

Der Funktionsverlust des Pferdes führt es zunehmend aus der produktiven Sphäre in eine repräsentative. In der Freiheitsdressur stieg die Zahl der vorgeführten Pferde ständig an; Freiheitsdressur wird zur Massendressur, ornamental. »Und wenn Eduard Wulff, der bedeutendste europäische Dresseur der neunziger Jahre, sechzig Pferde auf sein ›Karussell‹ brachte, so stach ihn schon ein Jahr später Franz Renz aus, der den staunenden Berlinern siebzig Pferde im ›Karussell‹ präsentiert.«[10] Schumann und Wulff zeigten die kompliziertesten Tricks der Freiheitsdressur. »Ein Stallmeister von Franconi, dem ich diese brillante Nummer beschrieb«, erzählt Hachet-Souplet, »glaubte, ich wollte ihn zum Narren halten, und sagte: ›Das, wovon sie reden, ist eine Unmöglichkeit. Sie scherzen nur.‹«[11] Neben den schwierigen Ensemblenummern und der Massendressur gestalteten Schumann und Wulff auch kleine Pferdesketche. So brachte Wulff in Brüssel die Nummer ›Das Pferd im Bett‹ heraus: Das kostümierte Pferd zieht sich in der Manege Rock und Hose aus, die so geschneidert sind, daß das Pferd die daran befestigten Bänder mit den Zähnen lösen kann. Danach pustet es die Kerze aus und legt sich in das große Bett. Mit einer langen Bettdecke deckt es sich schließlich zu und schläft ein. Hacket-Souplet berichtet von der Nummer ›Augen rechts — Augen links‹, die Wulffs Pferde, wie in Reih und Glied stehende Soldaten, ausführten. Albert Schumann studierte mit seinen Pferden Pantomimen wie ›Taxameterdroschke‹, ›Kasernenhofleben mit Vierfüßlern als Rekruten‹, die ›Skatpferde‹ und die ›Bierbrauer‹ ein. Eine für unmöglich gehaltene Dressurleistung gelingt ihm mit seinem Lipizzaner-Akrobaten-Quartett, »in dem die Pferde — völlig ihrer Natur entgegen — mit hinten hoch aufgerichteten Kruppen einen Winkel von über 70 Grad einnehmen.«[12]

Nach Laurent Franconi und François Baucher ist James Fillis (1834-1912) die dritte beherrschende Figur der Schulreiterei im 19. Jahrhundert.

1873 debütiert der als ›Reitwunder‹ bestaunte Engländer im Pariser Cirque d'hiver, dem er zehn Jahre treu blieb. Auf einer Gastspielreise 1892 gastierte er im Berliner Zirkus Renz. 1897 geht er für zehn Jahre nach Rußland, um als Ober-Reitlehrer an der Kavallerie-Offiziersschule zu wirken. Nebenher trat er im Petersburger Zirkus Ciniselli auf. Vom Politiker Clemenceau dazu angeregt, legte er seine Erfahrungen mit der Schulreiterei in dem berühmt gewordenen Buch ›Principes de dressage et d'equitation‹ nieder, das 1894 auch in deutscher Sprache erschien. »Im Zirkus fesselte er sein Publikum durch seine exakte Arbeit und seine persönliche Ausstrahlung, durch die glanzvolle Art des Reitens und eine Reihe von bis dahin noch nie gezeigten Schulmotiven. So führte er den ... Spanischen Schritt, den Galopp auf zwei Beinen, den Spanischen Trap in zwei Tempi, den Rückwärtsgalopp auf drei Beinen und andere Gangarten ein.«[13] Sein Wirken in der russischen Kavallerie führte zu einer unmittelbaren Verbesserung der Schlagkraft dieser Truppengattung.[14]

Zu den Grundgedanken seiner neuen Dressur- und Reitlehre gehörte eine Uminterpretation des Verhältnisses von Reiter und Pferd. »Es gibt nur ein Gehirn, das des Reiters«, schreibt er. »Das Pferd vollführt die ihm angewiesene Arbeit infolge der durch Übung erlangten Fertigkeit an einer bestimmten Stelle, zu einem bestimmten Zeitpunkt, und nachdem es mit einem anderen Theil seiner Arbeit zu Ende ist, allein es ist darum noch nicht im wahren Sinne dressirt zu nennen, denn anstatt dem Willen des Reiters zu gehorchen, ist der Reiter genötigt, sich den Gewohnheiten des Pferdes zu fügen: das Pferd ist gewöhnt, aber nicht dressirt.«[15]

Neben anderen herausragenden Schulreitern wie J. W. Hager und Gustave Gaberel waren es besonders die Direktoren der Unternehmen dieser Zeit, die die Hohe Schule ritten: Eduard Wollschläger, Charles Hinné, die Ciniselli, Oskar Carré, Eduard Wulff und Heinrich Herzog. »Lief dabei auch, an Fillisschem Maß gemessen, viel gravitätischer Zirkusstil und selbstgefällige Grandezza mit, so muß man doch anerkennen, daß sie für den Maßstab ihrer Zeit Tüchtiges, für das Auge Gefälliges geleistet haben«, urteilt Joseph Halperson.[16]

Das »Anziehendste und Ästhetischste, das der alte Zirkus seinen Besuchern zu bieten hatte, war die untadelhafte

Schulreiterin in ihrer traditionellen Tenue: schwarzer Amazone und Zylinder«.[17] Die écuyere de haute école. »Es sind Meteore gewesen, die strahlend am Zirkushimmel entlang zogen, Manegesterne ... die für das Publikum ebenso plötzlich untergingen, wie sie erschienen. Und doch haben sie bei ihrem Auftauchen geradezu Epidemien der Vergötterung und Bewunderung hervorgerufen, diese Prinzessinnen des geharkten Sandes.«[18] Die Schulreiterin war die Lady, die Akrobatinnen die Sylphiden. »Die elegante schwarze Gestalt im Sattel ihres noblen Tieres«[19] heißt Amazone, eine Amazone, die sich selbst nicht gleicht: reitende Dame und vornehmes Fräulein. Ihr wird alle Selbständigkeit verliehen, die sie so bewundernswert macht: vornehm und elegant und nicht ohne Temperament. Ein erotisches Ideal. Vor das Begehren schiebt sich der Gestus der Anbetung. Vernarrt in ihre Beherrschtheit und züchtige Eleganz umschwärmen sie die Gardeoffiziere wie die reichen Bourgeois. Die Schulreiterin will erobert sein. Den jungen Schönheiten haftet noch der Hauch der Verschwendung an, die glückhafte Möglichkeit, daß Pferd und Reiterin ausbrechen. Die untadelige Tochter ist der Traum der Jeunesse dorée. Von der Galerie aus erscheint sie als Idol, ein unerreichbares Bild, ein Gegenstand der Kolportage.

Von der Schulreiterin und ihrem Image hebt die Kunstreiterin als athletisches Pendant sich ab. Sie gibt den Blick auf ihren Körper frei. Diese Reiterin soll keine kalte Amazone sein. Sie ist begehrter Körper und Versprechen der Sünde. Sie gehört ganz der Imagination des Zuschauers, der sie wie eine gefangene Prinzessin aus den Händen des Direktors befreien möchte. Eine emigmatische Figur. Ihr Narzißmus ist fern der Kontemplation, Entfaltung aller Kräfte des Körpers, die Suche nach der Erlösung in der Bewegung und der Triumph im Auftritt; ihr Körper ist materiell und entwirklicht zugleich. So geistert er durch die Köpfe der Zuschauer.[20] Aber in der Geschmeidigkeit des weiblichen Körpers verbirgt sich eine gefährliche Virilität: Ihre athletische Kraft.

Ihre Namen kann man nicht aufzählen. Einige sollen genannt sein: Adah Isaacs Menken, die als Adios Dolores Fuertos in New Orleans geboren, nicht nur durch ihre Reitkünste für Aufregung sorgte. Ihre vier Ehen (die letzte mit dem Lincoln–Mörder Booth) und Amouren gaben der Kolportage reichlichen Stoff. Alexandre Dumas père ließ sich mit ihr fotografieren — »und besonders die verblüffende Gruppe fand reißenden Absatz, wo Dumas, in Hemdsärmeln auf einem Fauteuil sitzend, die Menken — auf seinem Schoße hielt.«[21] Kätchen Renz, eine gefeierte Tempospringerin im Zirkus ihres Onkels, dessen harter Zucht sie mit dem französischen Clown Godefroy entfloh. Ellen Kremzow, Tochter eines Wiener Schneiders, ein Star in allen Manegen Europas, die mit 19 Jahren Baronesse de Brenner wurde und sich vom Zirkus zurückzog. Therese Renz, die in den dreißiger Jahren noch als Siebzigjährige die Hohe Schule ritt, ein Hauch von Fin de siècle. Emilie Loisset, aus einer alten Kunstreiterfamilie, die fünfundzwanzigjährig von ihrem Pferd ›J'y pense‹ getötet wurde. Eine Reihe von Geschichten und Gesellschaftsnachrichten:

>»Die Reiterin Elise Petzold wurde Reitlehrerin der Kaiserin Elisabeth von Österreich und dann Gattin des Barons de Blamchère. Emma Ciniselli, die der König Victor Emanuel mit Juwelen reich beschenkte, ritt Hohe Schule ohne Sattel. Clothilde Loisett wurde Prinzessin Reuss, Helga Hager Prinzessin Hohenlohe, Clothilde Hager Gräfin Monroy, Oceana Renz Baronin Allweyer. Ganz lustig, nicht?«[22]

Die Parade der *Akrobaten*: Die Entwicklung der Akrobatik, besonders der Parterre-Genre, in der zweiten Hälfte des Jahrhunderts ist von Sporthalle und Varieté beeinflußt. Hinzu kamen Auftritte sogenannter ›kolonialer‹ Truppen. Vor allem die Japaner und Chinesen wirkten auf die Äquilibristik, die Fußantipodenspiele und die Jonglerie. Sie zeigten den bisher kaum bekannten Schrägseillauf und Schulterpercheäquilibristik an einer biegsamen Bambusstange. Arabische Springer traten etwa 1880 zum ersten Mal in europäischen Zirkussen auf und gehören seither zum Repertoire. »Den Hauptteil der Nummer bestritten sie mit dem Bauen von Pyramiden: Dreifache, fünffache, siebenfache, neunfache und zehnfache Pyramiden erhoben sich über einem kräftigen Untermann, der unter der Last von vier- bis fünfhundert Kilo zwar leicht schwankte, aber dennoch sicher stehenblieb. Den Abschluß bildete ein Furioso von unterschiedlichen Sprüngen.«[23] Es waren die Artisten aus fernen

Gymnastische Künste der japanischen Drachengesellschaft

Ländern, die andere Körperlehren nach Europa brachten: die gelöste Konzentration und die wirbelnde Spontaneität.

Jetzt kommen auch die *Turner* zum Zirkus: Trapezspringer, die in der Zirkuskuppel bald die Biederkeit des Turnsaals ablegten. Reckakrobaten, die 1865 erstmals zu sehen sind. »Ungefähr bis 1878 begnügte man sich im Zirkus mit einem Gymnasten, der auf einem gewöhnlichen Reck einige Handstände und Drehungen rund um die Stange dieses Gerätes ausführte und zur Beendigung der Nummer eine ›Sonne‹ drehte.«[24] Später setzt sich ein eher artistisch-spielerischer Aufbau der Recknummer durch. Die Turner arbeiteten jetzt an mehreren Geräten, die sie in bestimmten Abständen und Zuordnungen kombinierten. In der Manege erschienen sie in weißem Sportdress oder einer Marineuniform, rieben sich die Hände mit Magnesia ein und begannen ihre Arbeit, deren ursprünglich strenger Aufbau sich allmählich durch die Aufnahme ironischer, parodistischer und exzentrischer Elemente in die Nummer verlor. Das Kleinbürgerliche ihrer Gesten hat der Zirkus den Turnern ausgetrieben. Unter den Klängen der Musik in der Manege veränderte sich ihre Leistung. Die Arbeit des Artisten geht aufs Ganze. Sie lebt nicht vom Gegensatz von Arbeit und Freizeit, noch turnt der Artist für oder gegen das Vaterland.

In den achtziger und neunziger Jahren waren in Deutschland die ersten Sportvereine gegründet worden. Sie umfaßten zunächst nur Disziplinen wie Rudern, Segeln, Radfahren, Schwimmen, Fußball und Athletik. Etwa zur gleichen Zeit begann man auch auf dem Hintergrund steigender Wehruntauglichkeit den Schulsport zu intensivieren. 1892 wurde in Preußens Gymnasien die dritte wöchentliche Turnstunde eingeführt, 1894 Turnen Pflichtfach für Mädchen.[24]

Die Eskalation zur Spitzenleistung, wie der Sport sie erfährt, vollzieht der Zirkus nach. Er versammelt die Champions in der Manege, bevor sie noch außerhalb ein großes Publikum finden. Die Ringer und Boxer gaben nur ein kurzes Gastspiel. Ihr Können stellte sich im Wettkampf heraus, den der Zirkus nicht kennt. Wichtiger wurden die Radchampions. 1898 bei Ciniselli in Petersburg: Erstauftritt des Herren Sid Blank, des berühmten amerikanischen Champions der Radfahrer, auf dem Fahrrad Cleveland. Mit dem

Fahrrad wurde zum ersten Male eine technische Innovation Grundlage einer Zirkus- und Varieténummer. »Dieser neue Sport war zunächst recht teuer (noch Anfang der neunziger Jahre kostete eine englische ›Raleigh‹ über 600 Mark), wurde aber so schnell populär, daß 1881 ein Charlottenburger Gastwirt, der damalige Pächter der ›Flora‹, das erste Berliner Radrennen in seinem Saal veranstaltete.«[26] Die ersten Radfahrer im Zirkus demonstrierten nur die technischen Möglichkeiten der neuen Maschine. Sie stellten ihren Körper bereit, um die Maschine sprechen zu lassen. Bald emanzipiert sich der Artist von der Maschine, er spielt damit und macht darauf seine Kapriolen. Das Fahrrad wird zum Arbeitsgerät und Requisit.[27]

Wie viele macht sich auch der *Jongleur* selbständig. Das Jonglieren wird zum eigenen Fach. Auriol war noch Enzyklopädist, sein Können universell. Der neue Typ wird Spezialist: Balance-, Kraft- oder Salonjongleur. Die Typen fallen auseinander wie die Gegenstände immer unverträglicher werden. Kanonen- und Billardkugeln. Nichts kann dem Kraftprotz was anhaben. Er ist resistent, mit sich und der Welt zufrieden; Jongleur des banalen Lebens. Der Andere ist der elegante Herr im Frack. Er ist der Spieler.[28] Der Jongleur versichert uns, daß nichts passieren kann. Er ist erwachsen. Den Träumern beschreiben die Bälle in der Luft die Bahn des Regenbogens. Dem Jongleur sind sie nur der Anfang der Lehre. Zwei, drei, vier Bälle, mit fünf ist man recht gut, mit sechs Meister, mit sieben ist man jenseits der Grenze und heißt Kara, die acht ist unerreichbar.

John Holtum war Kraftjongleur und auch Paul Spadoni. Holtum firmiert als ›Kanonenkönig‹. Er fing abgeschossene Kanonenkugeln mit der Hand auf, jonglierte damit, warf sie hoch, fing sie mit den Oberarmen, der Brust und dem Genick. Spadoni fing nicht nur die Kugeln, sondern gleich die ganze Kanone. »Finaltrick Spadonis: Auf einer vier Meter hohen Plattform wurde die Kanone aufgestellt, dann zog man die Standfläche plötzlich auseinander, die Kanone stürzte ab und — Spadoni fing sie mit den Schultern auf.«[29] Der Kraftakt versetzte das Publikum in Staunen. Der Kleinbürger sehnt die Kraft sich herbei, dem Bourgeois ist sie willkommen für seine Zwecke. In Fellinis ›La Strada‹ bringt die Kraft

John Holtum fängt eine Kanonenkugel

Unglück. Der große Zampano bringt den Seiltänzer um.[30]

Der Salonjongleur begibt sich ganz auf bürgerliches Terrain. Er läßt die Requisiten des Gentleman tanzen. Agoust, Kara und Willi Pantzer sind die Großen dieses Genres. Über Kara schreibt Strehly:

»Groß, schlank, mit dem Aussehen eines Dandys der großen Welt, kommt er in die Manege, als kehrte er von einem Ball zurück, im langen, hellgrauen Fracküberwurf mit glänzendem Futter, im Zylinder, im Frack, in weißen Handschuhen, mit Monokel und elegantem Spazierstock in den Händen. Er scheint den Saal eines Café-Restaurants zu betreten, wo sich sein Assistent befindet, einen Kellner darstellend. Billardstöcke und Billardkugeln, danach Zylinder, Handschuhe und Stöckchen, dann Streichhölzer, Zigarren und Zigarrenetui, danach Tasse, Untertasse, Tisch und Zeitung, die, wie im Restaurant üblich, in einem Halter steckt, und schließlich sogar der Kellner selbst — all das fliegt und kreist in der Luft zum wachsenden Erstaunen des Publikums.«[31]

Der Jongleur führt eine neue Ordnung ein: die Spielform der Materie. »Alles ist jetzt dem Flusse des bloßen Lebens enthoben, von dessen Materie, an der sein Ernst haftet, entlastet und wählt oder schafft nun als das von sich aus Entscheidende die Gegenstände, an denen es sich bewähre und rein darstelle.«[32] Jongleure sind fast Teil der Dinge. »Sie haben von Enrico Rastelli sicher schon gehört. Von dem

Artisten, der augenblicklich wohl die höchste Gage bezieht, von dem Mann, der die Tücke des Objekts nicht kennt. Zu ihm schauen die Objekte vielmehr in Ehrfurcht auf, sagen ihm Guten Tag! und bitten: Mach' doch irgend etwas mit uns! Die Kugeln hören auf zu rollen. die Anziehungskraft der Erde hört auf zu wirken: schwere Dinge bleiben da, wo Rastelli sie hinsetzt.«[33]

Enrico Rastelli

Der *Clown* soll der sein, der von anderswo kommt, ein Schmuggler, der die verbotenen Grenzen überschreitet, ein Spötter des Realen. Es mag dies der Grund sein, wie Starobinski meint[34], daß dem Entrée so große Bedeutung zukommt. Den dummen August hat, wie es heißt, Ernst Renz selbst in die Manege gezerrt. Es war Tom Belling, vielleicht auch ein anderer, der sich eine zu große Stallmeisteruniform verkehrt herum angezogen hatte und sich dazu eine alte Perücke auf den Kopf setzte. Und im Johlen des Publikums hat dann ein Junge von der Galerie gerufen: »Aujust, dummer Aujust!« Der Name blieb. Wenn er in seiner schlotternden Zirkuslivree die Manege betrat, füllte er zunächst die Pausen und war ein Prügelknabe des Sprechstallmeisters. »Dann wird er vom Clown gebraucht, der die

128

farbenfrohe Aufmachung des englischen Clowns zugunsten des mondbleichen Pierrot-Gesichts aus den Harlekinaden aufgegeben hat.«[35] Nach dem Clown leistet der August jetzt die derbe Arbeit der Manegenkomik. Die Erfahrung der Tradition, in der er steht, macht er sich dabei zunutze. Vom weißen Clown kann er bald nichts mehr lernen, mit dem er gemeinsam das Entrée bestreitet, die Lust zu erfinden, die Engagements, Erfolg und Mißerfolg. »Er setzt sich so stürmisch durch, daß der Clown — von seinem Partner überflügelt — ihm seinen Platz als Spaßmacher überlassen und den des Anweisers übernehmen muß. Es wird in Zukunft seine einzige Rolle sein, dem August Stichworte zu geben, wie früher der Sprechstallmeister ihm selbst Stichworte gab.«[36]

Ein Moment daran ist historisch: der Weg von der Reprise zum Entrée. Reprise darunter verstand man, wie Halperson sagt, »das kurze Clownzwischenspiel in den Pausen der Kunstreiterarbeit«[37] Es gab zwei Arten. Das Wortspiel und den kurzen Dialog mit dem Sprechstallmeister. Die Parodie auf die eben gezeigte Nummer, und nicht nur auf die. Die Clowns nahmen sich alle Freiheit. Sie imitierten den Kapellmeister, der, da er der Manege den Rücken zuwendet, nicht sieht, was dort geschieht. Die Kunstreiterin, die vom Pferd herab auf den August schaut, der ihr Kußhände nachwirft, wird für ihre Gleichgültigkeit und ihr Schweigen bestraft: Der Clown mißhandelt eine Gliederpuppe. Seurat und Lautrec haben die Szene gemalt: Kunstreiterin und Clown. Zu Füßen der leichten und glorreichen Reiterin in ihrem Ballettröckchen sind die Auguste, heiter und taumelnd. Sie sind geradezu prädestiniert, die Niederlage der Männlichkeit angesichts der triumphierenden Frau zu dokumentieren. »Als Schmetterling läßt auf dem Pferderücken die Schulreiterin sich nieder, der dumme August schnuppert wie ein Tapir sich durch den Sand der Manege und nur der Stallmeister mit der Peitsche fällt als der Herr der Schöpfung aus dem anarchischen Tierparadiese heraus.«[38] Gemeint ist die bekannteste Clownsreprise: Schmetterlingsfang. Am freien Ende der Chambrière, der langen Reitpeitsche, wurde ein Stück gelbes Seidenpapier befestigt. Wenn der Clown nun mit der einen Hand den Schmetterling fangen wollte, entzog die andere Hand sie ihm wieder.

Die Reprise dauert nur einige Minuten. Dem August konnte das nicht genügen. Er war keine Figur, die allein bleiben konnte. Der Weißclown verband sich mit ihm. Im Clownentrée, das in den achtziger Jahren als Zirkusgenre sich durchsetzt, treten beide auf, Clown und August.[39] (Es hat Clownessen gegeben. Doch eine Geschichte von weiblichem Clown und weiblichem August ist nicht bekannt.) Zu Beginn der neunziger Jahre haben sie ihre endgültige Form:

»Der Clown erschien als ›Galan‹ . . . , er trug ein Kostüm aus Samt oder Seide, bestehend aus einem jackenähnlichen Oberteil und einer bis unter die Knie reichenden Pumphose. Beides war zu einem Ganzen zusammengenäht, mit Flitter besetzt, mit Blumen bestickt oder in einer anderen Weise verziert. Enganliegende seidene, oft weiße Strümpfe umschlossen die Beine, die Füße steckten in eleganten Halbschuhen oder offenen Wildlederschuhen. Gesicht und Hals hatte er mit Talkum schneeweiß überzogen (man nannte ihn später auch Weißclown), Lippen und Ohrläppchen leuchtend rot geschminkt. Die schwarzen, scharf gebrochenen Linien der aufgemalten Augenbrauen gaben dem Gesicht einen erstaunten Ausdruck. Der Clown trug meist keine Perücke . . . In den Händen hielt er einen sogenannten Baton, ein biegsames Stöckchen mit einem harten ovalen Kissen am Ende. . . . Der August trug einen viel zu großen und viel zu weiten Kittel, einen schlecht sitzenden ›geborgten‹ Frack oder eine unmögliche Jacke mit zu kurzen Ärmeln, eine völlig aus der Form geratene, geflickte Hose, meist kariert und maßlos eng, sowie überdimensionale, breite, vorn abgerundete Schuhe. In den Händen hielt er einen verbeulten roten steifen Hut, weiße Strickhandschuhe mit überlangen Fingern, einen Knotenstock oder einen zerbrochenen Schirm.«[40]

Die Maske des August blieb zunächst individuell, unterstrich jedoch immer physiognomisch den Charakter des Typs. Später erst deckten die Auguste ihr Gesicht mit Schminke zu und kreierten das bekannte Clownsgesicht. »Die Maske schematisiert, verdichtet, verzerrt, übertreibt, überspannt, schwächt, verrenkt . . . Ein Clownkopf ist eine Maske aus drei Bleistiftstrichen, genau wie ein Auftritt von Clowns eine Komödie in drei Ohrfeigen und einer Kapriole darstellt.«[41]

Entrée, das hieß zunächst nur selbständige Programmnummer der Clowns, eine Aneinanderreihung unterschiedlicher komischer Szenen und Reprisen. Später erst fügen sich die Teile organisch zusammen zu Pantomimen und Sprechszenen. Klassisch und jedem bekannt: ›Der Dorfbarbier‹.

Chaplin hat sie in seinem Film ›Circus‹ parodiert. Die frühen Szenen waren selbst Parodie. Im Clownsentrée übte der Zirkus Selbstkritik. Der August ist ein Artist des Zirkus gewesen, genauer ein Artist, der Reprisenclown war, einer, der auf der untersten Stufe stand.[42] Jetzt hat er die Freiheit zum komischen Doppelgänger aller Zirkusleute, auch des Direktors. Was er tut, sind Maßnahmen gegen den Perfektionismus des Betriebs. Sie sind zugelassen, vom Publikum erwünscht und belacht. Erst mit dem Clown wird der Zirkus zum Ensemble der Klassen, »zu einem vielleicht soziologischen Naturschutzpark, in dem das Ineinanderspiel einer Herrenkaste von Pferdezüchtern und Dompteuren mit einem gefügigen Proletariat, der plebs der Clowns und der Stalljungen noch ohne Mißton, ohne revolutionäres Grollen sich vollzieht.«[43]

Der Musikalclown hatte sich von vornherein vom Sprechclown und vom akrobatischen Clown unterschieden. Weder Komödiant noch Artist legte er alles in seine Instrumente, bizarre Instrumente, deren eigener Konstrukteur er war und aus denen seltsame Klänge herauskamen: Als Instrumentalvirtuose und -komiker fand er zum Konservatorium zurück und vertauschte den barbarischen Klang der Hämmer, Gläser, Flaschen und Zigarrenschachteln gegen die Instrumente des Symphonieorchesters. Womit er umgeht ist schon da. Er spielt gegen den Strich und zeigt, daß es auch so geht.

Vor Tom Belling war Wilhelm Qualitz 1846 von Wollschläger zu Renz gekommen. Ein spezifisch deutscher Bajazzo: »Ihm eignete drollig-naturwüchsiges Gehaben, trocken-jovialer, volkstümlich-derber, schlagfertiger, kaustisch-treffsicherer Witz. Gymnastiker war er so gut wie gar nicht, der Purzelbaum bildete schier den Gipfelpunkt seiner körperlichen Leistung.«[44] Um die Mitte des Jahrhunderts wurde der deutsche Bajazzo von den englischen Clowns verdrängt.

»Sie haben da in ihrem Institut jetzt alle diese modernen englischen Klohns, und da bin ick eine Ruine mang. Der Stil hat sich jeändert — als jelernter Stubenmaler versteh ick wat von Stil — und alte Pojatze wie ick müssen abtreten«, sagt Qualitz zu Renz, in dessen Institut jetzt Stonette und Little Wheal die Zuschauer Lachen machen.[45]

Nach ihnen kamen andere große Clowns: Lavater Lee, der zugleich ein phänomenaler Trampolinspringer war und Saltomortali über 14 Pferde machte. Die Brüder Hanlon-Lee, Vertreter des Düster-Psychologischen der englischen Clownerie. Tom Belling, dem man die ›Erfindung‹ des dummen August zuschreibt. William und Alfred Olschansky, die als August und Springclown bei Ciniselli und Salamonsky in Moskau und Petersburg zu sehen waren. Foottit und Chocolat, die fast dreißig Jahre im Pariser Nouveau Cirque spielten. Ein Clownspaar, das ausschließlich mit klassischen Mitteln arbeitete: Ohrfeigen, Purzelbäume, weggezogene Stühle, Stolpern über die eigenen Füße, blödsinnige Mie-

William Olschansky und seine Tochter Lonny

nen . . . »Foottits Bestreben war es, zu zeigen, daß er noch einen Dummen neben sich habe, nämlich Chocolat, den immer verblüfften Neger. Während aber sonst bei einem solchen Clownpaar der Dümmere immer der Komischere ist, mußte man in diesem Fall über den Pfiffigeren lachen.«[46] Foottits Autorität über Chocolat war tyrannisch. ›Ich habe Durst‹, sagte Chocolat. ›Haben sie auch Geld?‹, fragt Foottit. ›Nein, ich habe kein Geld‹. ›Sie haben kein Geld? Dann haben Sie auch keinen Durst!‹ ›Chocolat, ich muß Sie ohrfeigen!‹ Anatoli Durow war wohl der größte satirische Clown in der Manege. »Eines Tages ließ Salamonsky in schlechten Reklame-Dithyramben auf das Programm setzen: Durow, der Halbgott des Zirkus. Sofort suchte Durow ihn auf. ›Herr Salamonsky, Sie wagen es, zu schreiben, ich sei der Halbgott des Zirkus; nun, wer ist sein Gott. Ihrer Meinung nach?«[47] Nach dem Abgang der Helden kommen die Clowns, hat Marx einmal gesagt.

Die lustigen Heidelberger

»Das interessanteste neuzeitliche Beispiel für die in Rede stehenden Bauwerke«, schreibt Schmitt in seiner Architek-

turgeschichte der Zirkus- und Hippodromgebäude, »sind wohl die 1886 nach den Entwürfen von Sauffroy & Gridaine ausgeführten Arènes Nautiques in der Rue St.-Honoré zu Paris. Im Winter wird dieses Gebäude als Zirkus benutzt, dessen Manege durch Versenken einer Plattform in wenigen Minuten in ein Wasserbecken verwandelt werden kann, auf dem dann Wasserkunststücke etc. vorgeführt werden. Im Sommer dagegen wird das vergrößerte Wasserbecken zum Baden und Schwimmen benutzt, nachdem die untersten um die Manege herum gelegenen Sitze zurückgezogen sind.«[1] Die Arènes Nautiques hießen bald Nouveau Cirque. Und neu an diesem Zirkus war die Einführung der Wasserpantomimen, die Anfang der neunziger Jahre in allen großen Zirkusunternehmen sich durchsetzten. Renz begann 1891 mit ›Auf Helgoland‹, Ciniselli folgte im Frühjahr 1892 mit ›Die vier Elemente‹.[2] »Es wirken mit das Corps de ballet, das Personal des Zirkus und die Schwimmerinnen Janson. Im Bassin werden außerdem Dampfer, Boote, Schwäne und anderes schwimmen.«[3] Zirkus unter Wasser.

Mit dem Cirque Olympique war eine Tradition der Zirkuspantomime zu Ende gegangen, die Geschichte der großen militärischen Mimodramen, der Tiermimodramen, der Trick- und Verwandlungsfeerien, der Theaterzirkus. Bei Renz, Carré und anderen spielte man die Pantomime wieder in der Manege. Bei der Auswahl der Sujets orientierte man sich an den früheren Pantomimen Franconis, wie ›Fra Diavolo‹, ›Der Araber und sein treues Pferd‹, ›Die Falschmünzer‹. In den fünfziger Jahren dominierten heroische Schlachtenbilder und romantische Räuberpantomimen, die Stoffe waren der populären Literatur und der Sage entlehnt: Robert der Teufel, Casparino der unerschrockene Räuber, Der Überfall auf eine englische Familie oder die Beraubung der Postkutsche.

Als man 1873 bei Renz damit begann, bei der Inszenierung von Pantomimen auch auf Kindermärchen zurückzugreifen, entstand ein neuer Typ des Manegenschaustücks, die Märchen-Ballett-Pantomime. Die Rollen besetzte man nun vorwiegend mit Kindern, die nicht nur ihnen adäquate Rollen übernahmen, sondern auch in Maske und Kostüm historischer Figuren wie Napoleon, Bismarck, Friedrich der Große oder Graf Moltke auftraten. ›Aschenbrödel‹ war eine Ballettpantomime, eine Prozession von Figuren, Situationen und Bildern in prächtigsten Kostümen und glanzvollster Ausstattung. Das darin gemeinte Reich, wenn es auch über Zeit und Raum hinausgriff, hatte doch immerhin soviel mit dem jüngst gegründeten gemein, daß hier wie dort das Glück am Ende doch noch gekommen schien. Die Lesart der Bankiers und die der Kinder jedoch ist verschieden — das Märchen läßt sich von den Besitzern des Goldes nichts vormachen. Aschenbrödels Pantoffeln sind golden und auch das Kleid, das sie vom Bäumchen auf dem Grab der Mutter herunterschüttelt. Das Leid wendet sich. Aber es ist das Leid der Kleinen und Zukurzgekommenen. Auch im Zirkus bleibt das Märchen noch gerecht. Es gibt nur jenen recht, denen zu wünschen noch was übrig geblieben ist. Das war auch so in den Räubergeschichten wie ›Fra Diavolo‹, die bis in die siebziger Jahre auf den Plakaten angekündigt waren. Hier stellt sich das Märchen in der Kolportage vor. »Die Räuberromantik zeigt noch ein anderes, ein das arme Volk seit alters ansprechendes Gesicht, und die Kolportage weiß darum. Der Brigant war der mit der Obrigkeit Zerfallene, oft hatte er einen mit dem Volk gemeinsamen Feind, desgleichen besaß er häufig Stützpunkte in der Bauernschaft. Nicht grundlos berichten darum italienische, serbische, vor allem russische Volksüberlieferungen von Räubern mit einer anderen Wertung als die Polizeiberichte; Schillers Räuberstück — mit dem Motto: In tyrannes! — ist nur sozusagen die klassische Erscheinung . . . .«[4]

Das Wunschbild, das die Pantomime meint, ließ den Körper sprechen. Und in ihren besten Stücken, die nicht im Zirkus, aber wohl im *» Thèâtre á quatre sous «* von Pierrot und Colombine gezeigt wurden, war und blieb sie stumm und bescheiden. Was dem Spiel der Gebärden und der Körper im Cirque Olympique angetan wurde, wiederholt sich bei Ciniselli und Renz. Unter elektrischen Bogenlampen und in den Wasserbassins der Manege. Es gibt einige wichtige Stationen darin: ›Der Rattenfänger von Hameln‹ (1881 bei Renz und Ciniselli), ›Die Nibelungen‹ (1880 bei Renz, 1882 bei Ciniselli), und ›1001 Nacht‹ (1882 zuerst bei Ciniselli). Dann ›Die lustigen Heidelberger‹, 1884 in Berlin inszeniert, 1890, sechs Jahre nach der Premiere also, zum tausendsten Male aufgeführt — ein absoluter Rekord. Ein Wunder allerdings auch nicht; denn was die Renzsche Manege dem Berliner Bürgertum damit an Burschenherrlichkeit und altdeutschem Vergnügen vorsetzte, stimmte genau mit dem überein, was die Bourgeoisie mit Freiheit der Jugend meinte. »An der Berliner Universität war das ›Couleurleben‹ Trumpf. Wer irgend konnte und auf Protektion für später rechnete, der schloß sich einer schlagenden Verbindung an.«[5]

Der Rest ist Divertissement. Die reine Schau. Die Zirkuspantomime wurde zur Revue. 1896 führte der Zirkus Renz

›Die lustigen Blätter‹ auf. Der Name war der größten humoristischen Berliner Wochenzeitschrift entlehnt. Und wie diese war die Pantomime Magazin: Vorführung der neuesten Damenmoden, elektrisches Ballett, Couplets auf Tagesereignisse, aktuelle Rundschau und Nummerngirl. Franz Renz, der Zirkus als Geschäft betreiben wollte (und der Zirkus war ein großes Geschäft geworden), hatte mit den ›Lustigen Blättern‹ sich verkalkuliert. 1897 wird der Zirkus Renz in Berlin liquidiert.

Von Tieren und Menschen

Sioux-Häuptling
Edward Two-Two
Sungila Cigala
1851-1914
Wakan tanka
ka el og . . . ieiyarbaya

Die Inschrift eines Grabes auf dem katholischen Friedhof in Dresden. Das Grab eines Indianer-Häuptlings, den Hans Stosch-Sarrasani zusammen mit fünfzehn anderen gegen 10 000 Goldmark Kaution von der Regierung der USA ausgeliehen hatte und der sich an einem Tag im Juli 1914 entschied zu sterben: »Nun erklärte er plötzlich, er werde den Tod erwarten und wolle nicht mehr gestört sein. Im Halbdunkel des Tipis einzig der glimmende Punkt einer Zigarette — Two-Two raucht pausenlos. Schweigend hocken seine roten Brüder vor dem Stangenzelt, die Gesichter bizarr geschminkt. Selbst die Kinder rühren sich nicht. Nur ab und zu unterbricht ein Klagelaut die Stille.«[1]

Das 19. Jahrhundert ist die Ära kolonialer Eroberung. Deutschland beginnt damit in den achtziger Jahren, 1882 wurde der Deutsche Kolonialverein gegründet und Berlin zum Zentrum kolonialistischer Propaganda. Das Kleinbürgertum war begeistert. Ein Berliner ›Laubenpieper‹ erzählt: »Als aber das Flaggenhissen um Afrika herum die neue deutsche Weltmachtpolitik einleitete, da hatten wir die

Laubenkolonien schon, und die wurden daher Kamerun, Transvaal, Kapland, Grönland genannt.«² In Berlin entstanden bald überall Kolonialwarenhandlungen. Ganze afrikanische Dörfer wurden hier aufgebaut. Die ›Eingeborenen‹ lieferte die Regierung gleich mit: Papuas von den Salomo-Inseln, Hereros aus Deutsch-Südwest, Stämme aus Togo und Kamerun. Damals berichtete der ›Vorwärts‹: »Der weiße Mann ist dem farbigen ein väterlicher Berater. Kein Galgen ist aufgerichtet, keine Nilpferdpeitsche saust durch die Luft; nirgends windet sich ein mißhandelter Mann in Schmerzen. Blitzblank und sauber stellt sich das Kulturbild dar; fast wäre es verführerisch zu nennen.«³ Alles von einem freundlichen Impresario gezeigt und erklärt. Wie exotische Tiere hatte man die ›Wilden‹ zur Schau gestellt.

Nicht ohne Stolz berichtet Carl Hagenbeck, die Völkerausstellungen als erster in die zivilisierte Welt eingeführt zu haben. Die erste Völkerschau inszenierte er 1874. Sie war ein großer Erfolg. »Vielleicht gerade deshalb, weil das ganze Unternehmen mit einer gewissen Naivität und Unverfälschtheit ins Leben getreten war und auch so vorgeführt wurde.«⁴ Gezeigt wurden Lappländer. »Sie waren eben unverfälschte Naturmenschen, die Europas übertünchte Höflichkeit nicht kannten und sich tief in ihrer Seele wohl darüber wundern mochten, was denn an ihnen und ihren einfachen Hantierungen eigentlich zu sehen sein sollte.«⁵ Seine Indienschau von 1884 umfaßte: 67 Singhalesen, 25 Elephanten, eine Herde von Buckelrindern und mehrere Tonnen Waffen und Gerät. Die Kalmückenschau im Berliner Zoo übertraf selbst Hagenbecks Erwartungen: »Ich entsinne mich noch mit Freuden des ersten Telegramms, das mich erreichte: Bis jetzt Besuch etwa 80 000 Personen. Riesiger Andrang. Ordnung wird durch Polizei zu Pferde und zu Fuß aufrecht erhalten. Dies Kabel war um vier Uhr nachmittags abgesandt. Bis zum Abend war die Besucherzahl des Berliner Zoo sogar auf 93 000 gestiegen.«⁶

Im Zoologischen Garten. Seit Darwins ›Abstammung des Menschen‹ hat auch der Mensch hier Quartier.

»Was mich betrifft, so möchte ich ebenso gern von jenem heroischen kleinen Affen abstammen, welcher seinem gefürchteten Feinde trotzte, um das Leben seines Wärters zu retten, oder von

jenem alten Pavian, welcher, von den Hügeln herabsteigend, im
Triumpf seinen jungen Kameraden aus einer Menge erstaunter
Hunde herausführte – als von einem Wilden, welcher ein Entzücken
an den Martern seiner Feinde fühlt, blutige Opfer darbringt,
Kindesmord ohne Gewissensbisse begeht, seine Frauen wie Sclaven
behandelt, keine Züchtigkeit kennt und von dem gröbsten Aberglau-
ben beherrscht wird.«[7]

Die Geschichte von edlen Affen und vom rohen Barbar.
Ein Panorama für die zivilisierte Rasse.

Zirkuszelte. Es regnet

»Im letzten Viertel des 18. Jahrhunderts reiste in Deutschland ein
Affen- und Zaubertheater Blumenfeldt. 1811 bauten sich die Blu-
menfeldts diese Jahrmarktsbude in einen Zeltzirkus um. Dieser
Zirkus Blumenfeldt spaltete sich dann im Laufe der Jahre wieder.
Sieben Brüder Blumenfeldt nahmen am ersten Weltkrieg teil. Im 2.
Weltkrieg: Zwei Brüder Blumenfeldt 1942 bei Orel. Sie meinten:
Man kann gegen die Unmenschlichkeit dadurch ankommen, daß alle
Artisten gleichzeitig in der Welt den Schwierigkeitsgrad ihrer Künste
erhöhen.«[1]

Im Jahre 1900 gab es, schreibt Joseph Halperson, auf dem
europäischen Kontinent etwa 200 große und mittlere Zirkus-
gesellschaften. 1912 sollen es nur noch etwa 70 Unternehmen
gewesen sein.

Zirkus Busch, Zirkus Krone, Zirkus Schumann, Zirkus
Sarrasani, Zirkus Hertzog, Zirkus Strassburger, Zirkus Knie,
Zirkus Blumenfeldt, Zirkus Carré, Zirkus Corty-Althoff,
Zirkus Wulff, Zirkus Kludsky, Zirkus Gleich, Zirkus Elsina,
Zirkus Hagenbeck, Zirkus Kreiser-Barum, Zirkus Birkene-
der, Zirkus Holzmüller, Zirkus Konrado, Zirkus Miehe,
Zirkus Reinsch, Zirkus Maine, Zirkus Belli, Zirkus Kremser,
Zirkus Sidoli, Zirkus Lorch, Zirkus Corradini, Zirkus
Henry, Zirkus Nikitin, Zirkus Truzzi, Zirkus Borowski,
Zirkus Schmidt, Zirkus Strepetow, Zirkus Knemenoff, Zir-
kus Wagner, Zirkus Luftmann, Zirkus Godefroy, Führer,
Oreste, Gregori, Achille Ciotti, Bastian Gillet, Ernest Gillet,
Diter, Price, Alegria, Amato, Anastasini, Biasini, Ancilotti,
Pierantoni, Cardinale, Guillaume, Artizelli, Feroni, Ducan-
der, Bell, Rowland, Croueste, Madigan, Ohmy, Keith,

Holtum, Ginnet, Harmston, Norton Smith, Loyal, Casuani, Plège, Priami, Pinder, Cirque Péninsulaire, Grand Cirque Français, Beranek, Lepiq & Liphart, Drexler & Lobe, Goldkette, Morgenroth, van Oss, Enders, Klieber, Antony, Kolzer, Merkel, Jungmann, Sosmann . . .

Wer diese Leinwand zerschneidet und wird dabei erwischt — wird polizeilich verfolgt, ist ans Chapiteau des Zirkus geheftet, in dem Karl Valentin Direktor ist.[2]

»Zwischen Kult und Theater liegt ›die Schaubühne als eine moralische Anstalt betrachtet‹, zwischen Theater und Volksfest liegen Varieté und Zirkus: die Schaubühne als eine artistische Anstalt.«[3]

›Die Kunst Geld zu machen. Nützliche Hinweise und

General
Tom Thumb

beherzigenswerthe Rathschläge‹ heißt eine Broschüre, die man Ende der achtziger Jahre überall kaufen kann.[4] Der Verfasser ist P. T. Barnum, Schaubudenbesitzer, Riesen- und Zwergaussteller, Menageriedirektor, Primadonnen-Impresario, Raritäten- und Kuriositätensammler — König des Humbugs, wie er sich selbst nennt. Er hatte die ›161 Jahre alte Negerin Joyce Heth als Amme Georges Washingtons‹, die ›erste Seejungfrau der Welt‹, den Zwerg Carl Stratton als ›General Tom Thumb‹ ausgestellt, die ›Schwedische Nachtigall‹ Jenny Lind produziert, sich als Bankier und Bodenspekulant versucht, eine Zeitung und eine Kupfermine besessen, Millionen Dollar gemacht und war mit 61 Jahren Direktor eines Zirkus geworden. Der Zeltbau dieses 1871 gegründeten Zirkus faßte 12 000 Zuschauer und umspannte drei Manegen, in denen gleichzeitig mehrere Nummern arbeiteten. Die Kunst Geld zu verdienen. In diesem Zirkus, der Ende der achtziger Jahre mit dem Zirkus Bailey zum ›Barnum and Bailey Circus, Greatest Show on Earth‹ fusionierte, war alles zu sehen. »Seine Programme waren eine eigenartige Verschmelzung von Zirkus, Varieté, Menagerie und Schaubude und wurden ergänzt durch eine gute Gastronomie. Rings um den Zirkus stellte er in den sogenannten Seitenschauen Mißgeburten, Kuriositäten und Raritäten aus, arrangierte ›Box- und Kampfringe‹ und zog den Leuten mit einer ›Lotterie ohne Nieten‹ das Geld aus der Tasche.«[5]

1897 bis 1902 gastierte das Unternehmen in Europa. Es verfügte zu dieser Zeit über ein artistisches und technisches Personal von 1000 Meneschen, über 310 Pferde, 36 Elephanten und eine Tierschau. Montage der Attraktionen.

»Oh, meine Herren«, klagt einer der Clowns in Edmond de Goncourts Roman ›Die Brüder Zemganno‹, »wie erbärmlich, wie erbärmlich, wie ganz und gar erbärmlich sind unsere europäischen Zirkusse! ... Reden wir lieber vom amerikanischen ... vom ›schwimmenden Zirkus‹ auf dem Mississippi, dessen Zuschauerraum zehntausend Personen faßt ... Und was sagt ihr zu dem Wanderzirkus ›Der große Jahrmarkt auf Rädern‹ ..., mit seinen zwölf vergoldeten Wagen, seinen Tempeln für die Musen, für Juno und Herkules, seinen drei Orchestern, seiner Dampforgel ... ja, meine Herren, seiner Dampforgel ... und schließlich mit seiner Artistenparade, die sich in einer Länge von drei Kilometern durch die Stadt zieht, während auf den Wagen mechanische und lebende Akrobaten die schwierigsten Übungen vorführen.«[6]

»Der Mensch ... kann — wenn noch so kultiviert — mit seinem Organismus höchstens eine gewisse auf seinen natürlichen Körpermechanismus bezogene Bewegungsorganisation durchführen. Die Wirkung dieser Körpermechanik (bei Artisten z. B.) besteht im wesentlichen darin, daß der

Zuschauer über die ihm von anderen vorgeführten Möglichkeiten seines eigenen Organismus erstaunt und erschrocken ist. Hier ist der menschliche Körper begrenzt, um so mehr als es zudem noch mit ›gefühlsmäßigen‹ (literarischen) Elementen vermischt wird. Die Unzulänglichkeit ›menschlicher‹ Exzentrik führt zu der Forderung einer bis ins Letzte beherrschbaren, exakten Form- und Bewegungsorganisation, welche die Synthese der dynamisch kontrastierenden Erscheinungen sein sollte. Mechanische Exzentrik.«[7] Der Text stammt von Laszlo Moholy-Nagy. Geschrieben ist er 1925 und findet sich in einem Band zur Bauhausbühne. ›Mensch und Kunstfigur‹ hat Oskar Schlemmer im selben Band seine Ausarbeitungen überschrieben. Der Titel gibt ein Paradigma für die Überlegungen und auch eins für die Geschichte des Zirkus im vergangenen Jahrhundert.

Der ›cirque équestre‹ wird mit dem Zirkus Renz liquidiert: 1897. 1850 waren Dreiviertel des Programms Pferdenummern gewesen, jetzt um 1900 machen sie noch knapp ein Viertel aus. Neue Genres füllen den Leerraum: Die Raubtierdressur, die hochentwickelte Luftgymnastik, die neue Vielfalt sportlich-akrobatischer Parterrearbeit, die selbständig gewordene Clownerie — das, was sich in den letzten Jahrzehnten des Jahrhunderts entwickelt hatte, kehrt jetzt die Proportionen um. Sport, Varieté und Menagerie, der Zirkus ist jetzt alles und doch anders. In der Manege stellt er sich anders dar als auf freiem Feld, in der Turnhalle, auf der Varietébühne, im Käfig oder im Freigehege. Die Artisten kommen von überall her und zeigen dies und das. Sie sind Spezialisten und die Zeit des Akrobaten, der alles konnte, ist vorbei, und die Zirkustruppe ist keine feste Gruppe mehr wie noch um die Jahrhundertmitte, als zwei Drittel der Artisten fest zum Haus gehörten.[8]

Montage der Attraktion ist das, was Zirkus sein soll. Der Körper des Artisten reicht dafür kaum noch aus. In den Rekord- und Todesnummern beweist er sich zum letzten Mal. Der dreifache Salto ist das Maximum. Den Vierfachen will jetzt einer zeigen. Gezeigt hat er ihn noch nicht. Und wenn es gelingen sollte, dann verdankt sich alles der Präzision der Griffe und der genauen Berechnung der Geschwindigkeiten. Mit 120 km/h fliegt der Springer dem Fänger in die Arme.[9] Den Rest besorgt die Maschine, die ihren Schrecken verloren hat und aus dem Körper des Menschen heraus nun für sich selbst zeigen soll, was sie kann. Tatlin war der Erste, der rief: Es lebe die Maschine!

Der Mensch überwindet den Körper nur teilweise, im Organischen, stellt Oskar Schlemmer fest, als Schlangenmensch mit gebrochenen Gliedern, in der lebenden Luftgeometrie am Trapez, in der Pyramide aus Körpern.[10] Die Akrobatik ist gleichsam die erste Invention, den Körper aus der Starre der Glieder und der Erdenschwere zu befreien. Aber die Kunstfigur ist bald entdeckt, die alles besser kann. E. T. A. Hoffmann beschreibt den Automaten und Kleist die Marionette. Diese, heißt es, »brauchen den Boden nur, wie die Elfen, um ihn zu *streifen* und den Schwung ihrer Glieder durch die augenblickliche Hemmung neu zu beleben; wir brauchen ihn, um darauf zu *ruhen* und uns von der Anstrengung des Tanzes zu erholen.«[11] Das Artistische koinzidiert dem Mechanischen, verleibt es sich ein als Leistung, Tempo, Sprung. Daß die Maschine darin nicht gesehen wird, liegt daran, daß diese selbst noch zu sehr dem Organischen glich, das Symphalische der Dampfmaschine, die Eisenbahnen im Pferdekostüm, wie Marx sie beschrieb, die ersten Nähmaschinen, die denken konnten, weil sie Köpfe wie die Menschen hatten. Das Jahrhundert sublimiert die Angst vor der erzeugten Übermacht in den triumphierenden Körper der eigenen Gattung. Der Artist ist da nur Stellvertreter. Die Herren selbst sind zugeschnürt in Frack und Zylinder, Korsett und Weste. Der Frauenkörper ist Natur, ein Wunderblock für Projektionen. Er steht in keiner geheimen Konkurrenz zum Maschinellen. Die Maschine ist zölibatär, nur Mann. Die Frau als Akrobat mit ›Muskeln aus Stahl‹ und ›Armen aus Eisen‹ steht nicht mehr in Konkurrenz, sie ist schon selbst Mann und Maschine, Kraft und Stoff.

Im Zirkus sieht das alles anders aus. Leichter und schöner. Das Renommée der Kunstreiterin, die Grazieübungen auf dem Panneau, der Flug der Akrobaten, die Pferde und die Tiger: eine eigene Wunschwelt aus Exzentrik und präziser Leichtigkeit.[12] Schön und wunderbar, alles zusammen, spiegelt es sich in der Geschichte, die es mit sich zieht und bricht, über das Jahrhundert hinaus. Heidonc Saltimbanque! Das Wahre am Schein.

»Pariser Zirkusreklame vor dem Zweiten Krieg: Plus sport que le théâtre, plus vivant que le cinéma.«[13]

Ikarische Spiele der Gebrüder Cotrelly

Pferd

»Alter Reim: Der stolze Geist, der Pfau,
das Pferd sind die drei stölzesten
Tiere auf der Erd.«
Nietzsche, Fröhliche Wissenschaft.
Vorrede[1]

Als im Dezember 1794 die Nationalversammlung in Paris über den weiteren Unterhalt der ein Jahr zuvor gegründeten Menagerie im Jardin des Plantes zu entscheiden hatte, tat sie dies unter ausdrücklicher Berufung auf den Vorbehalt, daß es in der Natur keinen König gebe und keinen Adel. Den Löwen hat man eingebürgert, dem Pferd die edle Abkunft belassen.

»Denn wenn man es mit den Thieren, welche unmittelbar über und unter ihm sind, vergleicht, so sieht man, daß der Esel übel gebaut ist, der Löwe einen zu großen Kopf, der Ochse, in Ansehung und Größe seines Körpers, allzu dünne und kurze Füße hat; daß das Kameel häßlich aussieht, und die größten Thiere, das Nasenhorn und der Elephant, so zu reden weiter nichts als unförmige Massen sind ... Das Pferd scheint sich, indem es seinen Kopf hochträgt, über die vierfüßigen Thiere setzen zu wollen. In dieser Stellung sieht es dem Menschen gerade ins Gesicht.«[2]

Das Pferd gehört zur Ikonographie des Edlen, Hochwohlgeborenen und zu der der Herrschaft — »wiewol auch sonsten das ein schöner Kerl auf einem schönen Pferde die allerschönste irdische Figur die Gott auffs Erdreich gesetzet.«[3] Das Geheimnis der Zoologie ist der Adel: »Es ist daher bei dem Adel natürlich der Stolz auf das Blut, die Abstammung, kurz die Lebensgeschichte ihres Körpers; es ist natürlich diese zoologische Anschauungsweise, die in der Heraldik die ihr entsprechende Wissenschaft besitzt. Das Geheimnis des Adels ist die Zoologie.«[4] Im Zuchtbuch haben auch die Vollblutpferde eine Genealogie wie ihre Besitzer, die ihr Abbild neben das der eigenen Ahnen hängen. Drei Hengste, Darley Arabien, Byerly Turk und Godolphin Arabian, sind als Stammväter der ganzen Vollblutrasse genau belegt.[5]

So reiten die Herren
auf ihren stolzen Pferden:
zuck zuck zuck, zuck zuck zuck!
So reiten die Jüfferchen
mit ihren spitzen Tüfferchen:
tripp trapp, tripp trapp, tripp trapp!
So reiten die Bauern,
die Humpels, die Pumpels:
truf truf, truf truf, truf truf!
So reiten die Husaren:
Klabaster, klabaster, klabaster
Reit Junker, reit Junker, zuck zuck![6]

Der kleinen Soziologie hört man schon am Ton an, welcher Reiter daherkommt. Kaspar Hauser wollte überhaupt ein Reiter werden, ein solcher, wie sein Vater einer gewesen war. Das war der erste Satz, den er gesprochen hat und den man aufschrieb. Er war ihm eingegeben und damit die erste Lehre, daß der zu Roß mehr gilt als der zu Fuß. Vom Pferd träumen beide. Es hat einen priviligierten Platz unter den Metaphern und Symbolen: Objekt aller Formen der Liebe, eine Chiffre des Ausbruchs und der Macht, ein Bild der Treue und des Abenteuers. Das Pferd ist nicht nur ein freundliches Zeichen. Mit der Vielzahl der Zuschreibungen, die es sexualisieren, findet auch die angstvolle Eingang in den Kanon. Am Anfang steht ein Wissen: »Ein Hund und ein Pferd hat ein Wiwimacher; ein Tisch und ein Sessel nicht.»[7] Der kleine Hans hat Angst, daß ein Pferd ihn beißen wird. Der Philosoph ist klug genug zu unterscheiden, ihm geht es weniger ums Pferd als um die Frau: »Ich besuche die hohe Schule, und Sie, mein Fräulein, reiten sie, sagt der Philosoph zur Kunstreiterin und denkt dabei: Es ist doch recht hübsch, wenn man immer gleich einen Anknüpfungspunkt findet.«[8]

Es sei hier angeführt, daß sich im Jahre 1939, Zeitungsberichten zufolge, der rumänische Clown Tandenau zur Ruhe setzte und einen Überblick über seine Tätigkeit gab. Nach diesem hat er während der Zeit, als er im Zirkus arbeitete, 130 000 Ohrfeigen empfangen.[1] Haben sie nicht was zu lachen? — wie zwei Clowns einen Dritten rasieren und scheren, wie einer mit dem Stuhl durchbricht, in einen Wassereimer tapst, wie ihm beim Jonglieren ein Ei auf die Glatze fällt, wie einer eine Kerze auffrißt, einen Floh erschießt, einen Finger zu wenig im Handschuh zählt, sich ein Hemd von drei Metern Länge auszieht, seinem Kollegen ein Brett auf den Schädel haut, sich mit Seifenschaum, Sand, Mehl und Ruß beschmiert.

Adorno überschreibt ein Stück der Minima Moralia mit ›Dummer August‹ und meint damit das Individuum, den Clown als Chiffre einer traurigen Wissenschaft.[2] Seine Mimikry. Die neue Individualität verwertet Menschlichkeit im Clownskostüm, als ›personality‹. »Sie verkaufen sich als Herzenswärmer in der kommerziellen Kälte, schmeicheln sich ein durch aggressive Witze, die von den Protektoren masochistisch genossen werden, und bestätigen durch lachende Würdelosigkeit die ernste Würde des Wirtsvolkes.«[3]

Die Clowns sahen sich anders und die, die sie verstanden, haben ihnen andere Züge verliehen, die der Evidenz des Unmöglichen. Wo die Wünsche keinen Raum mehr haben, werden die Clowns zu Mittlern. Picassos Clowns und Harlekine, seine Gaukler sind Eingedenken. Es sind Passagen in anderes Wissen und anderes Tun. Mit dem Irdischen teilen sie nur ihre Anwesenheit, sie sind Boten der Götter und mit den Tieren verbündet. Auf der Schwelle der Initiation einer anderen Ordnung. Ihr Anblick erregt kein Lachen.

In Chaplins Tramp bleibt der Clown auch im veränderten Kostüm kenntlich. Er entstammt dem Territorium der großen Stadt. Die kleinen Angestellten vom Londoner Strand, denen er die Montur abgeschaut, den Frack, das Stöckchen und die Melone, hat er längst überspielt. »Rastelli der Mimik, spielt er mit den ungezählten Bällen seiner reinen

Möglichkeit . . . Unablässige und unwillkürliche Verwandlung: das ist bei Chaplin die Utopie einer Existenz, die befreit wäre von der Last des Man-selbst-Seins.«[4] Die Außenseite seines Spiels ist grausam und sie muß es sein, weil Unschuld nur der schlechten Welt abgewonnen werden kann.[5] Die befreiende Gefährlichkeit des Clowns macht ihn zum Retter der Welt und der bedrohten Liebe. Die Leichtigkeit mit der er Heterogenstes zusammenfügt, kommt aus einer großen Anstrengung, der unablässigen Übung. Seine Arbeit, will sie gelingen, darf hinter der des Dandys nicht zurückbleiben.[6] Wie dieser vor dem Spiegel leben und schlafen muß, so muß sein Spiel ununterbrochen sein, wie die Arbeit des Trapezkünstlers in der Erzählung ›Erstes Leid‹ bei Kafka, der, um auf Reisen nicht aus der Übung zu kommen, die Fahrten oben im Gepäcknetz zubringt.[7]

>»Ich strebte zu der Stadt im Süden hin, von der es in unserem Dorfe hieß:
>›Dort sind Leute! Denkt Euch, die schlafen nicht!‹
>›Und warum denn nicht?‹
>›Weil sie nicht müde werden.‹
>›Und warum denn nicht?‹
>›Weil sie Narren sind.‹
>›Werden denn Narren nicht müde?‹
>›Wie könnten Narren müde werden‹[8]

Die Narren sind wachsam, die strengsten unter ihnen haben sich der Revolte verschrieben. Sie unterlaufen alle Systeme der Affirmation und ihr Unsinn, die Abwesenheit von Sinn, wird zur schönsten Signifikation, dem Widerspruch. In die Kohärenz der Ordnung führt er seine leere Grazie ein und der Zuschauer, von sich selbst getrennt, kann über seine eigene Schwere lachen.[9] Erst wenn dieser selbst Clown wäre, ist ein Zustand erreicht, der Spaß an der Überschreitung findet, und der fände auf den Straßen statt.

So bringt der Clown nur zum Lachen. »Aber abgesehen davon, daß das das Schwerste ist, was es gibt, ist es auch im sozialen Sinne das Wichtigste.«[10]

Im ›Nutty Professor‹ hat Jerry Lewis 1,80 Meter lange Arme. So schwer waren die Gewichte, die er heben wollte.

In einem anderen Film will Kid den Mond bei stockfinsterer Nacht fotografieren. Er nimmt ein Blitzlicht, geht raus, knipst und in der ganzen Stadt wird es hell. Zwei Leute kommen aus einem Busch hervorgerannt und fragen: Wie spät ist es?[11]

Was die Clowns zerstören und verkehren steht im Zeichen der Menschlichkeit und des Friedens. »Mir scheint es gibt nur zwei Professionen, die von Natur aus Vertraute des Friedens sind, und gar nicht die, von denen man es denken sollte. Nicht die sehr zweifelhaften barmherzigen Schwestern (die schließlich auf den Krieg, nur anders als die Generale, warten) noch auch die Pazifisten (die von der Kriegsgefahr, nur anders als die Rüstungslieferanten, leben), sondern die Mathematiker und die Clowns: die Meister des abstrakten Denkens und der abstrakten Physis. Der Frieden, der von ihren Unterschriften garantiert wäre, wäre der einzige, dem ich vertrauen würde.«[12]

Thierbändiger

»Ich wag es, ihm den Rachen aufzureißen,
Und dieses Raubtier wagt nicht zuzubeißen.
So schön es ist, so wild und buntgefleckt,
Vor meinem Schädel hat das Tier Respekt.«
(Wedekind)

Die Signatur neuer Macht: »Männer in tactischen Bewegungen zu commandiren, macht doch Freude, ein General findet Vergnügen daran, Befehle zu geben und dieselben pünktlich ausgeführt zu sehen. Warum sollte es denn nicht Freude machen, Thiere, welche man abgerichtet hat, arbeiten zu lassen?«[1] Wenn das Raubtier den Kopf des Dompteurs im geöffneten Rachen duldet, nicht zubeißt und trotz aller seiner Kraft sich wie gelähmt dem Willen des Menschen unterwirft, ist die Ästhetik der Unterwerfung am Ziel. Die äußere Natur ist gebändigt, ihre Macht gebrochen, die Angst besiegt. Der Schädel, den der Dompteur hinhält, um symbolisch seine Unverletzlichkeit zu demonstrieren, wird zum sichtbarsten Zeichen des triumphierenden Geistes. Das Kalkül geht auf. Ein Blick genügt. Die Bestien weichen zurück.

Das Maß der Unterdrückung, bemerkt Karl Kraus einmal, zeige sich am deutlichsten an der Frau, der Landschaft und

148

dem Tier. Die Raubtierdressur bringt die drei Momente zusammen. Eingesperrt erst ist die Bestie wild und schön. In ungefährlicher Nähe wird sie zum idealen Wunschobjekt.[2] Die Raubkatze ist auch die Frau, deren Natur man Gefährlichkeit verlieh, um sie zu brechen, der Traum vom domestizierbaren Vamp. Die Lust ist sich selbst gewiß — bewundernd spricht man von der gefährlichen, anziehenden Schönheit. Das ständige Auf und Ab der Tiere in den Zwingern, ihr Wunsch auszubrechen, ist wie das Bild der eigenen Triebnatur. Dem Dompteur, den man am liebsten zerrissen sähe, überläßt der Kleinbürger das letzte Wort, die Einwilligung in die eigene Disziplinierung. Aber wirklich gezähmt worden sind die Raubtiere nie. Zur Arbeitsleistung, wie Elephanten und Pferde, hat man sie nicht bringen können. So sind Löwen und Tiger Teile nie völlig entdeckter Landschaften geblieben, fremd und nur mechanisch zum Gehorsam bereit.

»Da hatte der Direktor doch tatsächlich eine Nummer aus London engagiert, die ihn hundert Taler täglich kostete! Es war freilich schon etwas Besonderes, für Berlin Sensationelles: der Löwenbändiger Batty. Ein großer Käfigwagen mit sechs Löwen wurde in die Manege gefahren, und dann begab sich Mister Batty zu den fauchenden, brüllenden Bestien, ließ sie um sich toben und springen — und kam wieder lebendig heraus.«[3] Thomas Battys Auftritt bei Renz 1863 ist der Beginn der Raubtierdressur im Zirkus. Die Vorführung der Tiere gleicht zunächst noch der in den Wandermenagerien: Der Wagenkäfig ist allerdings jetzt nach allen Seiten hin offen und so den anderen Sichtverhältnissen im Zirkus angepaßt. 1864 tritt Batty in Paris auf. Dabei begnügte er sich nicht damit, schreibt Theophile Gautier über diesen Auftritt, die Löwen in die Ecke des Käfigs zurückzudrängen.

»Er braucht noch mehr; alle Wallungen der Bestie muß er zum Höhepunkt der Wut vorantreiben, um sie dann zu beherrschen und mit Glanz zu besiegen. Batty reizt sie, ohne Mitleid für seine Opfer, mit seiner Peitsche, und wenn die Löwen und die Löwinnen endlich sich empörend in einem äußersten Sprung auf ihn losstürzen, betäubt er sie mit Peitschenschlägen und Revolverkugeln, läßt sie über seinen Kopf zurückprallen in einer herrlichen Fantasia.«[4]

Batty blieb für zwei Jahrzehnte Vorbild. Man kopierte nicht nur die Ausstattung seines Käfigwagens und seine Kleidung, sondern jeder Bändiger, der es zu etwas bringen wollte, fügte dem eigenen Namen noch den Battys hinzu. So produzierten sich ein Batty-Cooper, ein Batty-Hempel, ein Batty-Seeth. Gemeinsam war ihnen vor allem, was Carl Hagenbeck schon über den ersten dieser Reihe geschrieben hatte: »Das ganze Wunder einer solchen Vorführung bestand eigentlich darin, daß die Tiere nicht über den Bändiger herfielen.«[5] Die Kritik zielte auf die bis dahin übliche Form der wilden Dressur, bei der der Dompteur, oft unter Einsatz martialischer Mittel, versuchte, die Tiere einzuschüchtern, um sie so gefügig zu machen. Da die Löwen vor dem Menschen zurückwichen, bestand die Dressur des Tiers in »weiter nichts, als ohne mit der Wimper zu zucken, in ihren Käfig treten, indem man es dabei soviel wie möglich überrascht, und aus seinem starren Schreck den Vorteil zu ziehen sucht, daß man es hintertreibt und scheucht, wohin man es haben will.«[6] Carl Hagenbeck war Tierhändler, seine Erfahrungen im Umgang mit Tieren entstammten diesem Metier: »Jeden Tag verlangten die Tiere ihren gemessenen Teil Nahrung, und nicht zu knapp. Da war es nicht mehr recht als billig, daß sie es sich selbst erarbeiteten.«[7]

Sein Gedanke, die Tiere nicht mehr nur als Rohstoff zu verkaufen, sondern mit mehr Gewinn schon dressiert an Zirkusunternehmen weiterzugeben, ließ ihn zum Begründer einer neuen, effizienteren Dressurmethode werden, der sogenannten zahmen Dressur. Dabei gelte es, schrieb er später in seiner Autobiographie ›Von Tieren und Menschen‹ »einen Weg zur Psyche des Tieres zu finden« — denn: »die Tiere besitzen ein feines Unterscheidungsvermögen in bezug auf die Art, wie man ihnen begegnet, sie sind fähig, Freundschaften zu schließen, auch mit dem Menschen, und besitzen ein mehr stark ausgeprägtes Erinnerungsvermögen. Auf dieses stützt sich die Dressur am meisten ... Je geduldiger und gütiger der Dompteur ist, desto mehr Vertrauen werden die Tiere zu ihm fassen; ist seine Güte aber nicht mit Strenge gepaart, die sich Gehorsam zu erzwingen weiß, dann wird der Vorführung die Sicherheit mangeln.«[8]

Die Arbeit des Dompteurs am Körper des einzelnen Tiers erweitert den Bereich der Macht. Sie dringt in den Körper ein, dessen individuelles Funktionieren der Erfahrung des Dompteurs zugänglich wird. Das individuelle Begreifen des

Tieres erlaubt ein neues System von Klassifikationen und Zuordnungen. Der Name des Tieres wird zum Paradigma seiner Eigenarten, deren Kenntnis Einblick in die Struktur ihrer Gruppierung gibt. Technische Bedingung dafür war die Einführung des Zentralkäfigs. Der Käfig umfaßte jetzt den gesamten Raum der Manege und ermöglicht eine neue Präsentation. Individualisiert lassen sich die Tiere zu Gruppen formen. Einzeln von ihren Postamenten abgerufen, vollbringen sie ihre Arbeit, fügen sich zum Ensemble. Die unter den Tieren bestehende soziale Rangordnung erscheint ästhetisch gewendet als Ornament: Die Pyramide wird zum Kunststaat der Tiere.

Aber die zahme Dressur trug, wie Hagenbeck selbst formuliert, noch andere Triumphe davon; den Aufbau gemischter Gruppen aus Haus- und Raubtieren. Diese Leistung hatte Beweischarakter. Sie scheint die Existenz unversöhnlicher Gegensätze in der Natur zu widerlegen und der Dompteur, der einen zu Pferd reitenden Löwen vorführt, wird nicht der eigentümlichen Ästhetik dieses Vorgangs wegen mit Beifall bedacht, vielmehr dessen Gelingens wegen beklatscht. Ähnlich beim Sprung des Tigers durch einen brennenden Reif. »Im Gehorsam gegenüber dem Dompteur wird die latente Furcht des Tieres vor dem Menschen deutlich, während dieser Mensch ihm zugleich die Furcht vor Feuerbrand vertreibt. Brand und Bestie, doppelt gebändigt und beherrscht, kehren, unter sich nur, als Flamme und Selbstzutrauen wieder.«[9]

Seit Ende der siebziger Jahre arbeitete in Stellingen der Dompteur Deyerling als Angestellter Hagenbecks nach dessen Dressurvorstellungen. 1888 gründet Hagenbeck eine eigene Dressurschule. Die Erfolge der neuen Methode waren so offensichtlich, daß sie — allgemein anerkannt — sich in den neunziger Jahren praktisch überall durchsetzt. Heinrich Mehrmann (der Schwager Hagenbecks), Julius Seeth, Richard Sawade, Wilhelm Philadelphia, August Mölker und Hagenbecks Bruder Wilhelm sind Namen von Dompteuren, die dieser Schule entstammten oder ihr nahe standen. Die bekanntesten aus dieser Reihe waren sicherlich Julius Seeth und Richard Sawade. Seeth, der zunächst unter dem Namen Batty-Seeth auftrat, führte schon mit sechzehn Jahren Löwen

Herr Julius Seeth

vor. Später war er einer der ersten, die im neu entwickelten
Zentralkäfig arbeiteten. Zu den interessantesten Dressur-
nummern seiner 23jährigen Tätigkeit im Zirkus (1881-1904)
gehörten eine Gruppe von zwei Löwen, zwei schottischen
Ponys und zwei Ulmer Doggen, eine Gruppe von sechs
Löwen, die ein ›Löwenkarussell‹ bildete, eine Gruppe je vier
weiblicher und männlicher Löwen, deren Vorführung mit
dem Heraustragen des 447 Pfund schweren Löwen ›Sultan‹
abschloß. Eher seltsam scheint heute Seeth's Einfall, seine
Löwen wie Pferde pirouettieren und changieren zu lassen —
fast fatal eine Nummer, von der Lehmann[10] berichtet: »In
einer Pantomime ›Quo vadis‹ ließ sich Seeth von einem
Löwen fressen ... Halbnackt hatte er sich eine Schweineblase mit Fleischstücken unter seine notdürftige Kleidung
gebunden. Die Schweineblase, die der Löwe zerriß, war mit
einer roten Flüssigkeit gefüllt, und während der Löwe das
Fleisch fraß, ›verblutete‹ Seeth so realistisch, daß den Zuschauern eine Gänsehaut über den Rücken lief!« Richard
Sawade, der zuletzt Generaldirektor der Firma Carl Hagenbeck war und dort mit 20 Jahren als Wärter angefangen hatte,
führte 1889 seine erste Tiergruppe vor. Auf der Weltausstellung 1893 in Chicago zeigte er zusammen mit Heinrich
Mehrmann als eine der größten Sensationen, die bis dahin in

152

Amerika unbekannte zahme Dressur. 1901 begründete er mit der Vorführung einer gemischten Gruppe aus Löwen, Tigern, Eisbären und Braunbären seine Weltgeltung. Seine Leistungen führten Hagenbeck zu der Äußerung, Sawades Gruppe sei die beste, die jemals im Zirkus gezeigt worden sei.

Seit den achtziger Jahren waren auch häufiger Frauen im Raubtierkäfig zu sehen. Darunter die berühmte Miß Senide, »la reine des fauves«, die 1883 bei Renz mit zwei Löwen, einem Bären und einem Leoparden debütierte. Bekannt wurde sie durch ihr ›Le diner africain‹:

»Die Dompteuse ging nun zum zweiten Mal in den Käfig. Sämtliche Tiere waren aufgeregt. Da wurde das Fleisch gebracht, sie nahm ein großes Stück und warf es unter die Bestien, die sich brüllend und beißend um dasselbe rauften. Endlich hatte der Panther das Stück Fleisch erobert und nun riß Senide, ohne jede andere Waffe als eine leichte Peitsche in der Hand, dem Panther das Fleisch wieder aus dem Rachen. Eine tiefe Kratzwunde am Arm blieb ihr als Andenken, aber sie war doch Siegerin ... Das Publikum war atemlos, und als sie glücklich wieder in der Manege erschien, da wollte das Beifallsrufen kein Ende nehmen.«[11]

Frau Senide

Sie mag als Repräsentantin eines Typus der Dompteuse gelten, den der herrschenden Frau; lustvoll konnte man die Vorstellung vom Schrecken des Matriarchats goutieren. Ihr Recht zu herrschen, ist freilich nur das einer Königin im Käfig. Ihr Gegenstück ist die weibliche: Miß Claire Heliot (Klara Huth), eine Oberlehrerstochter aus Halle. Sie dressierte zunächst Löwen im Leipziger Zoo. Alfred Lehmann, der »ihr als kleiner Junge geholfen hat, den Stall auszukehren«, beschreibt einen späteren Auftritt: »Ihr Erfolg beruhte nicht nur auf der äußeren Aufmachung ihrer Darbietung; unter den Klängen des Carmen-Marsches betrat die schlanke Blondine den Käfig ohne Peitsche oder Pistole, wie überhaupt die ganze Dressur auf ausgesprochener ›Freundschaft‹ zwischen Mensch und Tier basierte. Nein, die Dressur war auch wegen einer Neuheit besonders interessant: sie ließ ihre Löwen ›Sascha‹ und ›Nero‹ auf dem schmalen Band eines Seils gehen.«[12] Daß die weibliche Dompteuse Claire Heliot nicht nur im Bild der Freundin aufging, zeigt die Schilderung Kobers über die Dame im Löwenkäfig: »Ich hatte noch Plakate — Riesenplakate — von ihr, auf denen ihre Nummer angekündigt wurde: ›Im Boudoir der Löwenkönigin‹: sie saß in ihrem schwerseidenen, in wunderbarem Faltenwurf fallenden, dekolletierten Gesellschaftskleid in einem vergoldeten Empiresessel, lächelnd herabsehend auf die zu ihren Füßen kauernden Löwen.«[13]

Miß Claire Heliot

Cilly, die Tigerbraut

Die Wallendas auf dem Seil

Der Gaukler braucht weder Referenz noch Rat. Doch wird er nichts dagegen einwenden, sich in bestimmten Typologien wiederzufinden.

Balint,[1] dem es um den Zusammenhang von Angstlust und Regression geht, unterscheidet zwei Formen von Objektbeziehungen, die verschiedene Antworten auf ein Früheres, auf die ›primary love‹, sind. Zwei Grundtypen: Ihre Phänomenologie findet er auf dem Jahrmarkt. In den Vergnügungen dort sind alle Elemente der Angstlust versammelt, eine Mischung von Furcht, Wonne und zuversichtlicher Hoffnung angesichts einer äußeren Gefahr. Ein schönes Reich der ›thrills‹. Wer sie genießen kann, gilt als Philobat, wer sich vor Schaukeln, Round up und Enterprise ängstigt, ist wohl ein Oknophiler. Die Akrobaten sind von Berufs wegen Philobaten.

»Ein mächtiger, geschickter Mann bringt aus sich selbst eine machtvolle Erektion zustande, die ihn der Sicherheitssphäre weit enthebt, vollbringt in seinem über alles erhobenen Zustand unglaubliche Heldentaten und Mutsprünge, nach denen er ungeachtet der zahllosen Gefahren wieder unbeschädigt zur sicheren Mutter Erde zurückkehrt. In dieser Verbindung hat die Erde entsprechend der Doppeldeutigkeit der Situation einen zweifachen Aspekt; sie ist wegen ihrer unwiderstehlichen Anziehung gefährlich und kann, wenn man ihr einfach nachgibt, den Tod verursachen; aber gleichzeitig ist sie liebe- und vergebungsvoll, indem sie dem kühnen Helden bei seiner geschickten Rückkehr ihre sicher bergenden Arme öffnet. Im Zirkus ist es üblich, daß der Held und Akrobat bei seinen Vorführungen hoch in der Luft von einem hübschen jungen Mädchen auf der Erde mit Zuspruch begleitet, bewundert und schließlich wieder auf der Erde empfangen wird.«[2]

Das Privileg der Akrobaten ist es, öffentlich Urszenen symbolisierende philobatische Akte zu vollziehen. Und die Zuschauer partizipieren daran durch Identifikation.

So besteht die oknophile Welt aus Objekten, die durch ›furchterregende Leerräume‹ getrennt sind. Die philobatische Welt besteht aus ›freundlichen Weiten‹. »Die oknophile Welt baut sich aus physischer Nähe und Berührung auf, die philobatische Welt aus sicherer Distanz und Fernsicht«[3]

Der Psychoanalyse steht es nicht an zu loben, und Balint ist klug genug, es nicht zu tun. Es folgt die Realitätsprüfung:

»Ein Mann, zweifellos ein Oknophiler, fragt schüchtern den Führer, bevor er die Kabine einer Drahtseilbahn betritt, ob das Kabel auch sicher genug sei, und was geschehen würde, wenn es bräche. Der Führer versucht, ihn zu beruhigen, es sei da noch ein Ersatzkabel, und wenn das auch reißen würde, wäre sogar noch ein zweiter Ersatz da. Aber der Mann fährt fort zu quengeln: ›Wenn das auch noch reißen würde?‹ Die Antwort lautet: ›Da werden Sie halt zum Teufel fahren.‹ Ein Zuhörer, offensichtlich ein Philobat, kann die Bemerkung nicht unterdrücken: ›Ich schlage vor, Sie fahren zum Teufel, sobald das erste Ersatz-Kabel reißt!‹«[4] Sicher, daß keiner Recht hat, oder das Bedenken die Nase vorne. Die Artisten sind nicht in der Seilbahn, und wenn sie schon in der Nähe sind, dann auf dem Seil.[5]

Wedekind meint es ernst mit seinen Gedanken.[6] Er liebt nicht nur den Zirkus, er war ein halbes Jahr dabei, beim Zirkus Herzog, über den er auch berichtet. Die körperliche Kunst war ihm Vorbild. Das hat ihn nicht gehindert, Seilläufer und Trapezspringer als Metaphern zu verwerten: real-praktischer und abstrakt-erhabener Idealismus. Beide figurieren als Modell politischer Lebensführung.

Der Vergleich des Lebens mit der Gaukelei ist alt. Ein barockes Kupferstichblatt, das einen Seiltänzer in seiner Bude zeigt, ist unterschrieben:

»Die Freud und Traurigkeit sind Seile
daran das Hertz bald auffwerts steigt
bald wieder sich zur Tieffe neigt
weil hie nichts dauret lange Weile
Soll nun kein Wancken Schaden bringen
So haltet Mass in allen Dingen«

In einem aufklärerischen Text, der in pädagogischer Absicht die Bildung des Körpers traktiert, wird vor dem Seillauf eher gewarnt. Die Kinder sollen sich im praktischen Leben bewähren, dafür muß man nicht aufs Seil steigen.[7]

Wedekind verlegt die praktische Bewährung zurück aufs Seil. Die Seiltänzer »setzen die Welt nicht durch fabelhafte salti mortali in Erstaunen, weil sie ihrer ganzen Aufmerksamkeit bedürfen, um den schmalen Pfad, den sie sich vorgezeichnet, ohne Fehltritt zurücklegen. Alles Schwärmen, alles Hingeben der Persönlichkeit an abstrakte Probleme erklären

sie für Unsinn.«[8] Zu den Trapezkünstlern »gehören alle
Wüstenprediger und Säulenheiligen, auch viele politische
Schwärmer, neuerdings besonders sozialpolitische, sodann
weitaus die Mehrzahl der Poeten . . . kurz Menschen, die sich
für die nackte Idee begeistern —, diese einen . . . projizieren
das in ihrem Innern geborene Ideal direkt an das Himmels-
gewölbe.«[9] Dies Plädoyer verschlägt nicht. Seine frühen
Dramen sprechen eine andere Sprache. Realpolitik ist nicht
ihr letztes Wort, sondern das Scheitern. Frühlings Erwachen,
Lulu, Marquis von Keith, Totentanz . . . Das Leben ist eine
Rutschbahn, sagt Marquis von Keith am Ende.

»Stehe gegen 9 Uhr Abend auf, dinire und gehe in den
Zirkus« (Pariser Tagebuch, 22. Dez. 1892)

Gratwanderung

»Als Zarathustra in die nächste Stadt kam, die an den Wäldern
liegt, fand er daselbst viel Volk versammelt auf dem Markte: denn es
war verheißen worden, daß man einen Seiltänzer sehen solle. Und
Zarathustra sprach also zum Volke: Ich lehre euch den Übermen-
schen . . .«[1] Der Seiltänzer ist das nicht. Und das Volk, das ihm
zuschaut schon garnicht. Aber: »Der Mensch ist ein Seil, geknüpft
zwischen Tier und Übermensch — ein Seil über einem Abgrunde . . .
Was groß ist am Menschen, das ist, daß er eine Brücke und kein
Zweck ist: Was geliebt werden kann am Menschen, das ist, daß er ein
Übergang ist und ein Untergang. Ich liebe die, welche nicht zu leben
wissen, es sei denn als Untergehende, denn es sind die Hinüberge-
henden.«[2]

Hochseilläufer und Seiltänzer durchzogen das 18. und 19.
Jahrhundert. Bekannte Dynastien von Fahrenden waren
Seilläufer: die Trabers, die Knies, die Chiarinis, die Weitz-
manns . . . die Wallendas. Sie treten auf Messen und
Marktplätzen auf, balancieren von den Kirchtürmen zu den
Rathausdächern. Ihre Auftritte kündigen sie auf einfach
verfertigten Holzschnittzetteln an. In der Sprache der Behör-
den, die ihnen ihr Auftreten lizensieren, blieben sie, was sie
immer gewesen waren, Gaukler, leichtfertiges, gefährliches
Volk, das Geld außer Landes führte, die Moral gefährdete
und den öffentlichen Kassen nur allzuleicht zur Last fiel.[3]
    Die großen Seilläufer des 19. Jahrhunderts sind Wilhelm
Kolter und Blondin (Emile Gravelet). Über den ersteren ist

wenig mehr bekannt, als eine nationalistische Legende: Kolter soll 1818 in Aachen vor dem preußischen König Friedrich Wilhelm III. den Engländer Jack Barred auf dem schiefen Turmseil ohne Balancierstange übersprungen und so die artistische Konkurrenz zum Ruhme Preußens entschieden haben. Signor Saltarino mag an das Artistenmärchen nicht recht glauben: »Kolter war aber nur klein von Figur und hätte der Engländer sich auf dem Seile auch noch so sehr zusammengeduckt, so hätte Kolter ihn von oben nach unten doch nicht überschreiten können, denn für den notwendig werdenden langen Schritt waren seine Beine viel zu kurz.«[4] Wie alle Lügen. Bezeugt dagegen ist Kolters ›Große Ascension‹, die Besteigung eines Schrägseils und das anschließende Abrutschen auf dem Kopfe stehend mit einem Ballon. Kolter blieb noch auf dem klassischen Terrain der Seilläufer.

1805 überquert Furioso die Seine.[5] Auch sie ist noch vertrauter Teil einer beschaulichen Welt. Erst als Blondin 1859, im gleichen Jahr, als Léotard seinen ersten Trapezsprung vollführt, den Niagarafall auf dem Seil überquert, gewinnt das Seillaufen eine neue Dimension. Der Seilläufer wird Pionier, die Tiefe unter ihm zum Abgrund. Der feste Boden öffnet sich zum drohenden Schlund. Und es war klar, daß dieser Mann der letzte Artist sein würde, der einen dauerhaften Ruhm in diesem Genre erringen konnte. Er starb in den letzten Jahren des 19. Jahrhunderts und mit ihm diese Art des Seillaufs. In einer entzauberten Welt, die alle Abgründe überbrückt hatte, konnte eine solche Kunst, die in technischer Hinsicht keine Kunst mehr war und sich gleichsam nur durch die Vermehrung der zu bewältigenden Hindernisse rettete,[6] nicht weiterbestehen. – Blondin schlug auf dem Seil Saltomortale, überquerte es in einen Sack gehüllt und mit verbundenen Augen, tanzte auf dem Seil eine regelrechte Polka, röstete sich einen Eierkuchen, fuhr mit einem Veloziped über das Seil und trug einen anderen Menschen auf seinen Schultern darüber. Aber über seinen Ruhm entschied nicht dieses Repertoire. Es war die Überquerung des Niagara, die er immer wieder unter stets erschwerten Bedingungen unternahm, die ihn zum größten aller Seiltänzer werden ließ.

Nachahmer hatte er viele: »Männer, Männer – immer nur

Blondin in Brüssel

Marie Spelterini überschreitet den Niagara

Männer! Haben die Frauen etwa weniger Courage?«[7] fragt denn auch Marie Spelterini, die als erste Frau den Niagarafall überqueren wird, in einer Erzählung.

»Über diese unter dem Namen ›The Wirlpool Rapids‹ bekannten schäumenden Gewässer spannt sich die berühmte Hängebrücke, ein Meisterwerk des Brückenbaus, und unterhalb derselben, 65 m über dem Wasser, war das Seil gezogen, auf dem der tollkühne Blondin über den Niagara schritt. An derselben Stelle hat nun Mlle. Spelterini den Strom überschritten . . . Das Seil hatte eine Länge von stark 300 m und wurde derart schräg über den Fluß gezogen, daß es an dem kanadischen Ufer etwa 160 m, an dem amerikanischen nur 130 m von den Türmen der Hängebrücke abstand. Tausende hatten sich am festgesetzten Tag trotz der drückenden Sonnenhitze (34° Reaumur) eingefunden, um Zeugen des Schauspiels zu sein, und die Hängebrücke war gedrängt voll von Zuschauern . . . Endlich, als die Sonne schon zum Untergang sich neigte, erschien Mlle. Spelterini auf der amerikanischen Seite des Stromes und wurde von den versammelten Tausenden stürmisch begrüßt. Die junge Künstlerin war mit einem grünen Corset und lichten Tricot bekleidet, die ihre kräftigen Formen deutlich hervortreten ließen. In ihren Händen hielt sie eine etwa 4 m lange Balancierstange, deren Enden mit Bleigewichten beschwert waren. Das sichere, zuversichtliche Auftreten der jungen Dame würde den Versammelten wohl Beruhigung eingeflößt haben, aber im letzten Moment vor dem Betreten des Seils wurden der Kühnen mit einem Taschentuch die Augen verbunden und der Kopf überdies mit einem sackförmigen dichten Schleier verhüllt, so daß es unmöglich war, den schmalen Pfad zu sehen, auf dem sie den rauschenden Strom überschreiten sollte. Endlich betrat sie bei lautloser Stille festen Schrittes das Seil, das sich von hier aus bis gegen die Mitte ziemlich steil senkte, um auf der anderen Seite auf die Höhe des Ufers hinanzusteigen.

Die Sicherheit des Ganges wurde dadurch einigermaßen beeinträchtigt, daß der Fuß beim Auftreten auf das Seil durch die Neigung des letzteren stets etwas nach vorwärts rutschte ... Es war ein grausiges Schauspiel, die jugendliche Gestalt auf dem schwankenden Seil dahinschreiten zu sehen. Ein Fehltritt, die geringste Unsicherheit in den Bewegungen, und sie stürzt in die Tiefe hinab, wo die furchtbaren Strudel ihren Körper erfassen und ihn in grausamer Weise herumdrehen und an den Grund ziehen, bis ein erneuter Strom ihn der wirbelnden Gewalt entreißt, um ihn der breiten Wasserfläche des Ontariosees zuzuführen. Aber leichten und sicheren Schrittes geht die waghalsige Künstlerin über das Seil ... Der Übergang von einem Ufer zum anderen hatte elf Minuten gewährt ...«[8]

Die auf dem Seil den Niagarafluß überqueren, verlegen den Schauplatz ihres Wagemuts in die Natur. Sie vollziehen zum zweiten Mal, was schon vollzogen ist. Die große Brücke hatte als technische Leistung die Natur schon in Landschaft verwandelt. Den eigentlichen Sieg hat die Eisenbahn davongetragen. Für den Reisenden war die Verbindung schon hergestellt, der überwundene Weg von allem Widerstand, Unterschied und Abenteuer befreit. In der Fülle wechselnder Bilder, die die neue Erfahrung des Reisens ausmachen, ist der Blick in die Tiefe nur Schrecksekunde. Er hat die Dauer verloren. Die Phantasie der Zuschauer, die der Spelterini zusehen, konzentriert sich auf den Absturz. Er wird mit äußerster Präzision imaginiert. Die Leidenschaften, die keinen wirklichen Ort mehr haben, richten sich aufs gefährliche Spektakel. Der Seilläufer ist angetreten, ein letztes Zeichen zu setzen. Nach ihm kommen die Ozeanflieger und Atlantikschwimmer. Und die, die nicht starben, sind zu Werbebildern geworden zwischen den Fassaden der Kaufhäuser und Bankpaläste.

Den zweiten strategischen Punkt, den diese Zeit zu bieten hatte, war die Weltausstellung, »die Wallfahrtstätte zum Fetisch Ware«, wie Walter Benjamin sie genannt hat. Blondins Fahrt über das Hochseil durch das Palais de l'Industrie hat allegorischen Sinn. Der freie Himmel ist vom Stahlskelett verbaut, die Maschinenhalle ist der wirklichere Naturraum. Am Versammlungsort der Ware kann sich niemand ihrem

Bann entziehen. Der Seilläufer fährt auf seinem Veloziped an den Zuschauern vorbei wie die anderen Dinge auch, zu deren Preis man sich versammelt hat.

»Über dem Niagarafall hatte die obdachlose europäische Seiltänzerei ihre haarsträubendsten Triumphe gefeiert«, schreibt Frank Wedekind 1888 in der Neuen Zürcher Zeitung.[9]

Von Beginn der sechziger Jahre an, sah man Seilkünstler häufiger auch in Lustgärten und städtischen Parks. Als sie dann um die Mitte der siebziger Jahre in festen Unternehmen auftraten und zum Bestandteil auch der Zirkusprogramme wurden, mußten sie ihren Arbeitsraum noch weiter einschränken, in geringerer Höhe arbeiten und sich mit kürzeren Seilen begnügen. Sie verwendeten nun ein Drahtseil, komplizierten ihre äquilibristischen Tricks, vergrößerten die Zahl der Mitwirkenden und legten mehr Wert auf die Ausstattung der Nummer.[10]

In der Manege erschien das Drahtseil als Steifdraht (straff gespannt) oder als freies Drahtseil. In dem neuen Genre sah man zunehmend Frauen. Sie verwendeten nicht mehr die beim Turmseil übliche schwere Balancierstange, sondern hielten mit Schirmen oder Fächern ihr Gleichgewicht. Eine der berühmtesten dieser Seiltänzerinnen war Oceana Renz, die von 1872 bis 1877 im Berliner Zirkus Renz gearbeitet hat und später dann in allen namhaften Variétés als ›erste Primadonna auf dem Seil‹ auftrat. Die tänzerische Eleganz und die erotische Harmonie der äquilibristischen Bewegungen bleibt nicht ohne Wirkung auf die »Mikrokosmen, die mit Kneifern und Operngläsern bewaffnet, einer jeden der zierlichen Gleichgewichtsbemühungen mit der Aufmerksamkeit und Hingebung eines wissenschaftlichen Beobachters zu folgen bestrebt sind.«[11]

Die Männer auf dem Drahtseil versuchten, ihre Auftritte durch Athletik und Akrobatik zu steigern. Sie machten Handstände auf den Schultern des Partners, jonglierten auf dem Seil, zeigten die verschiedensten Sprünge. Unter ihnen ist ein Mann zu nennen, der, wie Thetard schreibt, in einer Reihe mit Alfredo Codona und Enrico Rastelli steht, ein non plus ultra: Con Colleano. Er zeigte als erster den Salto vorwärts auf dem Seil.

Das Gleichgewicht zu halten ist schwer im Leben. Der Seiltänzer zeigt, daß es möglich ist. »Nicht doch, sprach Zarathustra, du hast aus der Gefahr deinen Beruf gemacht, daran ist nichts zu verachten. Nun gehst du an deinem Beruf zugrunde: dafür will ich dich mit meinen Händen begraben.‹ Als Zarathustra dies gesagt hatte, antwortete der Sterbende nicht mehr; aber er bewegte die Hand, wie als ob er die Hand Zarathustras zum Danke suche.«[12]

Philobaten am Trapez

» . . . für die Fahrten in den Städten benützte man Rennautomobile, mit denen man, womöglich in der Nacht oder in den frühen Morgenstunden durch die menschenleeren Straßen mit letzter Geschwindigkeit jagte, aber freilich zu langsam für des Trapezkünstlers Sehnsucht; im Eisenbahnzug war ein ganzes Kupee bestellt, in welchem der Trapezkünstler, zwar in kläglichem, aber doch irgendeinem Ersatz seiner sonstigen Lebensweise die Fahrt oben im Gepäcknetz zubrachte . . .«[1]

Die Geschichte des Trapezes ist auf den Tag genau datiert: 12. November 1859. An diesem Tag debütiert Léotard im Pariser Cirque Napoléon. Sein Auftreten »war wie ein Wahnsinn, der alle ergriffen hatte, wie eine Epidemie der Vergötterung und Verwunderung.«[2] Der Weg dieses neuen Stars zum Zirkus war ungewöhnlich: Sein Vater ist Gymnastikprofessor in Toulouse und unterhält dort eine ›Turnanstalt‹. Später jedoch begleitet er den Sohn, wie man sagt, auf Schritt und Tritt. Er ist sein Trainer, Assistent und eben auch Vater.[3] So mag denn auch am Anfang dieser Wunschmaschine die Ironie der Psyche stehen.

Léotard arbeitete allein an drei Trapezen, die in einer Reihe über einem umfangreichen Gerüst mit dicken Matrazen hingen (das Sicherheitsnetz wurde erst 1883 eingeführt). Das Repertoire beschränkte sich auf acht einfache Voltigen und endete mit einem einfachen Salto von Trapez zu Trapez. »Die Arbeit Léotards würde uns heute sehr einfach und ›bien fruste‹ erscheinen.«[4], urteilt Strehly, der diesen selbst noch gesehen hat, in seinem Buch ›L' acrobatie et les acrobates‹. Gleichwohl löste Léotards ›Todessprung‹ von einem Trapez zum anderen die größte Begeisterung aus: »Die Politik war vergessen, der Zirkus war das wichtigste Ereignis der Welt ... Man rannte ihm auf der Gasse nach, man hielt seinen Wagen an, die schönsten Weiber lagen vor ihm auf den Knien, Herzoginnen wie Grisetten. Don Juan und Casanova waren arme Kerle gegen den Adonis! Was die Sache noch verschlimmerte, war der Umstand, daß er bei aller Frauentollheit kalt blieb wie Eis. Man hatte Léotard-Krawatten, Léotard-Spazierstöcke, Léotard-Handschuhe, Léotard-Kuchen und Léotard-Hering. Man machte ihn sogar zum Helden eines brillanten Theaterstückes, welches im Palais Royal Furore machte: L'amour au trapèze‹.[5]

Léotards Trapezarbeit war im Turnsaal entstanden und hatte auch im Zirkus noch dessen Zeichen: »Anstatt seine Arbeit zu modifizieren, um sie der Szene des Zirkus anzupassen, übertrug sie Léotard ohne jede Veränderung dorthin.«[6] Eine besondere Wirkung seiner Luftgymnastik erreichte Léotard jedoch durch die allmähliche Vergrößerung der Distanz zwischen den drei Trapezen, was bei dem Publikum den Eindruck des Fliegens hervorrief. Die Handwerkergeschicklichkeit und Biederkeit, die Léotard noch von den Turnern hatte, trieb der Zirkus den nachfolgenden Artisten aus. Die Qualitäten, die diese auszeichneten, Geschicklichkeit, Kraft, Mut, Eleganz und Präzision, vermittelten bruchlos die Utopie des fliegenden Menschen mit der Rationalität kalkulierter Bewegung. »Alles bloß moralisch Zünftige und Züchtige ist hier aufgelöst in lauter Handwerkermathematik, in geometrische Vermessungsarbeit beim Springen, in die Feinmechanik ihrer treffsicheren Griffe, in das Gewebe ihrer verschlungenen Körper, in die Drechselei ihrer Salti.«[7]

Die Entwicklung zur heute üblichen Form des Trapezaktes vollzieht bis zum Ende der achtziger Jahre des vorigen Jahrhunderts: »Die Voltige am Trapez fand ihre definitive Form zu der Zeit, als das Sammelgerüst durch ein Sicherheitsnetz ersetzt wurde, das es erlaubte, die Luftflüge mit kleinerem Risiko auszuführen[8] und als man die Zahl der Trapeze verringerte, mit zwei Absprungbrettern anstatt des einen und zwei Gymnasten (jeder auf einem Brett), von denen jeder das nächstliegende Trapez in Bewegung hielt und

Léotard, die ›menschliche Fliege‹

ihm nicht erlaubte, im toten Punkt zu erstarren, so daß die Notwendigkeit einen Assistenten zu haben, beseitigt wurde.«[9] Diese primäre Form der Voltige wurde durch die Vergrößerung der Zahl der Akteure (Trapeze) und entscheidender durch die Vervollkommnung des Geräts und einer verbesserten Flugtechnik noch einmal weiterentwickelt. Die Voltigeure flogen nun nicht mehr von einem Trapez zum anderen, sondern wurden vom ›Fänger‹ aufgenommen.

Der Aufstieg Léotards hatte eine Vielzahl von Nachahmern auf den Plan gerufen. Die Hanlon–Volta Truppe (Amerika/England), die Rizarellis, das Trio Alex, die Truppe Rainat, die Truppe Silbons und die Truppe Hegelmann, die Schwestern Thekla und Thora Hofmann stehen für viele der Truppen, die sich im letzten Viertel des vorigen Jahrhunderts als Luftakrobaten produzierten. Führte Léotard den einfachen Salto aus, so wurde, wenn man Frost[10] glauben darf, der zweifache Salto schon vor 1870 durch einen gewissen Niblo ausgeführt. Strehly, sonst unser Gewährsmann, hat ihn erst um 1900 von Edmond Rainat gesehen. Der dreifache Salto ist mit dem Namen Codona verbunden. Die Methode jedoch bestimmt den Gegenstand: Das Sensationelle dieser Darbietung hatte seinen Preis in der Einführung des Positivismus:

»Das Ganze sei nämlich nichts als Berechnung . . . , und er erklärt seinem erstaunt zuhörendem Vater die Sache mit Veras Hauptbuch, in das alle Veränderungen der Trapezlängen und der Abstände der Trapeze voneinander sorgfältig eingetragen würden. Ein Zufall sei also ausgeschlossen. Wenn sie einmal den Dreifachen geschafft hätten, dann wüßten sie auch ganz genau, warum sie ihn geschafft hätten, und sie würden ihn aufgrund der vorliegenden Berechnungen sicherlich wiederholen können.«[11]

Die Vollendung folgt aus dem Kalkül des Trail and Error. Der Erfolg errechnet sich in der Physik der Körper. Die Saltos sind das Äußerste, was der menschliche Körper hergeben kann, aber er gibt sie her, wenn die Bedingungen ihres Gelingens nur genau genug vorher bestimmt sind. Wird der Körper zum Arbeitsmittel, so objektiviert sich gleichsam das Vermögen, das in ihm steckt. Im Hinüber- und Herüberwechseln von einem Trapez zum anderen verraten die Körper der Artisten ihre eigene Kraft. Sie werden, so könnte man den

Vorgang nennen, technisch verwendbar. Die Steigerung der Naturkräfte des Körpers erscheint als die ihm eigene, ist jedoch als fremdes System in ihm objektiviert. Er erscheint als Flugmaschine, die er selbst ist. Dieses das auf der Produktionsseite so verblüffende Resultat: Setzt in der gesellschaftlichen Produktion der großen Industrie das Kapital dem Arbeiter die Maschinerie gegenüber, wird dieser dort passiv bestimmt,[12] so holt er am fliegenden Trapez die Einbuße zurück als aktive Überlegenheit. War in der Realität der gesellschaftlichen Produktion der »kooperative Charakter des Arbeitsprozesses . . . durch die Natur des Arbeitsmittels selbst diktierte technische Notwendigkeit«,[13] so findet sich im freien Raum der Luft ein Moment anderen Zusammentreffens: die freie Kooperation.[14] Flieger und Fänger bewegen sich aufeinander zu, als seien sie im Geheimen verabredet.

Mit dem neuen Gerät verändert sich tendenziell auch der Zirkus: Das bürgerliche Haus mit seinen Kronleuchtern öffnet sich in die Zirkuskuppel. Sie wird Himmel, Sternenhimmel, dessen strahlende Helle der zeitgenössischen Naturwissenschaft zunehmend zweifelhafter erscheint. Die Einsicht, daß auch die größte Kraft sich verzehrt, »daß das Licht ein Ende nimmt . . . , offenbart drohend die Zukunft. ›Erloschene Sonnen!‹ ruft Helmholtz in einem seiner populären Vorträge aus.«[15] Der erleuchtete Kunsthimmel garantiert die Sicherheit, die die Dämonie der Naturkräfte verbannt.

Bisher war die Manege das einzige Arbeitsfeld der Artisten gewesen. Eine Ausnahme bildeten die Seiltänzer. Sie arbeiteten zwar in der Höhe, aber eben auf einem festen Seil und nicht dynamisch im Raum, den der Trapezflug als solchen erst schafft. In ihn fühlen sich die Zuschauer ein. »Alles geht hellerleuchtet in der Manege her, auf dem Trapez unter der Decke, und ist trotzdem Zauber, eine eigene Wunschwelt aus Exzentrik und präziser Leichtigkeit.«[16] In die Flugbahn des Artisten schreibt der Betrachter seine eigenen Wünsche ein, doch nur als Teil eines auratischen Ensembles; ein quid pro quo: »Während wir in der Zirkuskuppel nur so tun, als könnten wir fliegen, könnten wir außerhalb des Zirkuszeltes, wie jedermann weiß, tatsächlich fliegen.«[17] Tatsächlich fliegen! Wo die Freiheit so leicht einherschwingt und doch so

schwer erreichbar ist, melden sich die Symbolisierungen an. Sie sind ein Panorama der Leidenschaften. Dem zölibatären Léotard wurde die Eleganz eines exotischen Vogels zugesprochen, dem Zusammenspiel von Fänger und Flieger die Unverbrüchlichkeit der Freundschaft, die drei Codonas wurden zum Inbegriff der Liebe und des Leids, ein Modell ebenso einfach wie tödlich: zwei Männer und eine Frau. Lalo liebte Vera, aber diese ihn nicht. Vera liebte Alfredo, aber dieser sie nicht. »Der Dreifache war der Faden, auf den sie das Schicksal in einer tollen Laune aufgereiht hatte. Riß dieser Faden, so würden sie höchstwahrscheinlich alle durcheinander purzeln ... Die Liebe läßt sich nicht zwingen, auch von einem mit unerhörter Präzision gedrehten Dreifachen nicht. Das ist nun einmal so im Leben.«[18]

Alfredo Codona lernte 1928 in Chicago die deutsche Trapezartistin Lilian Leitzel kennen und heiratete sie. 1931

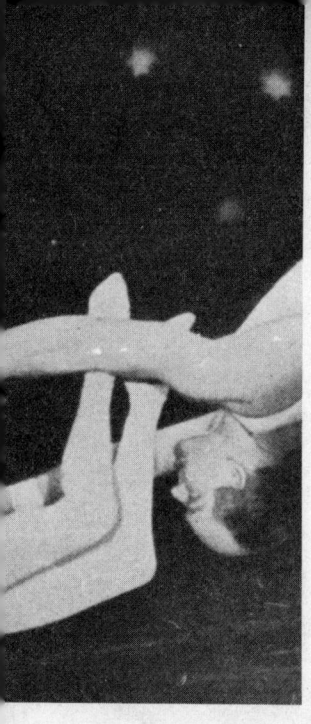

Die 3 Codonas

stürzte diese sich zu Tode. Kurz darauf heiratete Alfredo Codona Vera Bruce, die ›dritte‹ der Codonas. Als diese sich in Amerika von ihm endgültig trennen will, erschießt er erst sie und dann sich selbst. Alfred Lehmann weiß noch eine andere Geschichte:

»Da waren die ›Fliegenden Sterne‹, die drei hübschen Schwestern Voigt aus Neukölln bei Berlin. Sie waren im Jahre 1930 in einem polnischen Wanderzirkus engagiert. Im Zirkus war auch der Beleuchter Ferdinand Kortes angestellt, der auf die älteste der Schwestern ein Auge geworfen hatte. Die Neigung wurde nicht erwidert, im Gegenteil, er erlitt eine tätliche Abfuhr. Er nahm sich vor, sich zu rächen. Als niemand im Zirkus war, schloß er die Trapeze der Schwestern an die Starkstromleitung an. Während der Arbeit der Schwestern schloß dann der Unmensch plötzlich den Strom an — ein Schrei erfüllte den Zirkus, alle drei Schwestern stürzten in die Manege, alle drei brachen das Genick. Den Verbrecher fand man wenig später im nahen Wald, wo er sich eine Kugel durch den Kopf gejagt hatte.«[19]

ABSCHIED

Kugel

Ein Artist im Londoner Kristallpalast. Einsam balanciert er auf der langen Bahn, mit verschränkten Armen, den Kopf geneigt, in sich gekehrt auf einer Kugel. Ihre Vollkommenheit und die Bescheidenheit des Artisten sind Zeugnis eines tiefen Wissens, und der Artist steht mit der Haltung seines Körpers dafür ein. Versunken in die Bewegung, deren Maß die Konzentration. Die Kugel ist Sammlung, der Draht wird Verschwendung sein. Die Schönheit der Körpersprache spannt sich in diese Pole.

»Wie du geschminkt sein sollst? Maßlos. Übertrieben. Die Augen bis zu den Haaren verlängert. Deine Fingernägel farbig lackiert. Wer, wenn er normal und bei Verstand ist, geht schon auf einem Seil oder drückt sich in Versen aus? Das ist zu verrückt. Mann oder Frau? Auf alle Fälle Ungeheuer.«

Die große Tour, die Nietzsche noch unternahm, den Artisten einzuführen, ist dem Außenseiter Genet niemals in den Sinn gekommen. Seine Sprache ist asozial, wie das wovon sie handelt, emphatisch und gemein. Und sie ist schön, wie das was sie lobt. Sie verrät die Gesellschaft, um derer willen, die ihr nicht angehören, die Schwulen, die Diebe und die Artisten.

». . . Jetzt trittst Du ein. Wenn Du für das Publikum tanzt, bemerkt es das und Du bist verloren. Du bist einer der ihrigen. Da es nie wieder in Deinem Zauber gefangen sein wird, sinkt es träge in sich selbst zurück und läßt sich nicht mehr herausreißen.«

Genet spricht vom Seiltänzer. Ihm kann niemand etwas anhaben, wenn er die Gesetze seiner Kunst befolgt, wenn er bleibt, was er ist.

»Du bist das entflammte Wunder, Du brennst, Du dauerst nur wenige Minuten. Du brennst. Auf Deinem Seil bist Du der Blitz. Oder wenn Du abermals willst, ein einsamer Tänzer. Ich weiß nicht, was Dich entzündet, Dich erleuchtet, Dich verzehrt; es ist ein grauenhaftes Elend, das Dich zum Tanzen veranlaßt. Das Publikum? Es sieht einfach nur Feuer, und da es glaubt, daß du spielst, und nicht weiß, daß Du der Brandstifter bist, applaudiert es dem Brand.«

Für sich muß er tanzen, nicht für die, die ihm zuschauen. Sie wissen nicht, was mit ihm geschieht.

»Du mußt im hellsten Lichte einsam sein, während die Dunkelheit sich aus tausend Augen zusammensetzt, die Dich beurteilen, zweifeln und Deinen Sturz erhoffen; was tut's: Du wirst völlig sicher auf Deinem Seil tanzen in wüstenhafter Einsamkeit, wenn Du kannst mit verbundenen Augen, die Pupillen verschlossen. Aber nichts — vor allem nicht der Applaus oder das Gelächter — kann Dich daran hindern, für

Dein Bild zu tanzen. Du bist ein Artist — leider —; Du kannst Dich nicht mehr vor dem ungeheuren Abgrund Deiner Augen verschließen. Narziß tanzt? Aber es handelt sich um ganz andere Dinge als um Koketterie, Egoismus oder Eigenliebe. Wie, wenn es der Tod selbst wäre? Tanze also allein. Blaß, fahl, ängstlich bedacht. Deinem Bild zu gefallen: so wird es schließlich Dein Bild sein, das für Dich tanzt.«

Wenn er träumt, sieht er ein Bild vor sich, tritt er aufs Seil, realisiert sich der Traum. Sein Tanz ist ein einziger Versuch seines Körpers, dem Bild zu gleichen. Erst wenn der Körper dem Bild entspricht, wird es verlöschen.

»Wo warst Du denn, bevor Du in die Manege tratst? Du warst schmerzlich aufgelöst in Deine alltäglichen Gebärden, Du existiertest nicht. Im Licht spürst Du die Notwendigkeit, Dir das Sein zu befehlen. Jeden Abend für Dich allein, mußt Du auf dem Seil laufen, Dich drehen, Dich verrenken, auf der Suche nach dem vollkommenen Wesen, das in dem Dickicht Deiner gewohnten Handlungen verstreut und aufgelöst untergeht: Deine Schuhe zubinden, Deine Nase putzen, Dich kratzen, Seife kaufen . . .«

Die Verrichtungen des Lebens sind trivial. Sie sind bedeutungslos und gewöhnlich, weil diese Art Leben für ihn keine Rolle spielt.

»Ich wäre gar nicht überrascht, daß Du, wenn Du auf der Erde gehst, hinfällst und Dir dabei etwas verrenkst. Das Seil wird Dich weit besser tragen, viel sicherer als eine Straße.«

Das Leben zählt nicht, was zählt ist das Seil. Im Leben kann er tun, was er will. Doch niemals wird er dessen Gesetzen folgen. Er versteckt sich im Alltag, um Abstand zu schaffen. Hier ist kein Raum für die Intensität seines Begehrens. Er kann nur in seinem Auftritt leben.

»Wenn ich ihm rate, in seinem Privatleben den Luxus zu vermeiden, wenn ich ihm rate, etwas schmutzig zu sein, schlechtsitzende Kleidung und ausgetretene Schuhe zu tragen, so nur, damit die Veränderung abends in der Manege größer sei, damit die ganze Hoffnung des Tages durch das Nahen des Festes gesteigert werde, damit aus dem Abstand zum strahlend glanzvollen Auftritt eine so starke Spannung hervorgeht, daß die tanzende Bewegung zu einem Entladen oder einem Schrei wird . . .«

Im Auftritt verwandelt er sich. Hier findet er die einzige Möglichkeit, sein Begehren zu leben. Nur in diesem Augenblick ist er nicht mehr von sich getrennt.

»Wenn Du stürzt, wird man Dir eine ganz gewöhnliche Trauerrede halten. Eine Lache aus Gold und Blut, eine Pfütze, in der untergehenden Sonne . . . Du mußt nichts anderes erwarten. Der Zirkus besteht aus Gewöhnlichkeiten.«

Der Seiltänzer muß, will er überleben, jede Vorsorge treffen.

»Ich bitte Dich um etwas Aufmerksamkeit. Hör zu: um Dich besser dem Tod ausliefern zu können, um zu erreichen, daß er Dich auch wirklich mit seiner Mächtigkeit ganz ausfüllt, mußt Du Dich bei voller Gesundheit erhalten. Die kleinste Unpäßlichkeit würde Dich wieder unserem Leben angleichen.«

Er darf das Seil, das ihn tragen wird, nicht geringschätzen. Er muß es lieben.

»Du wirst es lieben, mit einer beinahe fleischlichen Liebe. Jeden Morgen, bevor Du mit dem Training beginnst, geh, wenn es aufgespannt ist und zittert, und gib ihm einen Kuß. Bitte es, Dich zu tragen und Dir Eleganz und fiebernde Erregung zu gewähren. Am Ende jeder Vorstellung grüße es und danke ihm. Und nachts, während es zusammengerollt in seinem Kasten ruht, besuche und liebkose es. Und lege sanft Deine Wange an seine.«

Die Gefahr darf er unter keinen Umständen vergessen.

»Aber nimm Dich in acht. Das Eisenseil liebt Blut wie der Panther und wie das Volk, von dem man es sagt. Versuche also eher, es zu zähmen.«

Auf dem Seil ist er einsam und sieht den Tod; in den Momenten der Verausgabung ist er ihm nah.

»Ich füge hinzu, daß Du das Wagnis eines physischen endgültigen Todes auf Dich nehmen mußt. Die Spielregeln des Zirkus verlangen es. Denn er ist außer der Dichtkunst, dem Krieg und dem Stierkampf das einzige grausame Spiel, das es gibt. Die Gefahr erfüllt seinen Zweck: Sie veranlaßt Deine Muskeln, eine vollendete Genauigkeit zu erreichen — der kleinste Irrtum würde Deinen Sturz, unheilbare Gebrechen oder den Tod herbeiführen —, und diese Genauigkeit ist die Schönheit Deines Tanzes.«

»Ihr seid nicht für unsere Welt und ihre Logik geschaffen. Daher müßt Ihr Euer schweres Los auf Euch nehmen: Nachts von der Illusion Eurer tödlichen Kunststücke zu leben. Tagsüber bleibt Ihr ängstlich an der Pforte des Zirkus, weil Ihr nicht wagt, in unser Leben zu treten: Ihr fühlt Euch zu stark von der Macht des Zirkus zurückgehalten, sie ist die Macht des Todes. Verlaßt nie diesen ungeheuren Bauch aus Zeltleinwand . . .

Und so komme ich darauf zu sagen, daß man den Zirkus lieben und die Welt verachten muß.

Aber ich wollte nichts anderes als: Bei Gelegenheit Deiner Kunst ein Gedicht schreiben, dessen Inbrunst Dir in die Wangen steigt. Es handelt sich darum, Dich zu entflammen, nicht Dich zu lehren.«

Der Text ist eine Liebesrede von Jean Genet. Er heißt ›Der Seiltänzer‹.

»Eine goldene Paillette ist eine winzige Scheibe aus vergoldetem Metall, von einem Loch durchbohrt. Dünn und leicht, vermag sie auf dem Wasser zu schwimmen. Manchmal bleiben eine oder zwei in den Locken eines Akrobaten hängen.«

»Wenn irgendeine hinfällige, lungensüchtige Kunstreiterin in der Manege auf schwankendem Pferd vor einem unermüdlichen Publikum vom peitschenschwingenden erbarmungslosen Chef monatelang ohne Unterbrechung im Kreis rundum getrieben würde, auf dem Pferde schwirrend, Küsse werfend, in der Taille sich wiegend, und wenn dieses Spiel unter dem nichtaussetzenden Brausen des Orchesters und der Ventilatoren in die immerfort weiter sich öffnende graue Zukunft sich fortsetzte, begleitet vom vergehenden und neu anschwellenden Beifallsklatschen der Hände, die eigentlich Dampfhämmer sind — vielleicht eilte dann ein junger Galeriebesucher die lange Treppe durch alle Ränge hinab, stürzte in die Manege, riefe das: Halt! durch die Fanfaren des immer sich anpassenden Orchesters.

Da es aber nicht so ist; eine schöne Dame, weiß und rot, hereinfliegt, zwischen den Vorhängen, welche die stolzen Livrierten vor ihr öffnen; der Direktor, hingebungsvoll ihre Augen suchend, in Tierhaltung ihr entgegenatmet; vorsorglich sie auf den Apfelschimmel hebt, als wäre sie seine über alles geliebte Enkelin, die sich auf gefährliche Fahrt begibt; sich nicht entschließen kann, das Peitschenzeichen zu geben; schließlich in Selbstüberwindung es knallend gibt; neben dem Pferde mit offenem Munde einherläuft; die Sprünge der Reiterin scharfen Blickes verfolgt; ihre Kunstfertigkeit kaum begreifen kann; mit englischen Ausrufen zu warnen versucht; die reifenhaltenden Reitknechte wütend zu peinlichster Achtsamkeit ermahnt; vor dem großen Saltomortale das Orchester mit aufgehobenen Händen beschwört, es möge schweigen; schließlich die Kleine vom zitternden Pferde hebt, auf beide Backen küßt und keine Huldigung des Publikums für genügend erachtet; während sie selbst, von ihm gestützt, hoch auf den Fußspitzen, vom Staub umweht, mit ausgebreiteten Armen, zurückgelehntem Köpfchen ihr Glück mit dem ganzen Zirkus teilen will — da dies so ist, legt der Galeriebesucher das Gesicht auf die Brüstung und, im Schlußmarsch wie in einen schweren Traum versinkend, weint er, ohne es zu wissen.«

(Franz Kafka, Auf der Galerie)

ANMERKUNGEN

GILLES

[1] Jean Starobinski, Die Erfindung der Freiheit. 1700–1789. Genf 1964, S. 89
[2] Ernst Bloch, Das Prinzip Hoffnung. Frankfurt 1973. Bd. I, S. 116
[3] G. W. F. Hegel, Phänomenologie des Geistes. Werke in 20 Bänden, Frankfurt 1969/71, Bd. 3, S. 483 f
»Es fehlt ihm die Kraft der Entäußerung, die Kraft sich zum Dinge zu machen und das Sein zu ertragen. Es lebt in der Angst, die Herrlichkeit seines Innern durch Handlung und Dasein zu beflecken, und um die Reinheit seines Herzens zu bewahren, flieht es die Berührung der Wirklichkeit und beharrt in eigensinniger Kraftlosigkeit, seinem zur letzten Abstraktion zugespitzten Selbst zu entsagen und sich Substanzialität zu geben oder sein Denken in Sein zu verwandeln und sich dem absoluten Unterschiede anzuvertrauen.«
[4] Ernst Bloch, op. cit., S. 107

Cave carnem

[1] Theophile Gautier, zit. n. Jean Starobinski, Portrait de l'artiste en saltimbanque. Genf 1970, S. 81 (Wir folgen bei diesen Überlegungen den Gedanken Jean Starobinskis.
[2] Charles Baudelaire, Mein entblößtes Herz. Frankfurt 1966, S. 31
»Das Weib ist das Gegenteil des Dandy. / Daher muß es Abscheu erregen. / Das Weib hat Hunger, und es will essen; Durst und es will trinken. / Es ist brünstig und will gefickt werden.«
[3] Joris Karl Huysmans, Gegen den Strich. Köln 1972, S. 98
»Während er sie beobachtete, entstanden nach und nach sonderbare Vorstellungen; während er ihre Geschmeidigkeit und ihre Kraft bewunderte, sah er eine künstliche Geschlechtsveränderung an ihr vorgehen; ihre zierlichen Posen, ihre weibchenhaften Ausgelassenheiten verwischten sich mehr und mehr, während sich die gewandten und kräftigen Reize eines Mannes an deren Stelle setzten: das heißt, nachdem sie sich zuerst als Weib gezeigt, dann zögernd das Zwitterhafte gestreift hatte, schien sie sich entschlossen zu haben, vollständig Mann zu werden.« (ebd. S. 98)
[4] ebd., S. 98
[5] »Fanciullo war an diesem Abend von so idealer Vollkommenheit, daß man unmöglich annehmen konnte, sie wäre nicht lebendig, möglich oder wirklich. Dieser Spaßmacher kam und ging, lachte und weinte, krampfte sich zusammen mit einer unzerstörbaren Strahlenkrone auf dem Haupt, einer für alle anderen unsichtbaren, für mich aber sichtbaren Strahlenkrone, in der sich, in seltsamer Verschmelzung, die Strahlen der Kunst und der Ruhm des Märtyrers zusammenfanden.« (Charles Baudelaire, Ein heldischer Tod. In: Die Tänzerin Fanfarlo und Der Spleen von Paris. Prosadichtungen. Zürich 1977, S. 144)

Lola

[1] Max Ophüls, Lola Montez. Frankreich/Deutschland 1955. Filmprotokoll v.

Theodor Kotulla und Enno Patalas. In: Enno Patalas (Hrsg.), Spectaculum. Texte moderner Filme. Frankfurt 1961, S. 207 f
cf. zum Film: Hartmut Bitomski, Die bezeichnende Lust und der bezeichnete Schmerz. In: Filmkritik 6/1974

[2] Filmprotokoll, a. a. O., S. 269

[3] Noch ein zweiter ist ihr allerdings gefolgt, der ›stärkste Mann der Welt‹.
»*Stallmeister:* — wird zum verliebten Sonderling. *Er stippt mit dem Peitschenknauf auf die Brust.* Er folgt ihr überall hin und läßt sich den ganzen Körper mit ›Lola Montez‹ tätowieren . . . Auf dem Rücken trägt er ihre größten Skandale! *Der Ringer hat seinen tätowierten Rücken zur Kamera gedreht. Man liest darauf:* ›*Paris*‹, ›*München*‹, *in kyrillischen Buchstaben* ›*Moskwa*‹.«
(Filmprotokoll, a. a. O., S. 235 f)

[4] »*Stallmeister:* Und hier, meine Damen und Herren: die Apotheose! Lola erreicht den Gipfel! *Applaus.* Lola kommt zur Macht! *Die Gondel wird in blaues Licht getaucht. / Groß. Lola, blau angestrahlt, heftig atmend. Das Bild ist an beiden Seiten abgedeckt. Stallmeister:* Die phantastischste Episode ihrer Karriere! Lola kommt nach Bayern. *Überblendung.*« (Filmprotokoll, a. a. O., S. 242)

[5] Filmprotokoll, a. a. O., S. 269

[6] ebd., S. 228

[7] Jacques Rivette und Francois Truffaut, Max Ophüls im Gespräch. In: Filmkritik 11/1977, S. 546

[8] Th. W. Adorno, Ästhetische Theorie. Gesammelte Schriften, Frankfurt 1972, Bd. 7, S. 126

[9] ebd., S. 126

FAHREND VOLK UND HÖFISCHE GESELLSCHAFT

[1] cf. Theodor Hampe, Fahrende Leute, Leipzig 1902

[2] cf. dazu Rudolf zur Lippe, Naturbeherrschung am Menschen. Bd. 2. Frankfurt/M. 1974
Norbert Elias, Über den Prozeß der Zivilisation. Frankfurt/M. 1977

[3] cf. Michael Balint, Angstlust und Regression. Reinbek 1972

Die Lehre vom perfekten Sprung

[1] Guillaume Depping, Wunder der Körperkraft und Geschicklichkeit des Menschen. Berlin 1870, S. 176

[2] Archangelo Tuccaro, Trois Dialogues de l'Exercise de Sauter, et Voltiger en l'Air. Paris 1549

[3] Depping op. cit., S. 173

[4] Tuccaro, zit. n. zur Lippe op. cit., S. 169

[5] Signor Saltarino, Das Artistentum und seine Geschichte. Leipzig 1910, S. 205

[6] Elias, op. cit., S. 373

[7] zur Lippe, op. cit., S. 10

[8] ebd., S. 97

[9] ebd., S. 172

[1] Saltarino, op. cit., S. 18
[2] Helmut Hanke, Das Abenteuer in der Manege. Berlin 1971, S. 36
[3] Otto Beneke. Von unehrlichen Leuten. Hamburg 1863, S. 2
[4] zit. n. Theodor Hampe, Fahrende Leute. a.a.O., S. 19
[5] Joseph Halperson, Das Buch vom Zirkus. Düsseldorf 1926, S. 26
[6] Berthold von Regensburg zit. n. Hampe, op. cit., S. 22
[7] Hampe op. cit., S. 23
[8] Flögel, Geschichte des Grotesk-Komischen. Leipzig 1789
[9] Depping, op. cit., S. 180 f
[10] cf. Victor Fournel, Le Vieux Paris, Tours 1887
[11] cf. dazu Lehmann, Zwischen Schaubuden und Karussells. Frankfurt 1952, S. 15-25
[12] Flögel, op. cit., S. 185
[13] zit. n. Halperson, op. cit., S. 34
[14] zit. n. Hampe, op. cit., S. 109 f
[15] zit. n. Halperson, op. cit., S. 32
[16] cf. dazu Hampe/Lehmann, op. cit.
[17] Reklamezettel aus dem 18. Jahrhundert. In: Eugen Holländer, Wunder, Wundergeburt und Wundergestalt in Einblattdrucken des 15. bis 18. Jahrhunderts. Stuttgart 1921, S. 101
[18] Wolf Lepenies, Melancholie und Gesellschaft. Frankfurt 1972, S. 9
[19] ebd., S. 91
[20] Michail Bachtin, Literatur und Karneval. Zur Romantheorie und Lachkultur. München 1969, S. 34
[21] ebd., S. 57 — Die großen Städte des Spätmittelalters (Rom, Neapel, Venedig, Paris, Lyon, Nürnberg, Köln) lebten zusammengerechnet etwa drei Monate im Jahr (manchmal auch länger) ein volles Karnevalsleben.
[22] »Dieses Drama betraf aber natürlich nicht den individuellen Leib und nicht den privaten Alltag, sondern den großen Leib der Gattung und des Volkes«. (ebd., S. 33)
[23] ebd., S. 49
[24] cf. ebd., S. 53
[25] ebd., S. 41

Der veränderte Blick

[1] J. J. Rousseau, zit. n. Jean Starobinski, Die Erfindung der Freiheit 1700-1789. Genf 1964, S. 101
[2] cf. Pierre Bertaux, Hölderlin und die Französische Revolution. Frankfurt/M. 1974, S. 75
[3] Jean Starobinski, Die Erfindung der Freiheit, a.a.O., S. 86
[4] ebd., S. 85
[5] Max v. Boehn, Rokoko. Berlin 1919, S. 107
[6] Oskar Bie, Der gesellschaftliche Verkehr. Berlin o. J., S. 32
[7] Starobinski, op. cit., S. 111
[8] Johann Friedrich Abegg, Reisetagebuch von 1798. Frankfurt/M. 1976, S. 157 f
[9] G. W. F. Hegel, Enzyklopädie der philosophischen Wissenschaften. Frankfurt/M. 1974, Bd. 3, S. 104 (Zusatz)

[10] Christa Karpenstein, »Bald führt der Blick das Wort ein, bald leitet das Wort den Blick«, Sehen, Sprechen und der sprachlose Körper. In: Kursbuch 49/1977, S. 62

[11] cf. Odo Marquard, Kant und die Wende zur Ästhetik, In: Zeitschrift für phil. Forschung. 1962. Bd. XVI. Es verhält sich hier wie beim kategorischen Imperativ. Das Sollen und Wollen im ›als ob‹ als Grenze der praktischen Vernunft.

Exkurs: Menagerie

[1] Wilhelm Stricker, Geschichte der Menagerien und der zoologischen Gärten. In: Virchow/Holtzendorff (Hrsg.), Sammlung gemeinverständlicher wissenschaftlicher Vorträge. Berlin 1880, H. 336, XIV. Serie, S. 17 f

[2] Michel Foucault, Überwachen und Strafen. Die Geburt des Gefängnisses. Frankfurt/M. 1976, S. 261

[3] Wolf Lepenies, Das Ende der Naturgeschichte. Frankfurt/M. 1978

[4] cf. Joachim Illies, Anthropologie des Tieres. Entwurf einer anderen Zoologie. München 1977, S. 19 ff

[5] Foucault, op. cit., S. 256 f

[6] ebd. S. 261

[7] cf. Victor Fournel, Le vieux Paris, a.a.O., S. 447 f

ENGLISCHE REUTER

[1] G. Strehly, L'acrobatie et les acrobates. Paris 1901, S. 298

[2] Bloch, op. cit., S. 422

[3] Alfred Lehmann, Tiere als Artisten. Wittenberg 1956², S. 210

[4] Pierre Hachet-Souplet, Die Dressur der Thiere. München 1898, S. 78

[5] Emile Compardon. Les spectacles de la foire. Paris 1877. Bd. I, S. 404

[6] Joseph Halperson, Das Buch vom Zirkus. Düsseldorf 1926, S. 28

[7] zit. n. DU 5/1952

[8] Halperson, op. cit., S. 38

[9] Jewgeni Kusnezow, Der Zirkus der Welt. Berlin 1970, S. 15

[10] ebd., S. 19

[11] Gerhard Eberstaller, Zirkus und Varieté in Wien. München/Wien 1972, S. 11 f

[12] ebd., S. 14

[13] Briefe des Eipeldauer, zit. n. Eberstaller, op. cit., S. 14

CIRQUE OLYMPIQUE

[1] Alexander Kluge, Die Artisten in der Zirkuskuppel: ratlos. München 1968, S. 34

[2] Karl Marx, Der 18. Brumaire des Louis Bonaparte, MEW, Bd. 8, S. 118

[3] Michel Foucault, Überwachen und Strafen. Die Geburt des Gefängnisses. Frankfurt 1976, S. 199

[4] Foucault hat diesen Prozeß in seinen Schriften nachgezeichnet: Klinik, Irrenhaus, Gefängnis, Kaserne.

[5] Jean Starobinski, Portrait de l'artiste en saltimbanque. Genf 1970, S. 69

Bürger Franconi

[1] Max Dietz, Geschichte des musikalischen Dramas in Frankreich während der Revolution bis zum Direktorium (1787 bis 1795) Hildesheim, New York 1970 (1893[1]), S. 164

[2] Kusnezow, Zirkus der Welt, a.a.O., S. 22 f

[3] Halperson, Buch vom Zirkus, a.a.O., S. 47

[4] Max von Boehn, Die Mode. Menschen und Moden im 19. Jahrhundert (1790-1817) Bd. V, München 1964[5], S. 104 » . . . die Mondaine trägt an den blassen Füßen Ringe, seidene Tricots und als einziges Kleidungsstück die bis zum Knie offene, durchsichtige ›chemise‹.«

[5] Karl Marx, Der 18. Brumaire des Louis Bonaparte. MEW, Bd. 8, S. 116

[6] ebd.

[7] cf. Kusnezow, op. cit., S. 31

[8] Madame B***, Les Animaux Savants ou Exercises des Chevaux de MM. Franconi, du Cerf Coco, du Cerf Azor, de l'Elephant Baba, des Serins Hollandois, du Singe Militaire. Paris 1816

[9] Alfred Lehmann, Tiere als Artisten. a.a.O.

[10] Madame B***, op. cit., S. 51

[11] Kusnezow, op. cit., S. 25

[12] Signor Saltarino, Das Artistentum und seine Geschichte. Leipzig 1910, S. 37

[13] Henri Thétard, La Merveilleuse Histoire du Cirque. Paris 1947, Bd. 1, S. 46 f

Boulevard du Temple

[1] Charles Yriarthe, Célébrités de la Rue. Raris 1864, S. 4

[2] Heinrich Heine, Werke und Briefe. Berlin 1972. Bd. 6, S. 55 f

[3] Paul D'Ariste, La Vie et le Monde du Boulevard. Paris 1930, S. 2

[4] Walter Benjamin, Gesammelte Schriften. Frankfurt 1974, I. 2, S. 539

[5] Karl Gutzkow, zit. n. Siegfried Kracauer, Jaques Offenbach und das Paris seiner Zeit. München 1962, S. 80

[6] Kracauer. Jaques Offenbach und das Paris seiner Zeit. a.a.O., S. 29 / cf. Gaston Escudier, Les Saltimbanques. Paris 1875

[7] Benjamin, I.2, S. 620

[8] Jaques Boulenger, Le Boulevard. Paris 1933, S. 11

[9] cf. Max von Boehn, Vom Kaiserreich zur Republik. Berlin 1917

[10] Heine, Bd. 4, S. 433

[11] Francis De Croisset, La Vie Parisienne au Théâtre. Paris 1929, S. 31

[12] Nicolas Brazier, Chroniques des Petits Théâtres de Paris. Paris 1883, S. 304

[13] Signor Saltarino, Das Artistentum a.a.O.

[14] Georges Cain, Anciens Théâtres de Paris. Paris 1906, S. 15 f

[15] Saltarino, op. cit., S. 172

[16] Boulenger, op. cit., S. 35

[17] Maurice Albert, Les Théâtres des Boulevards, Paris 1902, S. 325/328

[18] Jules Janin, Deburau. Erzählung über das Drei-Groschen-Theater um die Geschichte des Französischen Theaters fortzusetzen. (Hrsg. v. Antje Ruge u. Lydia Billiet), Berlin 1977, František Kožık, Meister Pierrot. Prag 1954

[19] zit. n. Cain, op. cit., S. 107

[20] Henri Beaulieu, Les Théâtres du Boulevard du Crime. Paris 1945, S. 137

[21] Kracauer, op. cit., S. 98 (eine ähnliche Geschichte schreibt Flögel, Die Geschichte des Grotesk-Komischen, Leipzig 1789, einem Pariser Harlekin zu)
[22] Heine, Bd. 6, S. 419
[23] Heine, Bd. 4, S. 430
[24] zit. n. Cain, op. cit., S. 150 f

Zirkusphantasmen: Pantomimen

[1] zit. n. Cain, Anciens Théâtres de Paris, a.a.O., S. 56
[2] Heinrich Heine, Lutetia. Werke 6, a.a.O., S. 296
[3] A. H. Saxon, Enter foot and horse. A history of hippodrama in England and France. New Haven. 1968
[4] Louis-Henry Lecomte, Napoleon et l'Empire racontés par le théâtre, 1797-1899. Paris 1900, S. IV
[5] cf. Max von Boehn, Vom Kaiserreich zur Republik. Eine französische Kulturgeschichte des 19. Jahrhunderts. Berlin 1917, S. 226
[6] Maurice Albert, Les Théâtres des Boulevards, Paris 1902, S. 329
[7] Theophile Gautier, Histoire de l'art dramatique en France depuis vingt-cinq ans. Bruxelles 1858-1859
[8] ebd., S. 276 f
[9] Heinrich Heine, Über die französische Bühne. Werke 6, a.a.O., S. 32 f
[10] Gautier sucht im Zirkusmelodrama die großen Epen der Weltgeschichte wiederzufinden. In einem prosaisch gewordenen Weltzustand kann es das eigentliche Epos jedoch nicht mehr geben.
» ... das Epos, indem es zum Gegenstande hat, was ist, erhält das Geschehen einer Handlung zum Objekt, die in ihrer ganzen Breite der Umstände und Verhältnisse als reiche Begebenheit im Zusammenhange mit der in sich totalen Welt einer Nation und Zeit zur Anschauung gelangen muß.«
G. W. F. Hegel, Ästhetik, Bd. 2, Frankfurt o. J., S. 406
[11] Saxon, Enter foot and horse, a.a.O., S. 127
[12] Marion Hannah Winter, Le Théâtre du Merveilleux, Paris 1962, S. 166
[13] ebd. 167
[14] D. Sternberger, Panorama oder Ansichten vom 19. Jahrhundert, Frankfurt 1974, S. 97
[15] ebd., S. 47
[16] zit. n. Kusnezow, Zirkus der Welt, a.a.O., S. 60
[17] Henri Thétard, Les Dompteurs. Paris 1928, S. 21-53
[18] Alfred Lehmann, Tiere als Artisten. a.a.O.
[19] zit. n. A. H. Saxon, Enter foot and horse, a.a.O., S. 65
[20] Gautier, op. cit., Bd. 2, S. 175
[21] Gautier, op. cit., Bd. 1, S. 12
[22] cf. M. H. Winter, op. cit.
[23] D. Sternberger, Panorama, a.a.O., S. 47
[24] Gautier, op. cit., Bd. 2., S. 310 f
[25] cf. Heinz Buddemeier, Panorama, Diorama, Photographie. Entstehung und Wirkung neuer Medien im 19. Jahrhundert. München 1970, S. 22
[26] Roland Barthes, André Martin, Der Eiffelturm. München 1970, S. 44
»Das ist im übrigen die Bedeutung, die man heute dem Wort Struktur geben kann: Ein Körper aus verständlichen Formen ... Denn was ist ein

Panorama? Ein Bild, das man zu entziffern, auf dem man bekannte Orte wiederzuerkennen, Anhaltspunkte herauszufinden sucht.«

[27] Heinz Buddemeier, Panorama . . ., op. cit., S. 78

[28] Gautier, op. cit., Bd. 1, S. 101 (Besprechung von ›Dschingis-Khan‹ 1838)

Sterne

[1] Jules Janin, The American in Paris . . . or Heath's Picturesque Annual for 1844. Illustrated by 18 engravings. London 1844, S. 120
Der Zirkus existierte seit 1841, ein riesiges Gebäude (erstellt vom Architekten Ignace Hittorf), das fast 6000 Zuschauer faßte. Über dem Eingang war eine Reiterstatue aufgestellt, für die die Kunstreiterin Antoinette Lejars dem Bildhauer James Pradier Modell gestanden hatte.
Der ›Cirque des Champs Elysées‹ war ein Nachfolgeunternehmen des Cirque Olympique, der 1842/43 liquidiert und ein gewöhnliches Theater wurde. 1852 wird der ›Cirque Napoléon‹, der spätere Winterzirkus eröffnet, in der folgenden Saison der ›Cirque des Champs Elysées‹ – zu Ehren der Frau Napoleons III. – in ›Cirque de L'impératrice‹ umbenannt, dann 1870 in ›Cirque d'été‹. Die beiden Unternehmen gehörten Louis Dejean, einem Pariser Rentier, der schon 1835 den Cirque Olympique von den Franconis übernommen hatte. Victor Franconi, ein Sohn Laurent Franconis, leitete die beiden Häuser.

[2] A. H. Kober, Zirkus Renz, Berlin 1942, S. 152

[3] U. Muellers, Ernst Renz und die vorzüglichsten Mitglieder seiner Gesellschaft. Berlin 1853, S. 26

[4] J. Starobinski, Portrait de l'artiste . . ., a.a.O., S. 70

[5] Th. Gautier, a.a.O., Bd. I., S. 25

[6] »Der komische Akrobat zu Pferde, der Reiter-Komiker und der Bajazzo waren Exponenten des Zirkusspaßes im ersten Viertel des 19. Jahrhunderts. Von einem Clown konnte noch keine Rede sein.« (Kusnezow, a.a.O., S. 43 f)
Tristan Rémy erwähnt Saunders und Gontard als erste Clowns. (cf. Rémy, Les Clowns. Paris 1945, S. 16-20)

[7] Kober, Zirkus Renz, a.a.O., S. 145

[8] cf. Halperson, a.a.O., S. 180

[9] Joe Grimaldi (1778-1837) war eine Berühmtheit dieser Pantomimen. Charles Dickens hat seine Autobiographie geschrieben.

[10] Gautier, Bd. I, S. 154

[11] ebd., S. 154

[12] Henri Bergson, Das Lachen. Jena 1921, S. 23

[13] cf. Starobinski, a.a.O., S. 35

REISENDE TRUPPEN UND ERSTE PRINZIPALE

[1] cf. Kusnezow, Zirkus der Welt, a.a.O., S. 28 f

[2] Kober, Zirkus Renz, a.a.O., S. 25

[3] Zit. n. Hans Pemmer, Der Zirkus de Bach im Prater. Sonderdruck ›Wiener Geschichtsblätter‹ 1961, S. 226 f

[4] Zit. n. Pemmer, op. cit., S. 227

[5] cf. Margarethe Schrott, Die Pferdekomödie im Alt-Wiener Volkstheater. In: Maske u. Kothurn. VJZS. f. Theaterwissenschaft 13/1967, S. 126

[6] cf. Schrott, op. cit, S. 127
[7] Zit. n. Schrott, op. cit., S. 118
[8] Theateralmanach auf das Jahr 1813, hrsg. v. A. Bäuerle zit. n. Schrott, op. cit., S. 121
[9] Bäuerles Theaterzeitung, 29. 7. 1837, 30. Jg., zit. n. Schrott, op. cit., S. 134 f
[10] Briefe des Eipeldauer, zit. n. Gerhard Eberstatter, Zirkus und Varieté in Wien. a.a.O., S. 25
[11] cf. zur Geschichte des Wiener Praters: Hans Pemmer u. Ninni Lackner, Der Wiener Prater einst und jetzt. Leipzig/Wien 1935, S. 5–35
(Der Öffentlichkeit ist der Prater erst seit 1766 zugänglich, seit 1775 auch nachts).
[12] Helmut Böhme, Prolegomena zu einer Sozial- und Wirtschaftsgeschichte Deutschlands im 19. u. 20. Jahrhundert. Frankfurt 1968, S. 9
[13] Fritz Peters, Freimarkt in Bremen, Geschichte eines Jahrmarkts. Bremen 1962, S. 14
[14] cf. Peters, op. cit., S. 63 ff. So zeigten sich in Bremen die Gruppen Gautiers (1810), Wecke (1817), Blondin (1819, 1821, 1825, 1839), Price (1820), de Bach (1829), Louisset (1830, 1834, 1835), Guerra (1836, 1844), Tourniaire (1840, 1842), Cirque Olympique (1841), Cirque des Champs Elysées de Paris (1843)
[15] Zur Genealogie vgl. Thétard, op. cit., Bd. 1, S. 95 f.
[16] Karl von Holtei, Die Vagabunden. Berlin 1925, S. 158
[17] Signor Domino, Wandernde Künstler. Panorama der Artistenwelt und des Zirkuslebens. Berlin 1891, S. 19

KOMÖDIANTEN UND SCHAUSTELLER

[1] Theodor W. Adorno, Ästhetische Theorie, a.a.O., S. 126

Theatralische Sendung

[1] J. W. Goethe, Wilhelm Meisters Lehrjahre. Werke. Bd. 8, S. 106
[2] cf. Jürgen Habermas, Strukturwandel der Öffentlichkeit, Neuwied 1962, S. 14–22
»Die Bürgerlichen sind Privatleute; als solche ›herrschen‹ sie nicht.« (S. 39)
[3] Karl Philipp Moritz, Anton Reiser. Berlin 1952, S. 410 f
[4] cf. Compardon, op. cit.

Komödianten

[1] H. Arnold, Randgruppen des Zigeunervolks. Neustadt/Wstr. 1975, S. 155
[2] Peter Benedix, Auf der Landstraße. Aus dem Leben eines Fahrenden. Wien 1941, S. 24 f
Ein Funke Wahrheit, den selbst der Kolportageroman kennt: »Ich habe in meinem späteren Leben manchmal daran gedacht, wie man eigentlich uns und unsere Arbeit für ein Nichts geachtet hat. Viele hatten nicht einmal ein paar Kreuzer für uns übrig, und manche erwarteten, daß wir umsonst zu Tode fallen sollten.«
[3] A. H. Kober, Zirkus Renz. Berlin 1942, S. 13 f
[4] Karl v. Holtei, Die Vagabunden. Berlin 1924, S. 31
[5] Herrmann Arnold, op. cit., S. 159

[6] A. H. Kober, Die große Nummer. Berlin 1925, S. 76, dazu: Artisten, op. cit., S. 88

[7] Arnold, op. cit., S. 191
(»Von Schwangerschaft und Geburt machen sie nicht viel Wesens ... Eine Komödiantin aus Mitteldeutschland, die seit dem frühen Nachmittag Wehen hatte, ließ sich von der Hebamme ein krampflösendes Medikament geben, damit sie noch in der Abendvorstellung Musik machen konnte. Obgleich sich die Wehen verstärkten und sie heftige Schmerzen empfand, begab sie sich doch erst nach Schluß der Vorstellung zur Entbindung ins Krankenhaus. Ihre Angehörigen fanden das als selbstverständlich«.)

[8] Hermann Arnold, Vaganten, Komödianten, Fieranten und Briganten. Untersuchungen zum Vagantenproblem. Stuttgart 1958, S. 53

[9] Arnold, Randgruppen des Zigeunervolks. S. 157 f

[10] Ein Beispiel dafür gibt Arnold mit der Familie Traber:
»Die Trabers sind schon vor 1800 weit gereist. Nikolaus Traber, geboren um 1770, (später beheimatet in Bischofsheim, Krs. Molsheim) ist mit seiner Familie bis nach Italien gezogen. Er hatte zwei Söhne, den Antoni (geboren 1794 in Beunsone/Italien) und den Alois (geboren 1804), die wir beide später in Alsenborn finden. Ein Louis Traber, gebürtig aus einem Dorf bei Straßburg, weilte 1808 mit einer Truppe von 12 Personen, 2 Wagen und 5 Pferden in Kettwig an der Mosel. Nachdem sie mit Seiltanzen das Volk amüsiert hatten, priesen sie die Wirkung ihrer Heilmittel und ihre medizinischen Kenntnisse. Sie verteilten gedruckte Zettel, auf denen zu lesen war, sie besäßen das Geheimnis, leicht alle Krankheiten zu heilen. Ihre Medizin verkauften sie zu enormen Preisen und suchten dann das Weite. Wenig später wurde aus Rhens berichtet, ihre Frauen hausierten in den Dörfern mit einem Mittel, das nicht nur geeignet sei, gewisse Krankheiten zu heilen, sondern auch Falschgeld einen neuen Schimmer gebe. Die Polizei konnte ihnen nichts anhaben, weil Louis Traber im Besitz eines Patents zur Ausführung von Operationen war und verschiedene Zeugnisse über glücklich verlaufene Eingriffe vorwies. Verbindung der Quacksalberei mit Schaustellerei und Betrug war im 18. Jahrhundert nicht ungewöhnlich, doch scheint, daß die Gruppe des Louis Traber sich auf dem untersten Niveau des Heilgewerbes bewegte. Mit Leuten, die auf gleiche Weise ihren Unterhalt gewannen, stand sie offenbar in Verbindung, denn Alois Traber (sen.), von dem oben schon die Rede war, heiratete die ›herumziehende Marionettenspielerin‹ Franziska Witthauer (aus Neuleiningen/Pfalz), deren Eltern ein ›Chirurgus‹ und eine Marionettenspielerin waren. Eine Schwester dieser Franziska heiratete den Taglöhnersohn Andreas Bügler aus Müchweiler, der damit in den Kreis der Alsenborner Zirkusleute trat. Ein vermutlicher Sohn des Alois Traber (sen.), der ebenfalls Alois (jun.) hieß und um 1830 geboren war, verband sich mit einer Barbara Stey, die als ›alte Traberin‹ im Kreis der Fahrenden so bekannt war, daß eine leise Erinnerung an sie noch in unsere Tage herüberweht. Bei einer geschichtslosen Menschengruppe ein seltenes Geschehen! Die Herkunft dieser Frau ist bemerkenswert. Ihre Familie ist seit 1773 in Neustadt an der Weinstraße nachweisbar: Joh. Ernst Stey, geboren um 1750, war ein Händler, sein Sohn Jakob Stey, geboren 1773, ein Taglöhner, beide Bürger von Neustadt. Mit Joseph Stey, geboren 1804, Sohn des Jakob, scheint plötzlich eine neue Richtung in die bis dahin seßhafte Familie gekommen zu sein: Er wurde ein ›Künstler im Umherziehen‹ und verband sich (illegitim) mit einer Elisabeth Leimberger, alias

Leienberger, alias Weiß, alias Hecht, die sehr wahrscheinlich eine Zigeunerin war. Drei Kinder aus dieser Verbindung erhielten den Vatersnamen, hierunter Barbara, unsere ›alte Traberin‹. (Von hier aus die weitverzweigte Zirkusfamilie Stey!) Alois Traber jun. und die ›alte Traberin‹ erfreuten sich einer ganzen Schar von Kindern, des ›Buss‹, des ›Witz‹, des ›Schang‹, des ›Pepi‹ und noch mehr, alle des Namens Traber. Bis auf einen scheinen sich alle wieder mit Reisenden verbunden zu haben. Eine besonders zahlreiche Nachkommenschaft entsproß der Ehe des Karl Ludwig Traber mit einer Müller aus Alsenborn. (Dieser Zweig der Trabers erwarb in Alsenborn das Heimatrecht.): Maria begründete die Zirkusfamilie Weisheit. Alois heiratete eine Matt (Thüringer Komödianten), Karl eine Schramm aus Alsenborn, Klara nahm den Adolf Krämer, einen Schausteller aus dem Elsaß (›Läusekrämer‹), Louise heiratete einen Mann aus der Publikspielerfamilie Feder, Sette ehelichte einen Liberun, der eine Arena hatte, August nahm eine Winterstein, eine Sintiza (= Zigeunerin) aus dem Elsaß. Aus diesen Verbindungen sind so viele Nachkommen hervorgegangen, daß es kaum mehr möglich ist, sie genealogisch aufzunehmen.«

[11] Arnold, Randgruppen des Zigeunervolks, a.a.O., S. 289 f.
[12] Peter Benedix, Auf der Landstraße. a.a.O., S. 97

Buden / Lichter / Volk

[1] Georg Büchner, Woyzeck, Zit. n. Werke u. Briefe, hrsg. v. F. Bergemann, Wiesbaden 1968, S. 155
[2] ders., Briefe an die Braut, Nov. 1833, a.a.O., S. 374
[3] Ernst Bloch, Das Prinzip Hoffnung. Frankfurt 1969, Bd. 1, S. 421–426 ›Südsee in Jahrmarkt und Zirkus‹
[4] Georg Büchner, Woyzeck, a.a.O., S. 172
[5] Ernst Bloch, op. cit., S. 410 f
[6] ebd., S. 421

Im Innern der Bude

[1] Karl von Holtei, Die Vagabunden, 3 Bde. Breslau 1857, Bd. II, S. 140 ff Holtei war der deutsche Literat im 19. Jahrhundert, der auf liebenswürdige und kenntnisreiche Weise das Leben der Fahrenden zeichnete.
[2] cf. Saltarino, Das Artistentum und seine Geschichte, a.a.O., S. 203
[3] ebd., S. 202
[4] Kusnezow, Zirkus der Welt, a.a.O., S. 49
[5] Georges Strehly, L'acrobatie et les acrobates. Paris 1903, S. 137
[6] ebd., S. 138
[7] Signor Saltarino, Fahrend Volk. Abnormitäten, Kuriositäten und interessante Vertreter der wandernden Künstlerwelt. Leipzig 1895, S. 29
[8] cf. Alfred Lehmann, Zwischen Schaubuden . . . a.a.O., S. 129
[9] Saltarino, op. cit., S. 30
[10] ebd., S. 59 f
[11] ebd., S. 123 ff
[12] cf. Michael Bachtin, Literatur und Karneval, a.a.O., S. 15–23
»Der groteske Leib ist ein werdender Leib. Er ist niemals fertig, niemals abgeschlossen . . . Alle diese hervorstehenden oder offenstehenden Körperteile werden dadurch bestimmt, daß in ihnen die Grenzen zwischen Leib und Leib und Welt im Zuge eines Austausches und einer gegenseitigen Orientierung überwunden werden.« (ebd., S. 17)

Mit der Ausbildung des individuellen Leibs ist die perfekte Kluft zwischen den Körpern geschaffen. Der Körper wird zum Objekt.

[13] Karl von Holtei, Die Vagabunden, a.a.O., S. 71
[14] J. W. v. Goethe, Novelle
[15] zit. n. David Braithwaite, Fairground Architecture. London 1968, S. 17
[16] Henry Thétard, Les Dompteurs ou la Ménagerie des Origines à nos jours. Paris 1928, S. 283 f u. 251 ff
[17] Karl von Holtei, Die Vagabunden, a.a.O., S. 165 f
[18] cf. V. Fournel, Le Vieux Paris, a.a.O., S. 404
[19] Th. W. Adorno, Ästhetische Theorie, a.a.O., S. 127 — »seine Reaktionsweise bedarf ästhetische Erfahrung ebenso, wie jene dem Begriff von Kunst fremd ist.«
[20] cf. Th. W. Adorno, Minima Moralia, a.a.O., S. 148-153
»Sie sind Allegorien dessen, daß ein Exemplar oder ein Paar dem Verhängnis trotze, das die Gattung als Gattung ereilt. . . . Kein Segen ist auch in den Hagenbeckschen Anlagen mit Gräben und ohne Gitter, welche die Arche verraten, indem sie die Rettung vortäuschen . . . Zu den anständigen Zoos verhalten sie sich wie die botanischen zu den Palmengärten . . . Der Tiger, der endlos in seinem Käfig auf und abschreitet, spiegelt negativ durch sein Irresein etwas von Humanität zurück, nicht aber der hinter dem unüberspringbaren Graben sich tummelnde. . . . Daß aber zugleich das Tier im Käfig wirklich mehr leidet als in der Freianlage, daß also Hagenbeck tatsächlich einen Fortschritt der Humanität darstellt, besagt etwas über die Unausweichlichkeit des Gefängnisses.« (ebd., S. 149)

Le vieux Saltimbanque

[1] Charles Baudelaire, Der alte Marktschreier, in: ders. Ausgewählte Werke, München o. J., Bd. 2, S. 184-187

DEUTSCHER ZIRKUS

[1] Walter Benjamin, Rezension zu Ramon de la Serna ›Le cirque‹. In: ders., Gesammelte Schriften, Bd. 3, Frankfurt 1972, S. 71
[2] Kusnezow, Zirkus der Welt, a.a.O., S. 74. Als gleichsam materiale Bedingungen dieser Entwicklung nennt Kusnezow die durch das rasche Wachstum der Industriezentren ermöglichten stationären Zirkusse, andererseits den durch die Entwicklung des Transport- und Verkehrswesens erleichterten Gastspielverkehr. Auch änderte sich die Besucherstruktur: »Im Zirkus ging der Anteil des Adels und des Militärs außerordentlich schnell zurück, an seine Stelle traten vorwiegend die städtischen Mittelschichten; aber auch das Kleinbürgertum und das erstarkende Proletariat verschafften sich Zugang zum Zirkus, zunächst noch hauptsächlich zu den Wanderunternehmen der Provinz.« (ebd., S. 74) Das Programm wird differenzierter, neue Genres kommen hinzu, ein Prozeß der Spezialisierung setzt ein, der Universalartist stirbt aus. Der Trick wird Selbstzweck.
[3] Ernst Bloch, Das Prinzip Hoffnung, Bd. I, a.a.O., S. 423
[4] Zweckmäßigkeit ohne Zwecke / Zwecklosigkeit ohne Zweck / Zwecklosigkeit für Zwecke: Bürgerliche Hoffnung / Artistik / Kulturindustrie

Renz. Ein Paradigma

[1] Alwill Raeder, Der Circus Renz in Berlin. Eine Denkschrift zur Jubiläums-Saison 1896/97. Berlin 1896, S. 3

[2] ebd., S. 7

[3] cf. Halperson, Buch vom Zirkus, a.a.O., S. 88 ff.

[4] Raeder, Der Circus Renz . . . , a.a.O., S. 11

[5] Lehmann, Unsterblicher Zirkus . . . , a.a.O., S. 24 f.

[6] Raeder, op. cit., S. 24

[7] ebd., S. 28

[8] ebd., S. 67

[9] »Die Bestattung der toten Barrikadenhelden am 22. März wurde als Spektakel der Klassenversöhnung aufgeführt, bei dem man das Volk, diesmal als stummes Statistenheer, zum letzten Mal benötigte. Wolfgang Thiede, Die bürgerliche Revolution von 1848/49. In: Kunst der bürgerlichen Revolution von 1830 bis 1848/49. Berlin 1972, S. 175

[10] Halperson, Buch vom Zircus, a.a.O., S. 107

[11] Signor Saltarino, Artisten-Lexicon. Düsseldorf 1895, S. 168

[12] Raeder, op. cit., S. 36

[13] ebd., S. 36 f

[14] ebd., S. 24

[15] Kober, Zirkus Renz, a.a.O., S. 240

[16] Zit. n. Dominique Jando, Histoire mondial du cirque. Paris 1957, S. 33

[17] cf. Eduard Schmitt, Zirkus- und Hippodromgebäude. Handbuch der Architektur IV. Teil, 6. Hbd., 6. H. Stuttgart 1904, S. 29 ff.

[18] Renz hatte das Gebäude zunächst nur gemietet, dann aber 1863 für 120 000 Thaler gekauft, um es dann 1872 für 820 000 Thaler wieder zu verkaufen.

[19] Raeder, op. cit., S. 5 f.

[20] Halperson, op. cit., S. 103 f.

Berliner Luft

[1] Heinrich Heine, Briefe aus Berlin 1822, in: Werke Bd. 3, S. 502

[2] ebd., S. 506

[3] ebd., S. 540

[4] Karl Marx an Ruge, Mai 1843. Briefe aus den Deutsch-Französischen Jahrbüchern, MEW 1, a.a.O., S. 339
»Sie nehmen sie, wie sie ist und sich fühlt. Sie nehmen sich selbst, wie sie sich vorfinden, und stellen sich hin, wo ihre Füße gewachsen sind, auf die Nacken dieser politischen Tiere, die keine andere Bestimmung kennen, als ihnen ›untertan, hold und gewärtig‹ zu sein. Die Philisterwelt ist die politische Tierwelt . . .« (S. 339) und weiter: »Menschen, das wären geistige Wesen, . . . Republikaner. Beides wollen die Spießbürger nicht sein. Was bleibt ihnen übrig, zu sein und zu wollen? — Was sie wollen, leben und sich fortpflanzen (und weiter, sagt Goethe, bringt es doch keiner), das will auch das Tier, höchstens würde ein deutscher Politiker noch hinzuzusetzen haben, der Mensch *wisse* aber, daß er es wolle, und der Deutsche sei so besonnen, nichts weiter zu wollen.« (S. 338)

[5] cf. Karl Marx, Zur Kritik der Hegelschen Rechtsphilosophie. Einleitung. MEW 1, a.a.O., S. 380

[6] Theodor Fontane, cit. n. Pierre Paul Sagave, Berlin, Paris 1871. Reichshauptstadt und Hauptstadt der Welt. Berlin 1971, S. 70

[7] ebd., S. 70

[8] Kober, Zirkus Renz, a.a.O., S. 116 f.

[9] zit. n. Walter Ulrich, 250 Jahre Zirkuskunst in Berlin. Preetz 1959, S. 7 f

[10] Alwill Raeder, Kroll. Ein Beitrag zur Berliner Cultur- und Theater-Geschichte. Denkschrift zu dem 50jährigen Bestehen des Hauses (1844–1894). Berlin 1894

[11] ebd., S. 362

[12] ebd., S. 25 »Ein Saal umschließt ganz Berlin: König, Minister, Generäle, bis zum untersten Staatsdiener und Unteroffizier, Kaufleute und Handwerker, bis zum Ladendiener und Lehrburschen. Das ist eine erhabene Idee.« (S. 27)

[13] cf. H. M. Enzensberger, Bewußtseins-Industrie. Frankfurt 1967, S. 11

[14] Hartmut Bitomsky, Das goldene Zeitalter der Kinematographie. In: Filmkritik 9/76, S. 419

[15] Paul Lindenberg, Aus der Reichshauptstadt. Arbeit und Verkehr. In: Gartenlaube 1888, S. 313 f

[16] Werner Hegemann, Das steinerne Berlin. Berlin 1963

[17] Berlin hatte im Jahre 1867 702 400 Einwohner, im Jahre 1870 waren es 800 000. Im Jahre 1871 zogen 133 700 Menschen nach Berlin zu, gut die Hälfte davon unter 30 Jahren; im gleichen Zeitraum meldeten sich 78 000 wieder ab, andere zogen ohne Abmeldung weg. Von den verbleibenden 50 000 Neuankömmlingen waren 60% Industriearbeiter, 16,8% Dienstpersonal. . . . Die Mehrzahl der Zugezogenen kam vom Lande und war — mit 97,8% der Zugezogenen — ledig. Die Einwohnerzahl Berlins stieg bis 1874 auf 965 000. (cf. Annemarie Lange, Berlin zur Zeit Bebels und Bismarcks. Berlin 1972, S. 85–87) Einen Rekord hielt Meyers Hof, eine 1873/74 von dem Berliner Bankier Meyer hochgezogene Mietskaserne in der Ackerstraße, die aus Vorderhaus und 5 Hinterhäusern bestand und 300 Wohnungen enthielt, in denen über 2000 Menschen lebten. (cf. Sagave, 1871 . . . , a.a.O., S. 87)
1871 gab es 8% Schlafleute, während der Depression 1875 waren es 22% der Gesamtbevölkerung.

[18] Annemarie Lange, Berlin . . . , a.a.O., S. 192

[19] cit. n. Lange, ebd., S. 198 f

[20] Festschrift 50 Jahre Wintergarten. 1888–1938. Hildesheim/New York 1975 (Nachdruck), S. 31

[21] 1883 wurde im Café Bauer die erste elektrische Beleuchtung eines öffentlichen Lokals in Gang gesetzt.

[22] Franz Hessel, Spazieren in Berlin. München 1968, S. 218

[23] ebd., S. 171

[24] cf. Lange, op. cit., S. 527

[25] Berlin bei Nacht. Ein gründlicher Wegweiser durch das nächtliche Berlin. Berlin o. J., S. 54

[26] Hessel, op. cit., S. 219

[27] Otto Schneidereit, Paul Lincke und die Entstehung der Berliner Operette. Berlin 1977
Die spät entstandene Operette hat als ein Moment den Gassenhauer zur Grundlage. Ein Beispiel: »Mutter, der Mann mit 'n Koks ist da! — Junge, halt Schnauze, ick seh et ja! Ick hab keen Jeld, du hast keen Jeld; wer hat denn den Mann mit'n Koks bestellt?«

Stallgang

[1] Signor Domino, Wandelnde Künstler . . . , a.a.O., S. 100 f
[2] Siegfried Kracauer, Analyse eines Stadtplans. In: ders., Das Ornament der Masse. Frankfurt/M. 1963, S. 16
[3] Initiiert wurde diese Massenvorstellung von Eduard Wulff in Brüssel. Er fügte Anfang der 90er Jahre 60 Pferde zu einem ›Karussell‹ zusammen. »In der Manege erschienen, steigt Eduard Wulff auf die oberste Plattform eines 3-etagigen Hotels, das aus drei umfangreichen runden Postamenten besteht, von denen jedes einen kleineren Durchmesser als das darunterliegende besitzt. Er ruft ein kleines Pony zu sich auf die oberste Etage, ordnet auf dem folgenden Kreis einen Ring von Pferden an, und auf dem nächsten einen zweiten. In dem freien Raum zwischen der Barriere und dem ersten Absatz der Pyramide haben weitere zwei Ringe von Pferden Platz gefunden, und 20 Ponys verteilen sich über die Barriere. Die ganze Kavalkade kreist in ausgezeichneter Ordnung, mehr und mehr das Tempo beschleunigend.« (Hachet-Souplet, Dressur der Tiere . . . , a.a.O., S. 112)
[4] Richard Hamann/Jost Hermand, Epochen deutscher Kultur 1870 bis zur Gegenwart, Bd. 1. Gründerzeit. Frankfurt/M. 1977, S. 152
[5] Walter Benjamin, Paris — Hauptstadt des 19. Jahrhunderts. In: ders. Illuminationen. Frankfurt/M. 1977, S. 177
[6] »Da begegnet man auf reichornamentierter, deutscher Renaissancetruhe einem chinesischen Idol oder einem hellenischen Anathema aus Terrakotta; unter einem Baldachin, getragen von zwei spätrömisch gewundenen Säulen, die Armatur eines Geharnischten; in einem Spinde altitalienischer Arbeit prunkt eine Kollektion gold- und perlenbesetzter, orientalischer Hauben, von einem hohen, karminartigen Aufsatze grüßt aus phantastisch in Holz geschnittenem Encadrement ein weibliches Brustbild nieder, das zwei flott modellierte Allegorien flankieren.« (Robert Stiassny, Hans Makart und seine bleibende Bedeutung, zit. n. Hamann/Hermand, op. cit. S. 24)
[7] Annemarie Lange, op. cit., S. 90

Panorama der Artistik

[1] Kusnezow, op. cit., S. 88
[2] Das Panneau ersetzt den vorher üblichen schmalen, harten, weißen Brettsattel.
[3] Maurice Blanchot, L'Amitié. Paris 1971, cit. n. Junggesellenmaschinen, hrsg. von Jean Clair und Harald Szeemann. Venedig 1975, S. 19
[4] Karl Kuhn, Arbeit und Erholung. In: Kaufhaus N. Israel Album 1914, cit. n. H. Bitomsky, Das goldene Zeitalter der Kinematographie, a.a.O., S. 402
[5] Signor Saltarino, Das Artistentum und seine Geschichte, a.a.O., S. 61
[6] »Ein Zirkus ohne Jockei ist ebenso undenkbar wie eine Opernbühne ohne Heldentenor.« (Kusnezow, op. cit., S. 91)
[7] Wie auch der Zirkus dieses Moment hervorkehrt, belegen die Renz'schen Konkurrenzveranstaltungen, in denen jeweils zwei Vertreter eines Genres in einen Wettstreit traten, den die Gunst des Publikums entschied.
[8] Kusnezow, op. cit., S. 92
[9] Karl Marx, Das Kapital, MEW 23, S. 404
[10] Kusnezow, op. cit., S. 93
[11] Hachet-Souplet, op. cit., S. 90
[12] Gerhard Zapff, Pferde im roten Ring. Berlin 1972, S. 153

[13] Kusnezow, op. cit., S. 96

[14] ebd., S. 96 (Daß Pferde weiterhin kriegswichtig waren, zeigt die Tatsache, daß im deutsch-französischen Krieg 1870/71 allein 15 000 Pferde auf der Strecke blieben. cf. Horst Stern, Bemerkungen über Pferde. Reinbek 1976, S. 7)

[15] James Fillis, Grundsätze der Dressur und über die Reitkunst, cit. n. Hachet-Souplet, op. cit., S. 95

[16] Halperson, op. cit., S. 143

[17] ebd., S. 147

[18] Signor Saltarino, Das Artistentum . . . , a.a.O., S. 61

[19] Halperson, op. cit., S. 147

[20] Beide »Frauentypen« finden sich auch in der Literatur: Cleophea Götz in Raabes ›Hungerpastor‹ ist die selbstbewußte zügellose Frau. Sie geht nach Paris, und später läßt sie der Autor im Meer untergehen. Melusine in Fontanes ›Stechlin‹ wird belohnt. Ihr beherrscht selbstbewußtes Wesen läßt sie zur anerkannten Landadligen werden. (Für den Hinweis danken wir Renate Obermeier aus Freiburg)

[21] Saltarino, Das Artistentum . . . , a.a.O., S. 65

[22] Lehmann, Unsterblicher Zirkus, a.a.O., S. 92

[23] Kusnezow, op. cit., S. 124

[24] Strehly, L'acrobatie et les acrobates, a.a.O., S. 213

[25] Jürgen Fischer, Peter-Michael Meiners, Proletarische Körperkultur und Gesellschaft. Zur Geschichte des Arbeitersports. Gießen 1973, S. 28

[26] Annemarie Lange, Berlin zur Zeit Bebels und Bismarcks, a.a.O., S. 512 f »Zum eigentlichen ›Volkssport‹ begann sich in den 80er Jahren das Radfahren zu entwickeln. Doch erst mit dem Aufkommen der ›Niederräder‹, der Erfindung des Luftreifens (seit 1888 gab es die Dunlop-Reifen) und dem Beginn einer kapitalistischen Fahrradindustrie breitete sich das Radfahren mehr und mehr aus. Anfang der 70er Jahre wurde der ›Berliner Bicycle-Club Germania‹ gegründet, und vom Bildhauer Reinold Begas der ›Schutzbund Deutscher Radfahrer‹ . . . (ebd., S. 537)

[27] Und auch Lustmaschine. Zur autoerotischen Symbolisierung des Fahrrads, vgl. Peter Gorsen, Die beschämende Maschine zur Eskalation eines neuen Mythos. In: Junggesellenmaschinen, op. cit., S. 132 f

[28] »War aber in der Operette die Darstellung dieser Glückswendungen üblich, so hatte eben die Umwelt den Charakter der Operette. Denn die herrschende Gesellschaft spekulierte Operettenglück. Es war, meinte ein zeitgenössischer Schriftsteller, als wohne man im Zirkus einer Darbietung von Jongleuren bei, deren blitzende Metallbälle in die Lüfte steigen, herabsinken und wieder emporfliegen.« (Kracauer, Jacques Offenbach . . . , a.a.O., S. 189) Doch nicht nur wie hier, im Zweiten Kaiserreich, auch der Gründerzeit kam der Jongleur gelegen als Ideal. Der Jongleur symbolisiert die Schöpfung aus dem Nichts als Spekulant.

[29] Kusnezow, op. cit., S. 128

[30] »Ein Bierfahrer liebte eine Kellnerin / jedesmal wenn er sie sah / hätte er gerne drei Fässer auf den Rücken genommen / sie aber heiratete einen reichen Gast aus ihrer Wirtschaft / bewundernd spricht sie von der schweren Arbeit der Bierfahrer« (Aus dem Gedächtnis von E. B.)

[31] Strehly, L'acrobatie . . . , a.a.O., S. 337

[32] Georg Simmel, Grundfragen der Soziologie, Berlin 1970, S. 51

[33] Lehmann, Unsterblicher Zirkus, a.a.O., S. 59

[34] Jean Starobinski, Portrait . . . , a.a.O., S. 137 f

[35] Tristan Rémy, Clownnummern. Köln/Berlin 1964, S. 274

[36] ebd., S. 275

[37] Halperson, op. cit., S. 184

[38] Walter Benjamin, Rezension zu ›Ramon Gomez de la Serna, le cirque‹ In: Ges. Schriften, Bd. 3, Frankfurt/M. 1972, S. 72

[39] »Die Geschichte des Clowns ist untrennbar von der des Augusts. Von jetzt an werden wir nicht vom ersten sprechen, ohne auch den zweiten zu nennen.« (Rémy, Les clowns, a.a.O., S. 103)

[40] Kusnezow, op. cit., S. 100

[41] Pierre Mariel, Das Leben dreier Clowns, Aufzeichnungen nach Erinnerungen der Fratellini. Berlin 1926, S. 62

[42] cf. Rémy, Les Clowns, a.a.O., S. 81 f (Der Kleinzirkus kennt den selbständigen Clown nicht. Der Clown war immer auch Artist.)

[43] Benjamin, Renzension . . . , a.a.O., S. 71

[44] Halperson, op. cit., S. 180

[45] Kober, Zirkus Renz, a.a.O., S. 219

[46] Heino Seitler, Clowns aus zwei Jahrhunderten. Wien 1966, S. 6

[47] Mariel, op. cit., S. 136
Die Lebenserinnerungen Anatoli Durows finden sich in Helga Bemmann (Hrsg.), Das Leben großer Clowns von ihnen selbst erzählt. Berlin 1972, S. 113–173
Die politische Schärfe seiner Satire belegt die folgende Episode:
»Der gefürchtete Generalgouverneur von Odessa hieß Grün. In seiner Anwesenheit trat Durow im Zirkus auf. »Zum Schluß seiner Darbietungen führte Durow ein junges dressiertes Schwein in die Manege, das er mit grüner Farbe angestrichen hatte. Durow wandte sich mit feierlichen Worten an das Publikum: ›Meine sehr verehrten Damen und Herren, ich bitte, alles aufzustehen und eine Verbeugung zu machen, denn dieses Schwein ist grün.‹ Dröhnendes Gelächter brauste durch den Zirkus. Der Generalgouverneur verließ sofort demonstrativ das Haus, Durow wurde noch in der selben Nacht verhaftet und am nächsten Tag aus Odessa ausgewiesen.« (Heino Seiler, Clowns . . . , a.a.O., S. 11)

Die lustigen Heidelberger

[1] Schmitt, op. cit., S. 80

[2] Die Renz'sche Pantomime hatte einen aktuellen Anlaß. 1890 hatte Deutschland mit England Sansibar gegen Helgoland getauscht.

[3] Programmzettel Ciniselli, cit. n. Kusnezow, op. cit., S. 159

[4] Ernst Bloch, Das Prinzip Hoffnung, a.a.O., S. 427

[5] Lange, Berlin zur Zeit Bebels und Bismarcks, a.a.O., S. 529

Von Tieren und Menschen

[1] Ernst Günther, 33 Zirkusgeschichten. Berlin 1977, S. 106

[2] Lange, Berlin . . . , a.a.O., S. 465

[3] Lange, Das wilhelminische Berlin. Zwischen Jahrhundertwende und Novemberrevolution. Berlin 1967, S. 60

[4] Carl Hagenbeck, Von Tieren und Menschen, München 1948, S. 56

[5] ebd., S. 57

[6] ebd., S. 89

[7] Charles Darwin, Die Abstammung des Menschen, cit. n. Sternberger, Panorama . . . , a.a.O., S. 121

Zirkuszelte. Es regnet

[1] Kluge, Artisten . . . , a.a.O., S. 136

[2] In Max Ophüls ›Die verkaufte Braut‹. Deutschland 1932, cf. Filmkritik 10/1970, S. 529-541

[3] Oskar Schlemmer, Mensch und Kunstfigur. In: Laszlo Moholy-Nagy, Farkas Moinar, Oskar Schlemmer, Die Bühne im Bauhaus. Frankfurt/M. 1925, S. 8

[4] P. T. Barnum, Die Kunst Geld zu machen. Nützliche Winke und beherzigenswerthe Rathschläge. Berlin 1884

[5] Kusnezow, op. cit., S. 169

[6] Edmond de Goncourt, Die Brüder Zemganno. Gütersloh o. J., S. 130

[7] Laszlo Moholy-Nagy, Theater, Zirkus, Varieté. In: Die Bühne . . . , a.a.O., S. 47 f

[8] cf. Kusnezow, op. cit., S. 167-173
›Le gigantisme allemand‹ überschreibt Dominique Jando die Kapitel seiner ›Histoire du Cirque Mondial‹. Hinweisen will er damit auf die Dimension, die das Zirkusbusiness bekommt.

[9] cf. Der Spiegel, Nr. 236 ff., 1978, S. 14

[10] Oskar Schlemmer, op. cit., S. 18

[11] Heinrich von Kleist, Über das Marionettentheater, Sämtliche Werke II, München 1952, S. 339

[12] cf. Ernst Bloch, Das Prinzip Hoffnung, a.a.O., S. 423

[13] Adorno, Minima Moralia. Frankfurt/M. 1969, S. 253

SPEZIALITÄTEN

Pferd

[1] Der wahnsinnige Nietzsche umarmte in Neapel einen geschlagenen Droschkengaul. Das Pferd soll kein Domestique sein. Jacques Lacan buchstabiert anders: d'hommestique. Mit dieser Lesart machte uns Azzo Kittler vertraut.

[2] G. L. Buffon, Allgemeine Historie der Natur nach allen ihren besonderen Theilen abgehandelt. Hamburg und Leipzig 1754, S. 93. Zur Rezeption der ›Histoire‹ des Grafen Buffon cf. Wolf Lepenies. Das Ende der Naturgeschichte. Frankfurt 1978, S. 133–168
Lepenies gibt eine Anekdote wieder, die pointiert die Richtung der Kritik einer positiv gewordenen Wissenschaft am Stil Buffons angibt.
»Eines Tages unterhielt sich Rivarol mit d'Alembert über Buffon. D'Alembert sagte: ›Lassen Sie mich zufrieden mit dem Schwätzer, der mit Sätzen anhebt wie ›Die edelste Eroberung, die je der Mensch gemacht hat, ist jene dieses stolzen und flüchtigen Tieres‹ etc. Warum schreibt er nicht einfach: das Pferd?‹ ›Ja‹, sagte Rivarol, ›er wetteifert mit Jean Baptist Rousseau, der sich unterfängt zu dichten: ›Von den Gestaden, wo Aurora aufwacht, bis zu den Flammenufern, wo die Nacht beginnt‹, anstatt einfach zu schreiben: ›Von Ost nach West‹.« (a.a.O., S. 145 f)

³ Antoine de Pluvinel, Neu aufgerichtete Reitkunst von der richtigen und gewissenhaftesten Art und Weise, Pferde abzurichten und in kurzer Zeit zum Gehorsam des Reiters zu bringen. Frankfurt 1670, S. 45

⁴ Karl Marx, Zur Kritik der Hegelschen Rechtsphilosophie. Kritik des Hegelschen Staatsrechts. MEW I, S. 310

⁵ cf. Constance-Anne Parker, Mr. Stubbs, the horse painter. London 1971 — Anfang des 18. Jahrhunderts entsteht eine neue Art der Auftragskunst, die ›Sporting-Art‹, die den Herren die gewünschte Pferdepositur liefert.

⁶ H. M. Enzensberger (Hrsg.), Allerleirauh. Viele schöne Kinderreime. Frankfurt 1972, S. 66

⁷ Sigmund Freud, Analyse der Phobie eines fünfjährigen Knaben. In: Zwei Kinderneurosen. Studienausgabe Bd. VIII, Frankfurt 1975, S. 16

⁸ Frank Wedekind, Zirkusgedanken. In: Werke in drei Bänden, Berlin und Weimar 1969, Bd 3, S. 158
In den Briefen vom 7. Juli 1898 an Fliess (Freud, 1950a, Brief Nr. 92) spricht Freud vom »berühmten Prinzip von Itzig, dem Sonntagsreiter: ›Itzig, wohin reit's du?‹ — ›Weiß ich, frag das Pferd‹.«

Clown

¹ cf. Heino Seitler, Clowns aus zwei Jahrhunderten. a.a.O., S. 6

² Th. W. Adorno, Minima Moralia. Frankfurt 1969, S. 176 ff

³ ebd., S. 177

⁴ Th. W. Adorno, Zweimal Chaplin. In: ders., Ohne Leitbild. Parva Aesthetica. Frankfurt 1969, S. 92

⁵ »Zeitweise hatte auch Chaplin einen grausamen, erschreckenden Zug in seiner Komik. Er trat immer die fette Frau in den Arsch, nachdem er dem

Hund sein letztes Stück Sandwich gegeben hatte. . . . In einer Sequenz ging er an einem Mann vorbei, der die Gicht hatte; er schaute sich um, holte mit seinem Stock wie mit einem Golfschläger aus und ließ ihn voll auf den gichtgeschwollenen Fuß niedersausen. Dann lächelte Chaplin das Opfer an und spazierte mit seinem unnachahmlichen Gang davon . . . .«
(Jerry Lewis, Wie ich Filme mache. Reinbek 1976, S. 152)
W.C. Fields hat in einer Bank ein Kind fast zu Tode erschreckt: ›Wenn dein Hals sauber wäre, würde ich ihn dir umdrehen.‹ Von sich selbst sagte er: ›Ein Mann, der Hunde haßt und kleine Kinder nicht mag, kann doch kein ganz schlechter Mensch sein.‹

⁶ »Der Dandy muß sein ganzes Streben darauf richten, ohne Unterbrechung erhaben zu sein; er muß Leben und Schlafen vor einem Spiegel.« Charles Baudelaire, Mein entblößtes Herz. a.a.O., S. 32

⁷ cf. Franz Kafka, Erstes Leid. ders., Sämtliche Erzählungen. (Hrsg. v. Paul Raabe) Frankfurt 1970, S. 155-157

⁸ Franz Kafka, Kinder auf der Landstraße. In: Sämtliche Erzählungen, a.a.O., S. 9

⁹ cf. Jean Starobinski, Portrait, a.a.O., S. 143

¹⁰ Phillipe Soupault, Charlie Chaplin. Zit. n. Walter Benjamin, Rückblick auf Chaplin. In: Gesammelte Schriften Bd. 3, Frankfurt 1972, S. 159

¹¹ cf. Jerry Lewis, Wie ich Filme mache, a.a.O., S. 147

¹² Walter Benjamin, Rezension ›Ramon Gomez de la Serra ›Le Cirque‹, a.a.O., S. 71

»Dieser im großen Zirkus besiegelte Friede wäre auch Friede im Zeichen der Tierwelt, die das Patronat über die Menschheit genommen hat« (ebd., S. 71 f)

Thierbändiger

[1] Pierre Hachet-Souplet, Die Dressur der Thiere. München 1898, S. 2
[2] »Mit den wilden Tieren symbolisiert die Traumarbeit in der Regel leidenschaftliche Triebe, sowohl die des Träumers als auch die anderer Personen, vor denen der Träumer sich fürchtet, also mit einer ganz geringfügigen Verschiebung die Personen selbst, welche die Träger dieser Leidenschaften sind. . . . Man könnte sagen, die wilden Tiere dienen zur Darstellung der vom Ich gefürchteten, durch Verdrängung bekämpften Libido.« (Sigmund Freud, Die Traumdeutung. Studienausgabe Bd. II, Frankfurt 1972, S. 399)
[3] Kober, Zirkus Renz, a.a.O., S. 225
[4] Theophile Gautier, Histoire . . . , a.a.O., Bd. 5
[5] Carl Hagenbeck, Von Tieren und Menschen. Leipzig 1953, S. 89
[6] cf. Hachet-Souplet, Die Dressur der Thiere, a.a.aO., S. 137
[7] Hagenbeck, Von Tieren und Menschen, a.a.O., S. 70
[8] ebd. S. 92 (Zur wissenschaftlichen Seite der Dressur, cf. Heinrich Hediger, Beobachtungen zur Tierpsychologie im Zoo und im Zirkus. Basel 1961)
[9] Bahr, Zirkus, a.a.O., S. 127
[10] Lehmann, Tiere als Artisten, a.a.O., S. 128
[11] Saltarino, Artistentum und seine Geschichte, a.a.O., S. 117
[12] Lehmann, Tiere als Artisten, a.a.O., S. 136
[13] Kober, Ich wanderte mit dem Zirkus. Frankfurt 1958, S. 124

Referenz

[1] Michael Balint, Angstlust und Regression. Ein Beitrag zur psychologischen Typenlehre. Reinbek 1972
[2] ebd., S. 26
[3] ebd., S. 30
»Oknophilie kann als Fixierung an die erste Reaktion auf ein schwerwiegendes Trauma aufgefaßt werden. Das Trauma war die schmerzliche Entdeckung, daß wichtige Objekte unabhängig von einem selbst existieren. . . . Der Philobat erlitt dasselbe Trauma, aber die Fertigkeiten (skills), die er erwerben konnte, befähigten ihn, bis zu einem gewissen Grade die zerstörte Harmonie zwischen ihm und der Welt wiederherzustellen. Der Preis, den er dafür zu zahlen hat, scheint ein Zwang zu einer nie endenden Wiederholung des ursprünglichen Traumas zu sein, eine Art traumatischer Neurose.« (ebd., S. 73)
[4] ebd., S. 45
[5] »Die persönliche Geschicklichkeit ist die Quintessenz des Philobatismus: ohne Geschicklichkeit gibt es keinen Philobatismus. Das letzte Ziel des Philobaten ist indes, die Aufgabe so vollkommen und elegant zu meistern, daß das Können keinerlei Anstrengung mehr verlangt. Betrachten wir die Leistung des Philobaten von diesem Gesichtspunkt, dürfte er wohl einen Fall von Wiederkehr des Verdrängten darstellen.« (ebd., S. 68)
[6] Frank Wedekind, Zirkusgedanken. Werke in drei Bänden. Berlin/Weimar 1969, Bd. 3, S. 153 ff

[7] Peter Villaume, Von der Bildung des Körpers. Wien/Wolfenbüttel 1787. Neudruck: Frankfurt 1969, S. 93

[8] Wedekind, op. cit., S. 160

[9] ebd., S. 159, zu ›Tod und Teufel‹: »In der Figur des Herrn König habe ich mich selbst als Autor in die Handlung gestellt. . . . Der *abstrakte Idealismus* dieses Charakters kann meines Erachtens kaum als anstößig empfunden werden.« (Hervorhebung von uns) (Wedekind, Zum dramatischen Werk. Bd. 3, S. 350)

Gratwanderung

[1] Fried. Nietzsche, Also sprach Zarathustra, In: ders. Werke (hrsg. v. I. Frenzel). München 1967, Bd. 2, S. 549

[2] ebd., S. 551

[3] Über das Auftreten von Seiltänzertruppen in Bremen vgl. Fritz Peters, Freimarkt in Bremen. Geschichte eines Jahrmarkts. Bremen 1962, S. 59–62

[4] Signor Saltarino, Das Artistentum und seine Geschichte, a.a.O., S. 163

[5] Furioso hatte auch den grandiosen Plan vom Pont de la Concorde zum Pont Royal zu laufen. (cf. V. Fournel, Le Vieux Paris, a.a.O., S. 354 f

[6] G. Strehly, op. cit., S. 232 f

[7] Ernst Günther, 33 Zirkusgeschichten. Berlin 1977, S. 43

[8] Signor Saltarino, Fahrend Volk. a.a.O., S. 13 ff

[9] Frank Wedekind, Im Zirkus. In: ders., Werke in drei Bänden. Berlin 1969 Bd. 3, S. 168

[10] cf. Kusnezow, Zirkus der Welt, a.a.O., S. 113

[11] F. Wedekind, op. cit., S. 169

[12] F. Nietzsche, op. cit., S. 555

Philobaten am Trapez

[1] Franz Kafka, Erstes Leid. a.a.O., S. 156

[2] Signor Saltarino, Das Artistentum und seine Geschichte. Leipzig 1910, S. 206

[3] cf. Jules Léotard, Mémoires de Léotard. 1860. Wobei er allerdings mehr über seine Amouren als über seine Arbeit am Trapez berichtet.

[4] G. Strehly, L'acrobatie et les acrobates. Paris 1903, S. 181

[5] Signor Saltarino, Das Artistentum . . . , a.a.O., S. 206

[6] G. Strehly, op. cit., S. 182 (Bild 3)

[7] K. D. Bahr, Zirkus, In: ders., Mißgestalten. Über bürgerliches Leben. Lollar/Lahn 1976, S. 129 f

[8] Der Sprung ins Netz ist allerdings auch nicht gerade ungefährlich: » 1889 stürzt die schöne Olga Pospischill während einer Probe so unglücklich, daß sie drei Tage später starb.« (Henry Thétard, La Merveilleuse Histoire du Cirque, a.a.O., Bd. II, S. 136)

[9] G. Strehly, op. cit., S. 184

[10] Frost, Circus-Life, London 1876, zit. n. H. Thétard, op. cit., S. 135

[11] J. Bremer, Die drei Codonas. Berlin 1940, S. 178

[12] cf. Karl Marx, Das Kapital I. MEW Bd. 23. Kap. Maschinerie und große Industrie.

[13] ebd., S. 407

[14] H. D. Bahr, Zirkus, a.a.O., S. 130 hat diesen Vorgang auf der Ebene der Zirkulation beschrieben: »Ein Stück frühkapitalistischer Handelsutopie

steckt in ihrem Zusammenspiel: Akrobatik als vollendete Vermittlung des Leistungstauschs, Überwindung der räumlichen Trennung von Angebot und Nachfrage, Unerschöpflichkeit der Kräftevorräte, Ausgewogenheit der Qualität.«

15 D. Sternberger, Panorama oder Ansichten vom 19. Jahrhundert. Frankfurt 1974, S. 142
16 E. Bloch, Das Prinzip Hoffnung. Bd. 1. Frankfurt 1969, S. 432
17 A. Kluge, Die Artisten. a.a.O., S. 145
18 J. Bremer, Die drei Codonas, a.a.O., S. 166
19 Alfred Lehmann, Unsterblicher Zirkus. Leipzig 1942 (Überhaupt, immer wieder Alfred Lehmann lesen. Der weiß alles. Fast alles.)

»Ein Sach- und Fachkundiger, der in diesen Seiten blättert, könnte allerdings sagen: Der Mann, der sie beschrieb, meint es ja ganz gut, aber er hat dies und jenes vergessen, er hat diesen oder jenen bekannten Namen nicht genannt — weiß er denn nichts davon? Doch, mein Lieber, er weiß es. Aber diese Welt des Zirkus ist zu bunt, zu umfassend, als daß sie in ihrer Ganzheit nicht verwirrend wäre. Weder der Zettelkasten sollte erschöpft werden, noch sollte ein wissenschaftliches Handbuch aufgebaut werden — nein, der Zirkus sollte so genommen werden, wie er ist: heute hier, morgen da, heute mit glücklichen, morgen mit leidvollen Menschen, heute mit dem Programm, morgen mit jenem, heute arm, morgen reich — aber immer und immer unsterblich . . .«
(Alfred Lehmann)

Der Autor E.B. als Hautmensch. Gemälde von J. Gerber aus Freiburg

ABEGG, Johann Friedrich. Reisetagebuch von 1798. Frankfurt 1976

ADORNO, Theodor W. Ästhetische Theorie. Gesammelte Schriften, Frankfurt 1972, Bd. 7
  Minima Moralia. Frankfurt 1969
  Ohne Leitbild-Parva Aesthetica. Frankfurt 1969

ALBERT, Maurice. Les théâtres de la foire: 1660-1789. Paris 1900
  Les théâtres des boulevards. 1789-1848. Paris 1902

D'ARISTE, Paul. La vie et le monde du boulevard. Paris 1930

ARNOLD, Hermann. Randgruppen des Zigeunervolks. Neustadt/Wstr. 1975
  Vaganten, Komödianten, Fieranten und Briganten. Untersuchungen zum Vagantenproblem. Stuttgart 1958

ARTAUD, Antonin. Das Theater und sein Double. Frankfurt 1969

ARTISTEN, ihre Arbeit und ihre Kunst. (Autorenkollektiv), Berlin 1970

AUSSTELLUNGSKATALOG: Aspekte der Gründerzeit. Berlin/München/Frankfurt 1974/75

B***, Madame. Les Animaux Savants ou Exercises des Chevaux de MM. Franconi, du Cerf Coco, du Cerf Azor de L'Elephant Baba, des Serins Holandouis, du Singe Militaire. Paris 1816

BACHTIN, Michael. Literatur und Karneval. Zur Romantheorie und Lachkultur. München 1969

BAHR, H. D., Zirkus. In: ders., Mißgestalten. Über bürgerliches Leben. Lollar/Lahn 1976

BALINT, Michael. Angstlust und Regression. Beitrag zur psychologischen Typenlehre. Reinbek 1972

BARNUM, P. T., Die Kunst Geld zu machen. Berlin 1884

BARTHES, Roland / MARTIN, André. Der Eiffelturm. München 1970

BAUDELAIRE, Charles. Ausgewählte Werke. München o. J.

BEAULIEU, Henri. Les théâtres du Boulevard du Crime. Paris 1945

BENEDIX, Peter. Auf der Landstraße. Aus dem Leben eines Fahrenden. Wien 1941

BENEKE, Otto. Von unehrlichen Leuten. Hamburg 1863

BENJAMIN, Walter. Gesammelte Schriften. Hrsg. v. R. Tiedemann u. H. Schweppenhäuser, Frankfurt 1972 ff

BERGSON, Henry. Das Lachen. Jena 1921

BERLIN BEI NACHT. Ein gründlicher Wegweiser durch das nächtliche Berlin. Berlin o. J. (1900)

BERTAUX, Pierre. Hölderlin und die Französische Revolution. Frankfurt 1974

BIE, Oskar. Der gesellschaftliche Verkehr. Berlin o. J.

BITOMSKY, Hartmut. Das goldene Zeitalter der Kinematographie. In: Filmkritik 9/1976, S. 394-459
  Lola Montez: Die bezeichnende Lust und der bezeichnete Schmerz. In: Filmkritik 6/1974, S. 259-278

BLOCH, Ernst, Das Prinzip Hoffnung. Frankfurt 1973

BOEHN, Max von. Vom Kaiserreich zur Republik. München 1917
  Die Mode. Menschen und Moden im 19. Jahrhundert (1790-1817), München 1964, Bd. 5, Rokoko. Berlin 1919

BÖHME, Helmut. Prolegomena zu einer Sozial- und Wirtschaftsgeschichte Deutschlands im 19. und 20. Jahrhundert. Frankfurt 1968

Boruwlaski, Joseph. Leben des bekannten Zwerges Joseph Boruwlaski, eines polnischen Edelmannes. Leipzig 1790

Boulenger, Jacques. Le Boulevard. Paris 1933

Braithwaite, David. Fairground Architecture. London 1968

Brazier, Nicolas. Chroniques des Petits théâtres de Paris. Paris 1883

Bremer, Joachim. Die drei Codonas. Berlin 1940

Buddemeier, Heinz. Panorama, Diorama, Photographie. Entstehung und Wirkung neuer Medien im 19. Jahrhundert. München 1970

Büchner, Georg. Werke und Briefe. hrsg. v. F. Bergemann, Wiesbaden 1968

Buffon, G. L.. Allgemeine Historie der Natur nach allen ihren besonderen Theilen abgehandelt. Hamburg/Leipzig 1754

Bulthaup, Peter. Die Metaphysik des Verrats. Zu Werken Jean Genets. In: Glaser, Horst Albert (Hrsg.), Wollüstige Phantasie. Sexualästhetik der Literatur. München 1974

Cain, Georges. Ancien théâtres de Paris. Paris 1906

Compardon, Emile. Les spectacles de la foire. Paris 1900, Vol. I

Croisset, Francis de. La vie parisienne au théâtres de Paris. Paris 1883

Cusin, P. Le rideau levé, ou petit diorama de Paris, Description des moeurs et usages de cette capitale. Par un lynx magicien. Paris 1823

Depping, Guillaume. Wunder der Körperkraft und Geschicklichkeit des Menschen. Berlin 1870

Desoeuvre (pseud: F. M. Mayeur de Saint-Paul). Le Cronieqeur Désoeuvré ou l'Espion du Boulevard du Temple, contenant les annales scandaleuses & veridiques des directeurs, acteurs & saltimbanques du Boulevard, avec un résumé de leur vie & moeurs par ordre chronologique . . . London 1782

Dietz, Max. Geschichte des musikalischen Dramas in Frankreich während der Revolution bis zum Direktorium (1787-1795). Hildesheim/New York 1970 (1893)

Domino, Signor (d. i. Emil Cohnfeld). Wandernde Künstler. Berlin 1891
Der Zirkus und die Zirkuswelt. Berlin 1888

Du.Schweizerische Monatsschrift Nr. 5/1952

Dulaure, Jacques Antoine. Lettre à M***, sur Le Cirque qui se construit au milieu du Jardin du Palais Royal-Par M.J.A.D. Paris 1787

Eberstaller, Gerhard. Zirkus und Varieté in Wien. München/Wien 1972

Elias, Norbert. Über den Prozeß der Zivilisation. Frankfurt 1977

Enzensberger, Hans Magnus. Bewußtseinsindustrie. In: Einzelheiten I, Frankfurt 1967 (Hrsg) Allerleirauh. Viele schöne Kinderreime. Frankfurt 1972

Escudier, Gaston. Les saltimbanques. Paris 1885

Festschrift 50 Jahre Wintergarten 1888-1938. Hildesheim/New York 1975 (Nachdruck)

Fischer, Jürgen und Meiners, Peter-Michael. Proletarische Körperkultur und Gesellschaft. Zur Geschichte des Arbeitersports. Gießen 1976

Flögel, Karl Friedrich. Geschichte des Grotesk-Komischen. Leipzig 1789

Foucault, Michel. Überwachen und Strafen. Die Geburt des Gefängnisses. Frankfurt 1976

Fournel, Victor. Le vieux Paris. Tours 1887
Ce qu'on voit dans les rues de Paris. Paris 1858

Freud, Sigmund. Zwei Kinderneurosen. Studienausgabe, Bd. VIII. Frankfurt 1975
Die Traumdeutung. Studienausgabe, Bd. II, Frankfurt 1972

Gautier, Theophile. Histoire de l'art dramatique en France depuis vingt-cinq ans. Bruxelles 1858-1859

GENET, Jean. Briefe an Roger Blin/Der Seiltänzer/Das kriminelle Kind. Reinbek 1977

GOBBERS, Emil, Artisten. Düsseldorf 1949

GOETHE, Johann Wolfgang von. Werke. Hrsg. v. E. Trunz (Hamburger Ausgabe). Hamburg 1953 ff u. ö.

GONCOURT, Edmond de. Die Brüder Zemganno. Gütersloh o. J.

GÜNTHER, Ernst. 33 Zirkusgeschichten. Berlin 1977

HABERMAS, Jürgen. Strukturwandel der Öffentlichkeit. Neuwied 1962

HACHET-SOUPLET, Pierre. Die Dressur der Thiere. München 1898

HAGENBECK, Carl. Von Tieren und Menschen. München 1948

HALPERSON, Joseph. Das Buch vom Zirkus. Düsseldorf 1926

HARMANN, Richard und Hermand, Jost. Epochen deutscher Kultur 1870 bis zur Gegenwart. Bd. 1. Gründerzeit. Frankfurt 1977

HAMPE, Theodor. Fahrende Leute. Leipzig 1902

HANKE, Helmut. Das Abenteuer in der Manege. Berlin 1971

HEDIGER, Heinrich. Beobachtung zur Tierpsychologie im Zoo und im Zirkus. Basel 1961

HEGEL, G. W. F. Werke. Hrsg. v. Michel/Moldenhauer. Frankfurt 1969 ff

HEGEMANN, Paul. Das steinerne Berlin. Berlin 1963

HEINE, Heinrich. Werke und Briefe. Berlin 1963

HESSEL, Franz. Spazieren in Berlin. München 1968

HOLLÄNDER, Eugen. Wunder, Wundergeburt und Wundergestalt in Einblattdrucken des 15.-18. Jahrhunderts. Stuttgart 1921

HOLTEI, Karl von. Die Vagabunden. Breslau 1857

HUYSMANS, Joris Karl, Gegen den Strich. Berlin 1972

ILLIES, Joachim. Anthropologie des Tieres. München 1976

JANDO, Dominique. Histoire mondiale du cirque. Paris 1977

JANIN, Jules. Deburau. Erzählung über das Dreigroschen-Theater um die Geschichte des Französischen Theaters fortzusetzen. (Hrsg. V. Antje Ruge und Lydia Billiet) Berlin 1977

The American in Paris . . . or Heath's Picturesque Annual for 1844. Illustrated by 18 engravings. London 1844

JUNGGESELLENMASCHINEN. Hrsg. v. Jean Clair u. Harald Szeemann. Venedig 1975

KAFKA, Franz. Sämtliche Erzählungen. Frankfurt 1970

KARPENSTEIN, Christa. »Bald führt der Blick das Wort ein, bald leitet das Wort den Blick.« In: Kursbuch 49

KLEIST, Heinrich v. Sämtliche Werke. München 1952

KLUGE, Alexander. Die Artisten in der Zirkuskuppel: ratlos. München 1968

KOBER, August Heinrich. Die große Nummer. Berlin 1925
Ich wanderte mit dem Zirkus. Frankfurt 1968
Zirkus Renz. Berlin 1942

KOZIK, František. Meister Pierrot. Prag 1954

KRACAUER, Siegfried. Das Ornament der Masse. Frankfurt 1963
Jacques Offenbach und das Paris seiner Zeit. München 1962

KRAUSE, Gerhard. Die Schönheit in der Zirkuskunst. Berlin 1969

KUSNEZOW, Jewgeni. Der Zirkus der Welt. Berlin 1970

LANGE, Annemarie. Berlin zur Zeit Bebels und Bismarcks. Berlin 1972
Das Wilhelminische Berlin. Von der Jahrhundertwende zur Novemberrevolution. Berlin 1967

LECOMTE, Louis-Henri. Napoleon et l'Empire racontés par le théâtre, 1797-1899. Paris 1900

LEHMANN, Alfred. Tiere als Artisten. Wittenberg/Lutherstadt 1955
  Unsterblicher Zirkus. Leipzig 1939
  Zwischen Schaubuden und Karussells. Frankfurt 1952
LÉOTARD, Jules. Mémoires de Léotard. Paris 1860
LEPENIES, Wolf. Das Ende der Naturgeschichte. Frankfurt 1978
  Melancholie und Gesellschaft. Frankfut 1972
LEWIS, Jerry. Wie ich Filme mache. Reinbek 1976
LIPPE, Rudolf zur. Naturbeherrschung am Menschen. 2 Bde. Frankfurt 1974
MARIEL, Pierre. Das Leben dreier Clowns. Aufzeichnungen nach Erinnerungen der Fratellinis. Berlin 1926
MARQUARD, ODO. Kant und die Wende der Ästhetik. In: Zeitschrift für Philos. Forschung. 1962. Bd. XVI.
MARX/ENGELS. Werke. Berlin 1956 ff (MEW)
MOHOLY-NAGY, Laszlo, u. a., Die Bühne im Bauhaus. Frankfurt 1925
MOLIER, Ernest. Le cirque. Paris 1925
MORITZ, Karl Phillip. Anton Reiser. Berlin 1952
MUELLERS, A. Ernst Renz und die vorzüglichsten Mitglieder seiner Gesellschaft. Berlin 1853
NIETZSCHE, Friedrich. Werke. München 1967
OPHÜLS, Max. Lola Montez. Frankreich/Deutschland 1955. Filmprotokoll v. Th. Kotulla und E. Patalas. In: Enno Patalas (Hrsg.) Spectaculum. Texte moderner Filme. Frankfurt 1961
  Max Ophüls im Gespräch. In: Filmkritik 11/1977
PARKER, Constance-Anne. Mr. Stubbs, the horse painter. London 1971
PEMMER, Hans u. Lackner, Minni. Der Wiener Prater einst und jetzt. Leipzig/Wien 1935
  Der Zirkus de Bach im Prater. Wien 1961
PERICAUD, Louis. Le Théâtre des Funambules, ses mimes, ses acteurs . . . Paris 1897
PETERS, Fritz. Freimarkt in Bremen. Bremen 1962
PLUVINEL, Antoine de. Neu aufgerichtete Reitkunst von der richtigen und gewissenhaften Art und Weise, Pferde abzurichten und in kurzer Zeit zum Gehorsam des Reiters zu bringen. Frankfurt 1670
PREISENDANZ, Wolfgang (Hrsg.) Das Komische. München 1976 (= Poetik und Hermeneuthik Bd. VII)
RAEDER, Allwill. Kroll. Ein Beitrag zur Berliner Kultur- und Theatergeschichte. Denkschrift zum 50jährigen Bestehen des Hauses. Berlin 1894
  Der Circus Renz in Berlin (1846/1896). Eine Denkschrift. Berlin 1897
REMY, Tristan. Les Clowns. Paris 1945
  Clownnummern. Köln 1964
SAGAVE, Pierre Paul. Berlin Paris 1871. Reichshauptstadt und Hauptstadt der Welt. Berlin 1971
SALTARINO, Signor. Das Artistentum und seine Geschichte. Leipzig 1910
  Fahrend Volk, Leipzig 1895
  Zirkusblut. Berlin 1908
  Zu Düsseldorf am Rheine . . . Eine vaterländische Erzählung. Düsseldorf 1928
SAXON, A. H. Enter foot and horse. A history of hippodrama in England and France. New Haven 1968
SCHNEIDEREIT, Otto. Paul Lincke und die Entstehung der Berliner Operette. Berlin 1977
SCHMITT, Eduard. Zirkus- und Hippodromgebäude. Handbuch der Architektur IV. Teil. 6. Hbd., 6. H., Stuttgart 1904

SCHROTT, Margarethe. Die Pferdekomödie im Alt-Wiener Volkstheater. In: Maske und Kothurn. VJZs f. Theaterwissenschaft 13/1967

SCHROTT, Margarethe. Die Pferdekomödie im Alt-Wiener Volkstheater. In: Maske und Kothurn. VJZs f. Theaterwissenschaft 13/1967

SEITLER, Heino. Clowns aus zwei Jahrhunderten. Wien 1966

SERGE. Histoire du cirque. Paris 1947

SIMMEL, Georg. Grundfragen der Soziologie. Berlin 1970

STAROBINSKI, Jean. Die Erfindung der Freiheit. 1700–1789. Genf 1964
Portrait de l'artiste en saltimbaique. Genf 1970

STERN, Horst. Bemerkungen über Pferde. Reinbek 1976

STERNBERGER, Dolf. Panorama oder Ansichten vom 19. Jahrhundert. Frankfurt 1974

STREHLY, G. L'acrobatie et les acrobates. Paris 1901

STRICKER, Wilhelm. Geschichte der Menagerien und zoologischen Gärten. In: Virchow/Holtzendorff (Hrsg.), Sammlung gemeinverständlicher wissenschaftlicher Vorträge. Berlin 1880

TUCCARO, Archangelo. Trois Dialogues de l'Exercice de Sauter et Voltiger en l'Air. Paris 1549

THÉTARD, Henri. La merveilleuse Histoire du Cirque. 2 Bde. Paris 1947
Les Dompteurs. Paris 1928

ULRICH, Walter. 250 Jahre Zirkuskunst in Berlin. Preetz/Holstein 1959

VILLAUME, Peter. Von der Bildung des Körpers. Wien/Wolfenbüttel 1787. Neudruck: Frankfurt 1969

WÄTJEN, Richard. L. Das Dressurreiten. Berlin 1966

WEDEKIND, Frank. Werke in 3 Bde. Berlin 1969

WINTER, Marion Hannah. Le Théâtre du Merveilleux. Paris 1962

YRIARTHE, Charles. Célébrités de la Rue. Paris 1864

ZAPFF, Gerhard. Pferde im Roten Ring. Berlin 1972

Den Mitarbeitern der Alten Freiburger Universitätsbibliothek danken wir für ihre Hilfe. Mathias Eberle bot uns in Berlin nicht nur Logis. Inge Morgenroth, Barbara und Ulla danken wir für mehr.

WAGENBACHS TASCHENBÜCHEREI

 **Politik**

Dirk Gerhard: Antifaschisten. Proletarischer Widerstand 1933 – 1945. Politik 64. *DM 9,50*

Lieber heute aktiv als morgen radioaktiv. Wyhler Bauern erzählen. Hrsg. Nina Gladitz. Politik 65. *DM 9,50*

Jahrbuch Politik 7. Politik 66. *DM 8.50*

André Glucksmann: Köchin und Menschenfresser. Über die Beziehung zwischen Staat, Marxismus und Konzentrationslager. Politik 67. *DM 11,50*

Es muß nicht immer Marmor sein. Bloch zum 90. Geburtstag. Politik 68. *DM 6,50*

Dietrich Staritz: Sozialismus in einem halben Land. Von der SBZ zur DDR. Politik 69. *DM 11,50*

Georges Falconnet/Nadine Lefaucheur: Wie ein Mann gemacht wird. Politik 70. *DM 8,50*

Gerhard Hauck/Christian Sigrist/Sarma Marla: Indien. Politik 71. *DM 8,50*

Maria-Antonietta Macciocchi: Jungfrauen, Mütter und ein Führer. Frauen im Faschismus. Politik 73. *DM 7,50*

»Jean«: Elsaß – Kolonie in Europa. Politik 74. *DM 8,50*

Was kommt nach den Kinderläden? Erfahrungsberichte, herausgegeben von Lutz von Werder. Politik 75. *DM 11,50*

Südliches Afrika. Hrsg.: Peter Ripken. Politik 76. Ca. 312 Seiten. *DM 17,50*

Claudie Broyelle u. a.: Zweite Rückkehr aus China. Politik 77. *DM 14,50*

Ernest Mandel/Winfried Wolf: Ende der Krise. Politik 78. *DM 12,50*

Tradition deutscher Justiz. Lesebuch von Kurt Kreiler. Politik 80. 312 Seiten. *DM 16,50*

Peter Brückner: Versuch, uns und anderen die Bundesrepublik zu erklären. Politik 81. ca. 160 Seiten. *DM 9,50*

Jahrbuch Politik 8. Politik 82. 160 Seiten. *DM 9,50*

H. Brüggemann, H. Gerstenberger, W. Gottschalch, U.K. Preuß: Über den Mangel an politischer Kultur in Deutschland. Politik 83. 128 Seiten. *DM 8,50*

Robert Linhart: Eingespannt. Erzählung aus dem Innern des Motors. Politik 84. 160 Seiten. *DM 9,50*

Peter Brückner: Über die Gewalt. Politik 85. 144 Seiten. *DM 8,50*